LES GUERRIERS
SANS NOM

Jean-Christophe Notin

LES GUERRIERS SANS NOM

Tallandier

ISBN 978-2-7578-9247-3

Ce qu'ils font et ce qu'ils sont

Bodybuildés, surarmés, intrépides, inflexibles, mais aussi survitaminés, frondeurs, prétentieux, casse-cou : le portrait le plus répandu des membres des forces spéciales (FS) ne s'embarrasse pas de demi-mesures. Et nul besoin d'en chercher très loin la cause. Elle se trouve dans les deux mots qui les caractérisent à peu près partout dans le monde : « forces » mobilise tout l'imaginaire guerrier, « spéciales » est une invitation à penser qu'ils ne font rien comme les autres, qu'ils le font mieux ou qu'ils font ce que personne ne fait.

Volens nolens se compose ainsi une image de super commandos, que confortent les échos médiatiques. Qui n'a en tête la vidéo des *Seals* s'introduisant dans la dernière demeure de Ben Laden, de nuit, sans jamais s'arrêter en dépit des obstacles ? Ou celle des forces spéciales françaises évacuant en 2011 les diplomates japonais assiégés dans leur ambassade à Abidjan ? Ces images sont certes rares. Pour apprendre le déroulement d'une opération spéciale ayant conduit à l'élimination d'un groupe de djihadistes, il faut le plus souvent se contenter de la diffusion d'un communiqué aussi matinal que sec. Mais l'obscurité, les lumières saturées de vert, les rais des balles traçantes, les voix syncopées à la radio, tous ces codes ont tellement été adoptés, repris, amplifiés et finalement réinventés par les jeux vidéo et la fiction cinéma qu'ils imprègnent l'inconscient collectif. Les films se succèdent, d'escouades venant à bout d'un ennemi dix fois supérieur en nombre, grâce à un armement dernier cri et un sang-froid à toute épreuve. Et qu'importe s'ils sombrent dans l'invraisemblance : par définition, la fiction n'est pas la réalité. Et puis tout le monde s'y retrouve de part et d'autre de l'écran. Du côté du public, l'existence potentielle d'unités surhumaines rassure : elles seront le recours en cas de crise. Du côté des forces spéciales, personne ne se plaindra de ce surdosage de testostérone et d'adrénaline, car même ceux qui en rient le plus en leur sein savent que, dans les travées des spectateurs, sont parfois assis leurs adversaires de demain et qu'à ces yeux-là, mieux vaut passer pour d'impitoyables RoboCop que pour des philosophes à l'âme tourmentée par l'idée de devoir se servir d'une arme.

Il y a aussi du vrai dans cette image d'Épinal 2.0. Courageux, très efficaces, équipés à la pointe, les hommes des forces spéciales le sont. Mais ils sont beaucoup plus. Rares en réalité sont les populations correspondant si peu à la représentation que l'on s'en fait. Et c'est même sans doute ce qui surprend le plus lorsqu'on les rencontre pour la première fois. En la matière, les forces spéciales rejoignent les clandestins de la DGSE[1] (Direction générale de la sécurité extérieure) dont l'espérance de vie serait bien rabotée s'ils ressemblaient vraiment à James Bond ou Jason Bourne. Parce que la résistance et l'endurance sont essentielles à leurs missions, les forces spéciales sont certes d'allure

1. Voir le glossaire p. 411.

sportive, mais ils ne sont pas tels ces boxeurs dont on se demande si un geste malencontreux ne va pas vous casser le bras. Ils n'avalent pas dix blancs d'œuf au déjeuner et ne tapissent pas non plus leurs bureaux de posters sur les armes ou la survie. Le décalage avec les clichés est encore plus évident dans leur discours. Je précise que mon postulat initial fut de ne pas profiter des portes qui m'étaient ouvertes pour essayer d'arracher à l'improviste quelque information secrète. Tout d'abord parce que la confidentialité a un but, la protection de la vie des opérateurs et le succès de leurs actions. Mais aussi, et surtout, parce que le « scoop », le vrai, l'utile, le difficile d'accès, est ailleurs. Quiconque en effet parvient à fréquenter ces milieux peut toujours espérer, au détour d'une discussion habile, grappiller un détail sensible sur la portée d'une arme, les limites d'un système de transmissions ou les conditions de l'élimination d'un chef djihadiste. Or le trésor des forces spéciales n'est pas là. Le plus captivant chez eux, ce fameux « scoop », ce n'est pas le raffinement de leur armement, mais la pondération avec laquelle ils l'utilisent. Ce n'est pas qui ou comment ils tuent, mais tout ce qu'ils mettent en œuvre pour ne pas avoir à le faire, et ce que cela implique chez eux de devoir s'y résoudre finalement. Au fond, ce n'est pas ce qu'ils font, mais qui ils sont.

La gageure était donc de faire parler les hommes des forces spéciales sur les contingences de leur métier, sur les joies et les peines qu'ils en retirent, en fait sur leur intimité. Comme ce fut le cas avec les clandestins de la DGSE[2], j'ai en effet le privilège de

2. *Les Guerriers de l'ombre* (2017) : documentaire pour Canal + et livre chez Tallandier.

connaître de longue date ces guerriers « sans nom » – puisqu'ils emploient eux aussi des pseudonymes. Mais il est une chose de questionner un ami, ou une personne que l'on estime, sur le déroulement d'opérations à peine terminées, et il en est une autre de lui demander de mettre des mots sur ce qui constitue les fondements de sa vie : pourquoi l'armée ? Pourquoi les forces spéciales ? Quid de la confrontation avec la mort, avec la peur, avec les succès et les échecs d'un parcours si dense ? Quelles conséquences sur la vie privée ?

Pour la plupart, ces 28 témoins s'expriment pour la première fois. Ils représentent toutes les unités des forces spéciales : 1er régiment de parachutistes d'infanterie de marine (RPIMa), 13e régiment de dragons parachutistes (RDP), commandos marine, commandos parachutistes de l'air (CPA-10), 4e régiment d'hélicoptères des forces spéciales (RHFS), escadron de transport 3/61 Poitou. Leurs grades vont d'officier général à adjudant, leurs âges de 86 à 33 ans, leurs responsabilités de chef d'état-major des armées à chef de groupe, en passant par général commandant les opérations spéciales (GCOS) d'aujourd'hui et d'hier. Presque tous sont en fonction, toujours dans les forces spéciales ou passés depuis dans d'autres unités, certains n'ont quitté l'uniforme qu'il y a peu. Ce sont tous des hommes, parce que la présence des femmes y est encore ultra-minoritaire, et que j'ai considéré qu'en mettre une en avant n'aurait finalement eu pour but principal que de me prémunir de tout soupçon de misogynie, puisqu'elles servent dans des métiers – pilotes d'avion, d'hélicoptère, renseignement – où la féminité n'est ni un atout décisif ni une contrainte pesante. Le livre toutefois n'est pas exempt de voix féminines puisqu'y figurent celles des veuves des deux commandos marine tués lors de la libération des otages au Burkina Faso, dans la nuit du 9 au 10 mai 2019[3].

Au total, ces témoignages cumulent des centaines d'années d'expérience. Ils couvrent le quart de siècle d'existence du commandement des opérations spéciales (COS), son passé et son futur. Le fil rouge n'est pas fait de soif d'action et d'odeur de poudre, mais du trait de caractère le plus commun aux intervenants, l'humilité. Un véritable attribut de noblesse pour ces guerriers qui refusent d'admettre appartenir à une élite, même après avoir subi une des sélections les plus drastiques au monde et participé aux opérations parmi les plus hardies. Mais leur humilité est aussi une assurance-vie. Nulle communauté en effet ne supporte longtemps les manifestations d'orgueil répétées d'une partie de ses membres, surtout si ces derniers sont minoritaires comme les forces spéciales – ils sont 4 400 sur les 200 000 militaires français – et quand bien même leurs succès rejailliraient sur l'ensemble. Par ailleurs, en ne s'attardant pas sur la gloire du passé et les acquis du présent, les forces spéciales se mettent en condition pour préparer leur rôle futur. Cette réflexion est salutaire, car même des unités aussi prestigieuses peuvent se voir balayées par un changement de donne géopolitique, ou une avancée technologique majeure qui les remisera au musée de l'audace aussi rapidement et sûrement que la cavalerie de l'Ancien Régime à l'arrivée de l'industrialisation et des mitrailleuses. Le COS a pour devise « Faire autrement », mais c'est

3. Avec l'amiral Lanxade, ancien chef d'état-major des armées, elles sont les seules des 28 intervenants à ne pas appartenir aux forces spéciales.

plus encore « Penser autrement » qui le caractérise pleinement, lui et son personnel. Et rares sont ceux qui peuvent à la fois faire et penser…

1

Motivations

En serais-je capable ? C'est parfois la question que l'on se pose en apprenant que des forces spéciales sont montées à l'assaut de terroristes retranchés, décidés à mourir les armes à la main. Y répondre par l'affirmative, depuis son fauteuil, serait bien présomptueux. Mais opter pour la négative serait également se déprécier inutilement, car les forces spéciales ne partent jamais au combat qu'après avoir suivi un long cursus qui leur fait considérer différemment un danger perçu comme insurmontable par le commun des mortels. Une question plus pertinente serait plutôt : serais-je jamais capable de candidater à ces unités ? Cette démarche ne repose sur aucun prérequis : n'importe qui peut frapper à la porte des forces spéciales. Et c'est là qu'affleure le cœur battant de ce groupe d'hommes si particuliers : leurs motivations à préférer le fracas et l'inconfort à la quiétude et la normalité.

*

Général Thibault : Ma question à moi, c'était avant tout : armée ou pas armée ? Petit, oui, ça me semblait évident parce que j'ai toujours été un fan d'Histoire, je me suis beaucoup bagarré dans les cours de récréation, j'ai adoré la vie au grand air et les voyages – je suis fils de militaire. Et puis, plus tard, ça s'est beaucoup estompé parce que j'ai fait l'essentiel de mes études secondaires dans des grands lycées parisiens où les débats n'étaient pas autour de ces questions-là. C'est revenu en terminale parce que quand les uns et les autres préparaient leurs études futures dans le commerce ou les écoles scientifiques, je me suis senti de plus en plus décalé par rapport au cœur de leurs préoccupations. J'ai basculé du côté militaire.

Lieutenant-colonel Benjamin : C'est une trajectoire de vie. Personnellement, mes deux grands-pères se sont engagés comme militaires du rang, ils ont fait l'Indochine et l'Algérie. Mon père ensuite a été officier dans l'infanterie, il est parti en OPEX[1], on l'a suivi en Allemagne, puis en Russie. Depuis tout petit, j'ai donc une vocation à servir la France, mais sans avoir su mettre de mots dessus jusque très tard. Adolescent, ayant une volonté d'émancipation, j'ai suivi d'autres trajectoires, je me suis beaucoup investi dans le judo de compétition… Or le judo, c'est des heures et des heures d'entraînement, cela nécessite beaucoup de sacrifices, et c'est un combat individuel, toute une dialectique qu'on retrouve au 1er RPIMa où le groupe s'appuie sur les individualités. Après le bac, je vais en maths sup à Henri-IV à Paris, avec quand même, toujours, le goût de la performance, mais il me manque quelque chose et ce quelque chose, je prends conscience que je le trouverai plutôt dans l'armée. D'où Saint-Cyr.

Colonel Ludovic : J'étais en terminale, je rêvais d'engagement opérationnel… À telle enseigne que j'avais décidé

1. OPEX : opération extérieure.

de tout arrêter et de m'engager dans l'armée pour vite partir en mission. Mais mon père m'a dit : « Mon jeune garçon, tu as un bon niveau, si tu vas à Saint-Maixent[2], même si tu es le meilleur, tu ne seras pas sûr d'avoir ce que tu veux. Si tu veux en être sûr, fais les officiers, le premier a le choix de tout. » Il m'a convaincu. J'ai fait les classes préparatoires et je suis entré à Saint-Cyr.

Capitaine de vaisseau Philippe : Ce serait très prétentieux de dire à 18 ans : je veux être capitaine de vaisseau dans les forces spéciales. Moi, à cet âge-là, je veux surtout quitter la maison, vivre l'aventure. En réfléchissant, je me dis qu'il faut que je fasse une prépa. Je me retrouve donc en lycée militaire. Là, je me fais absorber par l'ambiance. Comme mon père est en kaki, je serai peut-être en bleu marine ! Et puis, comme ça, si je suis affecté dans une unité pas très enthousiasmante, le purgatoire sera moins douloureux : le grand large, les embruns, la belle tenue… Il y avait un peu de ça. Je rentre à l'École navale, je me dis que je vais faire un bel officier de vaisseau, élégant, le gendre idéal pour les belles-mères… Et puis finalement, je me dis que marin avec le béret vert, c'est plutôt pas mal !

Jean-Christophe Notin : Qu'est-ce qui vous motive à cette époque ?

Capitaine de vaisseau Philippe : C'est comme l'étudiant qui entre en médecine et qui se dit : « Moi, dermato, ça ne me motive pas ; ce que je veux, c'est mettre les mains dedans et devenir chirurgien. » Et on fait tout pour atteindre son but. Ainsi, j'avais une laxité dans la cheville : 17 degrés alors que la limite c'est 15. Le médecin de l'École navale m'a dit : vous ne pouvez pas

2. Où se trouve l'École nationale des sous-officiers d'active.

être parachutiste ! Mais je me suis obstiné… Je passe les tests de présélection pour être officier fusilier marin commando, je sors de l'École navale, je vais à Lorient, je fais le premier stage commando, je le réussis. Mais en fait, je ne sais quasiment rien de ce qui se passe dans les forces spéciales avant d'y accéder…

Colonel Michel : C'est en 1995 que je suis entré au 13e RDP, peu après la chute du mur de Berlin. Le régiment était très secret ; on ne savait pas vraiment ce qu'il faisait. Mais on savait que l'on ne s'y ennuyait pas, que le personnel y était valeureux.

Général Thibault : Le 13e RDP pour le coup ne fut pas un choix rationnel. Il y avait beaucoup de fantasmes autour, mais en même temps il était peu connu, peu vulgarisé, pas valorisé, donc il y avait le plaisir de la découverte !

Colonel Laurent : À Saumur, lors de la présentation des régiments, un lieutenant du 13e RDP est venu commenter un film qui se voulait sans doute illustratif : on y voyait des équipiers creuser une cache dans un bois. En guise de conclusion, il nous a décrit un rythme d'opérations dense dont les conséquences étaient un taux de divorce important. Juste après lui, un de mes amis lieutenants à Lunéville présenta son régiment bien moins engagé et conclut son propos en précisant que les officiers de son unité se faisaient un devoir de consoler les femmes des équipes du 13 pendant leurs missions ! [*Rires.*] Tout cela n'était pas très rassurant, mais ce saut dans l'inconnu m'attirait…

JCN : Qu'en imaginiez-vous ?

Colonel Laurent : Très peu de choses… Je savais que le métier était dur, que les équipes partaient pendant des semaines en exercice, qu'elles étaient mises en place par parachutage, qu'elles s'enterraient, vivaient comme des bêtes traquées même si les tournants de la guerre du Golfe et du conflit yougoslave les avaient fait évoluer.

Adjudant-chef Mazout : Personnellement, je n'en savais rien, mais rien du tout ! Quand je suis rentré de mon service national au Liban, je suis passé par un officier conseil qui m'a dit d'essayer de passer les tests pour entrer au 13. Le 13 ? Jamais entendu parler. Il n'y avait pas les réseaux sociaux avant, il fallait connaître, passer par le centre de documentation, mais lui non plus n'en savait rien. Ce n'est qu'une fois le sac sur les épaules qu'on sait ce qu'est le 13…

Major Mousse : J'ai commencé en août 1983 comme appelé au 1er RPIMa. On ne parlait pas de forces spéciales, mais c'était déjà une unité particulière à cause du groupement opérationnel[3].

JCN : Pourquoi vous êtes-vous orienté vers ce régiment en particulier ?

Major Mousse : Moi, je suis de la banlieue parisienne. Mon rêve, c'était d'être soldat. À 17 ans, j'ai passé une préparation militaire parachutiste. À Vincennes, mon moniteur venait du 1er RPIMa, c'est lui qui m'a conseillé d'y aller. Le premier contact, ce fut la gare de Bayonne. Un sergent nous y attendait avec des bras énormes, à assommer une vachette d'un seul coup de poing. On en avait une peur bleue !

Général Grégoire de Saint-Quentin : Quand j'étais en École d'application d'infanterie à Montpellier, j'ai choisi un régiment – je dirais – parachutiste classique,

3. Dans les années 1970, une partie du 1er RPIMa, appelée le GO, était régulièrement sollicitée pour participer aux opérations du Service Action de l'ancêtre de la DGSE, le SDECE.

conventionnel, le 3e RPIMa. J'y ai appris ce que c'étaient le commandement, la troupe, le contact avec les sous-officiers, parce qu'en fait, quand on sort de Saint-Cyr à 24 ans, on ne sait rien du métier de chef. Mais après, j'ai demandé à aller à Bayonne parce que je voulais connaître autre chose dans mon métier. Nous étions en 1989, le régiment cherchait de jeunes saint-cyriens pour qu'ils fassent le parcours complet, d'officier à chef de corps.

JCN : Les saint-cyriens n'y venaient pas naturellement... ?

Général Grégoire de Saint-Quentin : À l'époque, le pouvoir d'attraction du régiment était faible. J'ai dit que j'étais volontaire et j'ai passé les tests comme tout le monde...

Colonel Lucas : Après un début de carrière au 8e RPIMa où j'avais appris mon métier de soldat, j'ai eu l'opportunité de basculer dans les FS à la sortie de l'École de guerre. J'ai pris ça comme un véritable défi parce que j'en avais une très haute estime. Par exemple, en Centrafrique, pour les opérations Almandin 1 et 2[4], par deux fois, j'avais été binômé avec un groupe de Bayonne. Tandis qu'avec ma section du 8e RPIMa, je restais posté face à la prison, eux, ils allaient remettre de l'ordre dans les quartiers sensibles !

Colonel Cerbère : Dans les régiments de l'ALAT[5], on côtoyait souvent le DAOS[6]. On était déployés ensemble

4. En avril et mai 1996, des mutineries donnent lieu à de violents accrochages entre unités de l'armée centrafricaine. La France intervient en soutien du pouvoir.
5. Aviation légère de l'armée de terre.
6. Détachement ALAT des opérations spéciales, créé en 1997. Il deviendra le 4e régiment d'hélicoptères des forces spéciales en 2009.

en Afrique ou au Kosovo, on se prêtait les appareils. Moi, par rapport à mes camarades, j'avais de la chance, je volais sur Puma, j'étais souvent engagé. Mais c'était quand même moins que le DAOS dont le rythme d'opérations était encore bien supérieur !

Major Sam : J'avais lu dans *Paris Match* le portrait d'un ancien de la DGSE passé par Bayonne. Le papier disait que c'était un des régiments les plus durs de France. Ce mot, « dureté », m'a tout de suite interpelé.

JCN : Aviez-vous des facilités physiques ?

Major Sam : J'étais sportif, mais à l'époque, comme un civil ! [*Rires.*] Je voulais relever un challenge, c'est ça qui m'intéressait. Donc, j'ai attendu d'avoir le bac et je me suis présenté au CIRAT[7]. Et effectivement, ils m'ont confirmé que c'était un régiment pas très conventionnel... Ils m'ont donc proposé le 8e RPIMa. J'ai dit : « Non, non, non ! Je veux le 1er ! » Et je l'ai eu. Je m'y suis présenté le 1er septembre 1992. Je suis un pur produit de Bayonne, j'ai vingt-huit ans de boutique...

Général Grégoire de Saint-Quentin : Après la fin du groupement opérationnel, les chefs de corps successifs à Bayonne ont entretenu l'état d'esprit et un certain nombre de savoir-faire de cette unité. Quand on est lieutenant ou jeune capitaine issu du monde conventionnel, en entendre parler fait rêver.

Capitaine de vaisseau Pedro : J'avais en fait des images d'enfant dans la tête. Ça a l'air bête, mais je voyais l'œil admiratif que portaient les autres personnes sur les commandos marine. Ils avaient une réputation générale de professionnalisme, de « haut du pavé ». De ce que j'en savais, c'était une élite. À ce moment-là, je

7. Centre d'information et de recrutement de l'armée de terre.

n'avais pas encore la volonté de participer aux combats, de lutter pour le pays, etc. C'était plutôt le côté – j'allais dire… – un peu séduisant que ça exerçait auprès des populations.

Colonel Diego : Moi, je suis entré à Saint-Cyr en 1991, donc le lendemain de la première guerre du Golfe, et on commençait à évoquer la mise sur pied d'un commandement des « opérations spéciales ». Tout cela était encore un peu mystérieux et je dois avouer que cette part de brouillard m'attirait. Pourtant, l'amphi qu'on a eu à Saint-Cyr sur le 1er RPIMa fut refroidissant : les jeunes lieutenants qui l'avaient intégré quelques années auparavant nous racontaient qu'ils avaient été cantonnés à la formation… Mais ça n'a pas calmé mes ardeurs pour autant !

Colonel Ludovic : Il y avait quelque chose de romantique autour des actions commando. J'avais en tête le créateur des SAS[8], David Stirling, l'affaire du *Rainbow Warrior* – même si je savais que c'était la DGSE –, ce genre d'actions, ça me donnait l'impression qu'on pouvait être au cœur de l'Histoire.

Colonel Michel : Je dois avouer que je suis arrivé un peu par hasard au 13e RDP, sans savoir où je mettais les pieds. J'étais entré très jeune à Saint-Cyr – j'avais 18 ans –, et je n'avais pas de militaire dans ma famille. Comme adolescent, j'avais nourri ma vocation avec des livres comme *Par le sang versé*[9], donc plutôt le côté Légion. À la faveur du classement de sortie de Saumur, j'ai choisi le 13 sans beaucoup réfléchir, parce que mes camarades

8. Special Air Service. Unité créée en 1941 qui vécut ses premières heures de gloire en menant des raids derrière les lignes ennemies dans le désert d'Afrique du Nord.
9. Paul Bonnecarrère, *Par le sang versé*, Fayard, 1968.

et anciens me disaient que j'avais de la chance de pouvoir le décrocher. Avec le recul, je crois que c'est la meilleure chose qui me soit arrivée. Si j'avais été dans la Légion, j'aurais eu la chance de connaître une autre belle communauté humaine, mais je serais passé à côté d'expériences exceptionnelles en opération.

Général Éric Vidaud (GCOS) : Je suis arrivé au 1er RPIMa en 1990, juste avant la création du COS. Depuis maths sup, je savais que je voulais y aller parce qu'on m'avait parlé de petites unités d'élite qui agissaient dans des pays lointains et qui arrivaient avec de faibles capacités à transformer le cours des choses. Je ne voulais pas d'une unité où je me serais retrouvé face à l'est à attendre l'arrivée des Soviétiques… Je m'en suis donc donné les moyens, car pour obtenir le 1er RPIMa, il fallait très bien sortir au classement !

Lieutenant-colonel Benjamin : Un jour, pendant ma scolarité à Saint-Cyr, mon chef de section m'a annoncé que j'allais pouvoir passer quatre jours au 1er RPIMa. Histoire de voir ce à quoi ça ressemblait. Là-bas, ils m'ont mis dans un groupe action. Je me suis vite dit que c'était exactement vers ce genre de communauté humaine que je voulais aller.

JCN : Qu'est-ce qui a pu vous frapper à ce point en si peu de jours ?

Lieutenant-colonel Benjamin : J'y ai rencontré des profils de combattants de tout grade, très expérimentés et charismatiques, âgés de 30 à 40 ans. Je devinais une approche de l'autorité et de l'initiative adaptée à ma personnalité, une ambiance de camaraderie très proche de celle du judo. Je sentais que c'était là que mes qualités premières seraient exploitées et mes défauts les plus forts estompés. Enfin, derrière, c'était une promesse d'opérations. Car, quand j'étais à Saint-Cyr, il y avait l'Afghanistan et l'Irak. Tout le monde en parlait dans les armées. Mais pour moi, il était certain que l'endroit où j'aurais le plus de chances d'être engagé en première ligne, c'était le 1er RPIMa. J'ai donc travaillé dur à l'école pour être sûr de l'obtenir.

Colonel Jules : J'ai découvert le COS[10] et en particulier la DOS – division des opérations spéciales – lors de mon affectation à la Base aérienne 101 de Toulouse-Francazal où je passais les qualifications habituelles dans un cursus de pilote de Transall d'un escadron de transport. C'était un monde nouveau pour moi : des gens qui ne volaient que la nuit, avec des appareils bizarres, des JVN[11], qui disparaissaient pendant deux trois jours… Ce qui m'a fait tilt, c'est en 2001, quand je les ai vus partir en Afghanistan, à Mazar-e Charif. Quand ils m'ont raconté à leur retour ce qu'ils avaient fait, j'avais des étoiles pleins les yeux ! Je me suis dit : « Ça, c'est un super boulot ! C'est ce que je veux faire ! » Sauf qu'entre-temps le chef du CIET[12] me dit : « Écoutez, ça se passe bien pour vous, je souhaiterais que vous changiez d'avion, que vous retourniez à Orléans faire du C-130. » J'étais ravi, mais aussi inquiet car je n'avais aucune expérience sur cet avion… Quatre mois plus tard, j'étais à Orléans, à voler sur C-130. Or les opérations spéciales étaient sur Transall… Le COS avait bien un C-130, mais il ne faisait que des missions de jour car sa cabine n'était pas équipée en termes de luminosité – on dit traitée BNL[13].

10. Commandement des opérations spéciales.
11. Jumelles de vision nocturne.
12. Centre d'instruction des équipages de transport.
13. Lampes à bas niveau de lumière, visibles uniquement avec les JVN.

JCN : Pensiez-vous ne jamais pouvoir rejoindre le COS ?

Colonel Jules : Pendant douze mois, j'ai la tête dans le guidon. Je passe mes qualifs, je crevarde sur toutes les missions pour accumuler les heures de vol. Douze mois plus tard, comme annoncé, me voilà muté chef pilote sur C-130, à l'escadron Franche-Comté. Mais au bout d'un an, surprise, le chef de l'antenne CIET prenant un job dans le civil, on me propose de le remplacer. Bien sûr que j'ai dit oui ! Je fais beaucoup de simulateur, des missions d'instruction pour les jeunes et en parallèle, le week-end, je pars voler pour le compte du COS, et on développe l'installation du kit BNL sur C-130 avec l'aide de nos camarades de la DGSE[14].

Colonel Cerbère : En 2006, j'entre dans les forces spéciales d'une manière singulière puisqu'on m'a sorti de l'École de guerre un mois avant la fin pour m'affecter à une unité qui venait d'être créée, le groupe interarmées d'hélicoptères (GIH) à Villacoublay, une unité mixte DAOS-GIGN-Raid. Avant ça, j'avais eu une trajectoire classique au sein de l'ALAT : chef de patrouille au 3e RHC[15], avec des opérations en Afrique et dans les Balkans, ensuite je m'étais occupé des programmes NH-90 et Tigre.

JCN : Pourquoi avez-vous accepté ?

Colonel Cerbère : L'attrait de la mission, de pouvoir penser et agir autrement. Un système d'hommes et d'armes à la pointe, agile, avec un rythme d'opérations beaucoup plus élevé. Tout ce pour quoi je m'étais engagé !

14. Car l'unité aérienne de la DGSE, le GAM, en disposait déjà.
15. Régiment d'hélicoptères de combat, basé à Étain.

Adjudant Bonie : Pour ma part, il y avait probablement un aspect psychologique dans ma décision de rejoindre les forces spéciales. Mon père était officier mécanicien dans l'armée de l'air, et par choix personnel, il n'a fait que peu de détachements. J'ai dû ressentir chez lui une frustration de ne pas avoir pu aller totalement au bout de son engagement de militaire… C'est sans doute ce passé qui m'a fait aller vers un créneau plus exposé.

JCN : Pourquoi alors le commando parachutiste n° 10 (CPA-10) plutôt que le 1er RPIMa par exemple ?

Adjudant Bonie : J'ai vite su que je voulais m'engager dans les forces armées. Mon goût pour la géopolitique et un attrait de jeunesse pour le journalisme m'ont orienté vers le renseignement. L'armée de terre ne me permettait pas d'être certain d'accéder à ce domaine dès le début de carrière – on commence sous-officier et ensuite on se spécialise. Donc, je me suis tourné vers une carrière « rens » dans l'armée de l'air, qui offre cette possibilité, pour ensuite être muté à Orléans en sortie d'école et de là, au CPA-10. Major de promo, j'ai pu décrocher l'escadron Franche-Comté que je savais voisin du CPA-10. Dès mon arrivée, je suis allé m'y présenter et je suis parti en Afghanistan pour eux, en 2007.

Capitaine de vaisseau Samuel : Quand on est jeune, on fixe d'abord sa motivation sur des choses plus générales que la seule maison forces spéciales : un mode de vie, un style de métier… Le mode de vie des commandos marine était fait du monde de la mer, au grand air, et puis d'actions concrètes, au quotidien. Je suis donc d'abord entré dans la marine *via* l'École navale parce que j'estimais qu'il n'y aurait pas de choses inintéressantes à y faire et que, bien que très motivé assez vite pour les commandos marine, j'y serais quand même heureux si je ne parvenais pas à les intégrer. Et puis, j'ai affermi mon projet car les commandos sont minoritaires dans la marine, c'est une tribu à part. Surtout qu'à l'époque, la marine était dominée par les sous-mariniers qui avaient connu une ère glorieuse pendant la guerre froide. Il y avait eu ensuite la guerre du Golfe, la transition dans l'océan Indien vers les bâtiments de surface, et puis le Kosovo… Donc je suis d'une génération où les commandos marine étaient un petit peu les derniers de la classe ; ils étaient moins engagés, moins considérés qu'aujourd'hui. Cela ne me rebutait pas pour autant car j'ai toujours eu l'esprit de la minorité. C'est mon mode de fonctionnement. Et puis après, on croise un officier instructeur qui a une bonne gueule, un bon style, et ça plaît ou pas…

Capitaine de vaisseau Bertrand : Je voulais devenir pilote de l'aéronavale. Ça n'a pas marché, et je ne savais plus trop ce que je voulais faire. J'ai un peu testé les sous-marins, après je me suis dit pourquoi pas les bateaux de surface, mais ça ne m'a pas enchanté plus que ça. C'est par hasard que je suis tombé sur des hommes du commando Hubert qui m'ont raconté ce qu'ils faisaient. À l'époque, dans les années 1980, il n'y avait pas énormément d'opérations, en revanche la vie à Hubert, pour un jeune officier, c'était plein de sel !

Médecin en chef Zac : Après six ans dans les forces conventionnelles, j'ai demandé en 2010 à rejoindre les forces spéciales. Pourquoi ? Parce que je savais, pour les avoir croisées, qu'à l'intérieur, il y avait une vie humaine qui m'intéressait à la fois professionnellement, du point de vue médical donc, et personnellement, parce qu'on y interagit beaucoup plus avec les gens, parce que le système humain de ces unités-là est extrêmement nourricier et permet de réfléchir différemment. Ce sont des unités étiquetées d'« élite », avec une certaine exigence à l'engagement, faisant des missions que d'autres ne font pas, sous le sceau d'une certaine forme de discrétion. Et donc, j'en avais perçu une grande humilité que j'ai effectivement trouvée et qui correspondait à mon caractère…

2
Sélection

Les unités des trois armées composant les forces spéciales doivent forcément être peu nombreuses. Sinon, elles seraient la norme. La sélection revêt donc pour elles une importance capitale, vitale même puisque l'erreur d'un seul de leurs membres sur un théâtre d'opérations est susceptible d'avoir des répercussions sur la politique de la France. Aussi est-il logique que, dans la nébuleuse de clichés entourant les forces spéciales, celui sur la dureté de leur processus de recrutement soit l'un des rares à être vrai. Toutes les unités ont leurs manières à elles de retenir tel candidat et d'écarter tel autre. Pour autant, preuve qu'être forces spéciales est avant tout un état d'esprit, ce sont à peu près partout les mêmes qualités qui sont recherchées et les mêmes défauts qui sont fuis.

*

JCN : À l'époque où vous le rejoignez, le 13ᵉ RDP cantonne encore dans une petite commune de Moselle, Dieuze. Quelles y furent vos premières impressions ?

Colonel Laurent : Nous étions trois lieutenants sortant de Saumur. Nous sommes venus nous présenter au printemps. La campagne lorraine était belle et ensoleillée, le colza était en fleur… Quelques semaines plus tard, nous avions rendez-vous devant une borne à incendie située dans la cour du quartier pour entamer le stage chef d'équipe. Les choses sérieuses allaient commencer. Nous étions au milieu des années 1990 et la formation ressemblait encore beaucoup à celle de nos anciens qui avaient connu l'époque de la guerre froide. Pendant sept mois, nous avons enchaîné les cours, mais aussi et surtout les exercices de restitution éprouvants et longs : préparer sa mission, sauter de nuit, s'infiltrer, creuser des caches, renseigner, se ravitailler en eau, s'exfiltrer pendant des nuits, être récupérés… Cette période trempe les corps ainsi que les âmes et forge la cohésion des équipes de recherche du 13.

Capitaine de vaisseau Samuel : Après trois années à l'École navale et le tour du monde avec la *Jeanne d'Arc*, on arrive à Lorient, à l'École des « fuses », l'École des fusiliers commandos, pour faire son cours d'officier. Le tronc commun dure quatre mois et on enchaîne sur deux mois de cours commando pour les officiers avec une première phase de sélection, la plus difficile, qui dure trois semaines.

JCN : Ces périodes de sélection et de formation sont-elles aussi exigeantes que ce qu'on imagine ?

Colonel Laurent : Lors du stage chef d'équipe, tout est fait pour nous endurcir physiquement et moralement, sans pour autant négliger un contenu pédagogique dense à absorber. Autrement dit, il ne s'agit pas uniquement d'un rite initiatique, mais bien d'une formation qui nous destine à pouvoir agir en équipe, loin de nos bases, en parfaite autonomie, et en restant fidèle à l'esprit de la mission. Nous avions l'impression d'être observés, évalués, jugés en permanence, sur le terrain, en exercice, mais aussi dans le quotidien, au quartier. C'était le prix à payer pour gagner la confiance de tout un système. Au 13, cette confiance est la clé de voûte de la relation de commandement. C'est elle qui garantit que chacun à son poste, isolé des autres, exécute l'intégralité de sa mission et sait que l'autre fait de même.

Général Thibault : Cette dureté est d'ailleurs un frein pour certains candidats, surtout chez les officiers, qui peuvent se dire : « Bon, je suis très bon dans mon domaine, pourquoi irais-je me mettre en danger dans un stage chef d'équipe où on va m'expliquer que je ne suis pas au taquet ? »

Colonel Diego : À l'issue de l'École d'application, j'ai passé les tests d'entrée du 1er RPIMa. Ce sont toujours les mêmes aujourd'hui, ce qui signifie que les anciens ont mis le curseur au bon niveau.

Major Sam : Ce sont les TER, les tests d'évaluation régimentaire. Les soldats du rang et les sous-officiers les passent durant leur cursus. Les « ultérieurs », officiers et sous-officiers qui changent d'affectation et qui veulent venir à Bayonne, les font, eux, d'entrée.

Colonel Lucas : Quand j'ai été nommé chef BOI[1], j'ai mis un point d'honneur à passer et réussir les tests. Entre guillemets, c'était gratuit car la DRHAT[2] m'avait déjà affecté, mais ça a montré au régiment que je n'étais pas arrivé tout à fait par hasard, et à moi que j'étais légitime.

1. Bureau opérations instruction, considéré comme le centre névralgique d'un régiment.
2. Direction des ressources humaines de l'armée de terre.

JCN : Et si vous les aviez ratés... ?

Colonel Lucas : Cela aurait été assez désastreux...

Lieutenant-colonel Gildas : Moi, en cas d'échec, j'aurais quitté le régiment... Par honnêteté intellectuelle et parce que l'exemplarité n'est pas un vain mot dans les armées et chez les forces spéciales en particulier.

Capitaine de vaisseau Philippe : C'est un des rares métiers où le subordonné va se retrouver en formation, voire en opération, à faire le même acte technique que son chef et ça, c'est assez dimensionnant. Aux commandos marine, tout le monde passe par le stage commando, que vous soyez officier ou quartier-maître. L'acceptabilité de la « meute » passe par ce rite initiatique. Il y a ce côté finalement très révélateur de ce que vous êtes vraiment, de votre « moi intime », en mettant à l'épreuve votre motivation profonde.

JCN : Vous y étiez-vous préparé ?

Capitaine de vaisseau Pedro : À l'École navale, on suit de petites formations militaires qui permettent de voir si on a plus de niaque que les autres sur les épreuves physiques, mais ça reste léger. Il n'y avait pas Internet à l'époque, mais j'ai pris des informations auprès de gens qui avaient déjà passé les tests.

Capitaine de vaisseau Samuel : Il faut se faire aider, car, quand on est élève, on est un peu potache... J'avais pour ma part un côté rebelle, j'étais souvent puni – c'est souvent comme ça qu'on est éduqué ! Et donc, un officier instructeur, auquel je dois beaucoup, avait pour particularité de punir les élèves par des activités physiques comme nager dans l'eau de mer froide ou courir avec un gros sac. C'était mon lot le mercredi soir. Ça a largement contribué à ma préparation !

JCN : En quoi consistent donc ces tests et stages ?

Capitaine de vaisseau Samuel : À Lorient, on est notés sur des marches, parcours, séances de tir, exercices tactiques, raids en Zodiac, etc. Tout est évalué et il faut atteindre une certaine moyenne.

Capitaine de vaisseau Augustin : Pendant les sept semaines que dure le stage commando, les officiers suivent le même parcours et le même barème que les sous-officiers. Seulement, un officier fera au cours de sa carrière deux stages commando – et un an et demi de cours – quand les sous-officiers en feront trois. Eux, quand ils arrivent, ils se forment d'abord aux techniques commando, à se battre à mains nues, avec un couteau, avec un fusil, au sein d'une équipe, à faire du Zodiac, franchir les cours d'eau, etc. Ils remettent ça quelques années plus tard pour apprendre à être chef d'équipe, donc à commander cinq autres commandos : utilisation d'un mortier, d'une arme collective, lance-roquette ou mitrailleuse… Et enfin, ils aspirent à devenir chef de groupe, donc à monter une opération, à la conduire, placer son groupe en appui ou être appuyé par un autre groupe au sein d'une opération plus vaste… Tout cela, il faut que ce soit appris d'un seul coup par l'officier, en plus de toute la partie sécurité : comment on assure le passage du groupe devant une falaise, comment conduire une séance de tir, un raid Zodiac, etc.

Colonel Diego : Au 1er RPIMa, les tests TER durent une semaine, c'est à la fois court et très intense. On en sort rincés parce que c'est l'enchaînement des activités qui est difficile. Cela commence par des tests psychotechniques ; ça, ce n'est pas très difficile, mais il faut être attentif à ce que l'on fait.

Médecin en chef Zac : Les tests psychotechniques et psychologiques, ce sont de grands questionnaires, de 400 questions, où il est difficile de masquer quoi que ce soit de sa personnalité.

JCN : C'est fiable à ce point ?

Médecin en chef Zac : Aucun test n'est fiable à 100 %. C'est la multiplication des tests qui, à la fin, donne une bonne orientation du profil des candidats.

Colonel Lucas : Ce sont aussi des tests de connaissance militaire, de culture générale, d'anglais.

Colonel Diego : La partie psychologique est suivie par une succession d'épreuves physiques variées, pas excessivement difficiles en elles-mêmes, sauf une qui demande un peu d'entraînement. C'est ce que l'on peut appeler les tests TAP (troupes aéroportées), mêlant force physique, course, pistes d'obstacles, parcours commando, le fameux parcours d'obstacles chronométré qu'on trouve dans tous les régiments, etc. Tout s'enchaîne avec, au milieu, un peu de tir pour voir ce que donne l'individu en situation de fatigue. Il y a une épreuve de natation tout habillé avec casque sur la tête et tout l'équipement… Ce n'est pas anodin, ça peut servir pour la suite. Puis vient le fameux « 8 kilomètres TAP » : 8 kilomètres avec un sac sur le dos. Tous les parachutistes le font, avec un chronomètre un peu plus sévère au bout. Et le lendemain, on a la fameuse épreuve dite « des 3 glorieuses », datant du groupement opérationnel. En fait, ce sont divers parcours, dont un qui est assez emblématique, dans l'arrière-pays basque, avec pas mal de dénivelé positif et négatif, une trentaine de kilomètres à faire avec un bon sac sur le dos, tout seul, en autonomie. Cela peut paraître simple, mais on a déjà trois quatre jours d'épreuves dans les pattes, et un peu dans les bras… Déjà, il ne faut pas se perdre. Ensuite, l'épreuve est entrecoupée d'ateliers mêlant des tests de discernement, pour ne pas dire des tests psychotechniques, et des tests de sous-effort parce que évidemment, avec la fatigue, tout se dégrade.

Colonel Ludovic : Au milieu des « 3 glorieuses », il y a un test où on vous demande de poser votre sac à dos et de prendre un sac de sable de 40 kg. Déjà, pour le soulever, vous en bavez et il faut le monter en haut de la montagne où le caporal-chef vous attend avec un chronomètre… C'est le moment dur. On ne regarde pas combien de temps vous prenez, on regarde si vous le faites. Un de mes camarades de promo a abandonné. Résultat : il a dû renoncer au régiment car son attitude a laissé croire qu'il n'était pas assez motivé.

Colonel Diego : Dernier point – j'y étais très attaché comme chef de corps et cela se poursuit fort heureusement : tout le monde passe ces tests TER à son entrée au régiment, mais il faut aussi les repasser à chaque fois que l'on y revient après une mutation à l'extérieur… Moi, je les ai passés quatre fois par exemple.

JCN : La deuxième doit être encore plus dure…

Colonel Diego : On comprend très bien que l'individu d'un certain âge ne fasse pas le même chrono qu'à 20 ans. Mais si les résultats sont vraiment mauvais, cela signifie qu'il n'est plus dans les critères minimums de condition physique notamment.

JCN : Les résultats de ces tests sont-ils connus à l'intérieur de l'unité ?

Colonel Diego : Oui, inévitablement, même si tout le monde reste attaché à la discrétion.

Capitaine de vaisseau Philippe : Ça se sait par les tenanciers historiques, les cadres, qui savent tout sur ceux qui passent les tests.

Colonel Diego : Parmi ceux qui reviennent au régiment, on regardera beaucoup plus les chefs que le sergent parce que c'est une forme de crédibilité, de légitimité.

Adjudant Bonie : Pour entrer au CPA-10, il faut passer le stage Belouga, qui est assez semblable à ceux du 1er RPIMa et des commandos marine dans le sens où il amène l'ensemble des opérateurs à des procédures et des techniques communes. Il dure six mois avec une partie en France, une autre à Djibouti, puis retour en France, et synthèse pour validation ou non. C'est beaucoup de travail en état de fatigue pour voir la lucidité des hommes, de la technique (descente en corde lisse, en rappel, etc.), et ensuite d'exercices sur des missions typiques, comme le CTLO[3], afin que l'ensemble des opérateurs ait une compréhension du panel des missions qu'on peut leur donner.

JCN : Qu'observent les examinateurs pendant tous ces tests et formations initiaux ?

Colonel Lucas : Surtout si la personne a l'état d'esprit.

Colonel Laurent : Au-delà de la résistance physique, sévèrement testée, il est important de s'assurer de la capacité à rester lucide jusqu'au bout et donc à prendre les bonnes décisions dans les conditions les plus dégradées et dans un état de fatigue avancée.

Capitaine de vaisseau Samuel : Les personnalités, les forces, les faiblesses apparaissent au bout d'un certain temps. C'est systématique. Et c'est valable pour tout

3. Contre-terrorisme libération d'otage.

le monde. On ne cache pas grand-chose de ce qu'on a au fond de soi-même.

Capitaine de vaisseau Philippe : Pas dormir, pas manger pendant une semaine, cela met tout le monde à nu.

Capitaine de vaisseau Bertrand : Tout le monde craque à un moment ou un autre, ce qui est important c'est de voir si la personne est capable de remonter ou pas. C'est surtout une affaire de mental. Une des grosses plus-values du cours nageurs de combat par exemple, c'est le fait qu'il y ait une pression permanente, pendant les huit mois. C'est long – tout ce qui se passe en mer est toujours long –, il faut beaucoup de capacités mentales.

Adjudant Bonie : En fait, on apprend tout sur soi-même car on ne s'est jamais mis en difficulté à ce point auparavant.

Colonel Ludovic : Je vais être franc : moi, au 1er RPIMa, je n'ai pas trouvé les tests très durs. J'avais 23 ans : je sortais de trois années de Saint-Cyr et d'une année d'école d'appli où je n'avais eu qu'à m'occuper que de moi. J'étais très entraîné, hyper motivé… Quand vous arrivez dans ces conditions, c'est plus facile. Les coureurs d'ultra-trail[4] réalisent des performances autrement plus dures.

Lieutenant-colonel Benjamin : À Saint-Cyr, on est 200 élèves et il doit y avoir une ou deux places pour le 1er RPIMa : la sélection est donc déjà très poussée et on est testés en permanence. Et puis, pour ma part, j'avais beaucoup pratiqué le judo à l'adolescence, un bon sport, où on se fait mal. La question qui m'inquiétait

4. Compétition de course en milieu naturel sur des distances supérieures à 80 kilomètres.

davantage avant les tests, c'était comment j'allais trouver une place, moi, jeune officier, dans un tel milieu ?

Capitaine de vaisseau Samuel : J'étais bien préparé, mais ce fut plus dur que je ne le pensais car il y a une dimension qu'on n'anticipe pas tellement, c'est qu'on est privés de ses repères : pas de montre, on dort peu, on mange juste ce qu'il faut, on est souvent mouillés… Et on ne connaît pas le programme à l'avance, on est à la merci de l'instructeur. Cette incertitude perturbe et crée de la fragilité mentale.

JCN : Comment s'effectue la notation ?

Capitaine de vaisseau Samuel : C'est un travail collégial avec des instructeurs qui connaissent bien les candidats et les évaluent. Ensuite, il y a un collège de cadres qui regarde ça d'un peu plus loin et qui tranche. Vous n'êtes jamais éliminé par un instructeur qui règle ses comptes parce qu'il vous a dans le nez.

Colonel Lucas : Au 1er RPIMa, cela arrive que quelqu'un qui n'a pas forcément réussi tous les tests – un parcours d'obstacles, un exercice de tir ou de topologie – soit quand même accepté car on estime qu'il a l'état d'esprit. À l'inverse, on peut rejeter des candidats qui ont été brillants dans beaucoup de domaines, mais qui n'ont pas l'état d'esprit…

JCN : Quels sont les profils recherchés ?

Général Frédéric Beth : Évidemment, outre des qualités humaines très spécifiques, il faut déjà des qualités physiques.

Adjudant-chef Mazout : On veut des individus à la base assez rustiques et sportifs. Les muscles viennent avec la formation : quand je suis entré dans l'armée, je faisais 69 kg, et j'en suis sorti à 74 kg.

Major Mousse : Le côté physique est important parce que, quand vous courez dans les dunes avec le gilet pare-balles et tout le matériel, il vaut mieux être en forme, mais on ne demande pas des champions du monde de course ou de boxe.

Adjudant-chef Mazout : Au 13, avant, on disait : « Il faut être apte équipe », c'est-à-dire apte à porter le sac de 50 kg, mais ça n'existe pas dans les textes. Pour le médecin, il faut être apte TAP. C'est-à-dire que la colonne vertébrale ne doit pas dévier de plus de tant de degrés. Sinon, certains, une fois le sac sur le dos, ont tellement un effet de compression sur les épaules qu'ils finissent par être engourdis.

Capitaine de vaisseau Samuel : La culture du commando, c'est celle du soldat qui monte à l'assaut, donc il faut être tonique, agile, puissant sans être lourd, vif et rustique. Ce n'est sans doute pas le meilleur coureur, le plus costaud à la salle de muscu, mais c'est un bon compromis de tout ça.

Adjudant Bonie : On va plus chercher un polyvalent, bien câblé, qui va avoir un esprit collectif et une endurance sans faille, apte à encaisser un marathon, en tout cas un 30 kilomètres, avec un sac à dos. Il sera physique, mais pas obligatoirement une masse, ne serait-ce que pour les limitations en parachute : au-delà de 100 kg, on ne peut pas sauter… Dans les forces spéciales, la complémentarité est importante : il faut savoir mêler les styles d'individus et de compétences pour tirer le maximum du groupe.

Colonel Lucas : Toutefois, si les critères physiques sont très sélectifs, globalement il y en a beaucoup qui peuvent les remplir. Après, si on recherche une spécialité bien précise, on regarde éventuellement les critères techniques : minage, déminage, explosif, tir… Mais le critère vraiment déterminant dans la sélection, c'est le cerveau. Je caricature, mais en fait on ne cherche que des cerveaux. C'est le point clé.

Adjudant-chef Mazout : On a rajouté à notre équipement des matériels sophistiqués, électroniques, optroniques… Utiliser un appareil photo par exemple, ça s'apprend : il faut mettre le bon objectif pour identifier une personne à 400 mètres. Récemment, les chefs de corps ont décidé de demander au minimum des bac + 2 ou bac + 3. Je le regrette un peu. Car les candidats intelligents, si c'est trop dur, ils s'en vont et avec le bagage qu'ils ont, ils vont pouvoir trouver ailleurs. Celui qui a un CAP, lui, il apprend chez nous et il fera tout son possible pour y rester.

Lieutenant-colonel Benjamin : Le niveau de recrutement chez les opérateurs du 1er RPIMa, en quinze ans, a réellement changé. Par exemple, dans une équipe de six hommes, il m'est arrivé de commander un ancien officier de police, un ingénieur, un ancien chef de groupe parachutiste, un ancien sapeur ou un ancien légionnaire… Ça crée une richesse, à la fois militaire et civile, avec des gens capables de réfléchir à un niveau supérieur. Mais il ne faut pas que nous perdions notre survivabilité, qui vient aussi du caractère dur et forgé de notre bassin de recrutement, qu'il soit basque au 1er RPIMa ou breton pour les marins !

Capitaine de vaisseau Augustin : Ce que l'on veut, c'est quelqu'un qui ait une espèce de socle physique, et qui soit psychologiquement et affectivement assez stable pour que les contrariétés – le froid, la faim, la fatigue, la douleur – n'interviennent que peu dans sa prise de décision. On avait coutume de dire autrefois que les meilleurs commandos marine, c'étaient les pêcheurs bretons et les paysans lorrains, c'est-à-dire des hommes qui ne sont pas physiquement de super athlètes, mais qui, par contre, quand ils ont froid ou faim, continuent à s'occuper des autres, à réfléchir à ce qu'ils ont à faire et ne laissent pas l'environnement les affecter.

Colonel Diego : Le vrai but de tous ces tests est de détecter le vilain petit canard, celui qui, à un moment donné, risque de nous poser problème dans une situation tendue, critique, où il faut prendre des décisions, et les bonnes, très vite, sous l'effet du stress. Comme on travaille en petits modules de dix, un individu qui lâche, c'est plus compliqué à gérer que dans une compagnie à 180.

Médecin en chef Zac : La troupe forme un ensemble particulier, avec une liberté de parole assez singulière. Humainement, les opérateurs de forces spéciales, pris séparément, n'ont pas de grandes particularités. En revanche, vous risquez d'y trouver des caractères prononcés car c'est justement ce qui leur permettra de donner leur point de vue avant ou pendant une opération. En général, vous ne recrutez que des gens qui ont des profils un peu atypiques, des créatifs, des individus assez plastiques qui savent s'adapter dans un environnement particulier, puis parce que le milieu opérationnel où ils seront plongés va leur faire changer de posture en permanence. Dans la liste des qualités requises, naturellement je mettrais en premier une résistance élevée au stress. Ensuite, il ne faut personne dont le palpitant s'accélère trop dès qu'il y a une situation nouvelle et qui perde alors tous ses moyens intellectuels.

JCN : Et ça, on peut le repérer pendant une sélection où, par définition, les candidats ne sont pas en situation réelle ?

Médecin en chef Zac : Oui. Et puis on admet des marges de progrès : gérer ses émotions, ça s'apprend. Par ailleurs, les candidats doivent avoir un seuil d'évitement assez faible, c'est-à-dire qu'une fois qu'ils ont identifié la source de stress, qu'ils voient le problème arriver, ils vont plutôt l'affronter et non le fuir sans en avoir cadré les contours. Donc, il faut des individus ancrés dans la réalité, c'est-à-dire lucides et stables.

Général Grégoire de Saint-Quentin : Il ne nous faut surtout pas de casse-cou, car il y a de fortes chances qu'ils emmènent tout le groupe avec eux dans une impasse dangereuse.

Médecin en chef Zac : Parce que, malgré tout, cela reste un milieu où les gens peuvent tirer sur d'autres gens… [*Sourire.*] Le maître mot est la maîtrise de soi. On va recruter ceux qui ont tendance à s'effacer au profit du groupe, à dominer leur caractère, plutôt que ceux qui se mettent en avant. Le type qui vient pour se servir et pas servir un groupe est dévoilé très rapidement.

Capitaine de vaisseau Augustin : Quand je suis arrivé dans les commandos, il y avait un nageur de combat qui passait pour une référence. Il disait : « Un bon commando, c'est un psychopathe. » Ce n'est absolument pas vrai ! S'il y a bien un endroit au monde où il ne faut surtout pas de psychopathes, c'est bien chez les forces spéciales !

Général Éric Vidaud (GCOS) : Pas de Rambo ni de RoboCop, mais des gens fiables, loyaux, autonomes.

Général Thibault : Je me rappelle très bien le débriefing du chef Opérations lors de mes premières manœuvres au 13e RDP : « Je suis obligé de faire preuve de rigueur parce qu'une fois que je vous ai largués, je n'ai aucune notion de ce que vous faites. Je vous perds définitivement. » C'est plus vrai génétiquement au 13 que dans aucune autre unité spéciale, car nous opérons le plus souvent en tout petit groupe, de manière très isolée. Donc, ce critère de loyauté est complètement discriminant. Vous pouvez vivre avec quelqu'un qui n'est pas au taquet, qui n'est pas le meilleur, mais pas avec quelqu'un en qui vous n'avez pas confiance.

Capitaine de vaisseau Augustin : On envoie des types très loin, quasiment seuls, on ne peut pas vérifier ce qu'ils font. Il faut donc qu'ils aient un sens de l'intérêt supérieur de la nation, une autonomie intellectuelle qui les rendent capables de comprendre ce à quoi ils ont droit ou pas, de saisir les opportunités en réalisant quand ils vont trop loin, surtout aujourd'hui où, avec les réseaux sociaux, n'importe quelle décision peut prendre une ampleur démesurée. Il nous faut donc des opérateurs hyper posés…

Capitaine de vaisseau Bertrand : On cherche à écarter les cow-boys, les mythos, les inconscients, les gens avec un ego un peu trop dimensionné…

Lieutenant-colonel Gildas : Le profil qui ne passe pas, c'est celui qui joue un rôle.

JCN : Un mythomane ne peut pas réussir à cacher son défaut pendant la période des tests ou des stages initiaux ?

Général Thibault : Un mytho, très sûr de lui-même, arrogant, peut avoir des résultats exceptionnels dans tout. Par contre, quand vous allez le mettre sur le terrain avec un sac, pendant cinq ou sept jours, dans des conditions impossibles, en petite équipe, escorté par un chef d'équipe en titre qui va tout évaluer, minute par minute, son défaut finira par rejaillir comme une évidence.

JCN : Puisque l'opérateur des forces spéciales est appelé le plus souvent à travailler seul, pourquoi écartez-vous également les individualistes ?

Adjudant-chef Mazout : En opération chez les FS, il y a du travail personnel certes, mais on ne fait pas tout tout seul. Le chef demande toujours l'avis du groupe, même si la décision finale ne dépend que de lui. Celui qui est trop individualiste va se mettre en danger, par exemple en se postant tout seul à une fenêtre alors qu'il vaudrait mieux rester en appui avec ses camarades. Et résultat, eux aussi seront en danger.

JCN : Comment repère-t-on les individualistes ?

Adjudant-chef Mazout : C'est facile : on met les candidats par groupe de 5 ou 6, et on voit qui n'aide pas ses camarades quand il faut se creuser la tête pour le tir, pour la topo, pour les procédures…

Adjudant Bonie : Durant mon stage, il y en a un qui a été écarté alors qu'il était très bon techniquement et physiquement parce qu'il se mettait trop en avant. On s'en est rendus compte parce qu'il se racontait sur les réseaux sociaux. Il passait à peine le Belouga qu'il s'épanchait déjà auprès de ses copains sur son appartenance aux forces spéciales…

JCN : Les réseaux sont-ils checkés ?

Adjudant Bonie : Oui, bien sûr. Pas juridiquement, mais pour se faire une idée du candidat.

Général Frédéric Beth : Ce n'est pas d'individualisme dont nous avons besoin, mais d'intelligence de situation et d'esprit d'initiative. Dans une unité classique, le soldat n'a pas le même degré d'autonomie. Dans les forces spéciales, l'initiative est nécessaire à tous les niveaux. Il faut aussi une capacité exceptionnelle de « décision rapide » parce que nos hommes agissent en petits détachements, voire seuls. Ils doivent donc pouvoir décider seuls, rapidement, tout en sachant prendre en compte l'environnement et les conséquences de leurs actions.

Médecin en chef Zac : On recrute ainsi des gens qui ont une forte propension à l'extraversion. Ce n'est pas toujours évident à identifier pendant les tests, en tout cas on repère assez facilement les introvertis dont on veut moins. Dans le monde des forces spéciales, en effet, on laisse la liberté de parole aux opérateurs. De parole et pas de ton, loin de là, parce que cela reste une organisation très hiérarchisée, mais basée sur la subsidiarité et la confiance. Il faut donc des gens qui s'expriment.

Général Frédéric Beth : Réfléchir « en dehors du carré » est une autre qualité indispensable. C'est vrai en anticipation – j'ai beaucoup insisté là-dessus dans mes directives initiales au COS[5] –, en planification, mais aussi dans l'exécution. L'individu, pris dans ses rails, peut prendre une décision rapide, mais s'il ne sait pas « sortir du champ » et de ses habitudes, sa décision pourra être inadaptée.

Médecin en chef Zac : Les recrues doivent être attirées par ce qui sera nouveau dans leur environnement dans les heures, les jours à venir. L'expérience nouvelle ne les inquiète pas. Ils ne sont pas effrayés par l'inconnu, ils ne le fantasment pas non plus.

5. Le général Beth a commandé les opérations spéciales de 2009 à 2011.

Colonel Jules : À l'entretien initial à l'escadron Poitou, on sonde les motivations des gens, mais il y a aussi un aspect pédagogique. Par exemple, pour ceux qui étaient mariés, je demandais systématiquement : « En as-tu parlé à ton épouse ? Imaginons que tu es affecté au Poitou. Tiens, il est 16 heures, on vient d'être alertés par le COS, on part en mission ce soir, à 22 heures. Prépare ton paquetage : gilet de combat, fusil HK416, pistolet Glock, munitions, sac de survie, tu appelles ta femme, tu lui dis que tu ne sais pas quand tu reviens. » Là, vous avez toutes les réactions. Pour certains, c'est : « Pas de problème ! » Mais d'autres restent la bouche ouverte : « Ah non… Ça ne va pas être possible… »

Major Mousse : Passons sur les qualités de courage et d'abnégation – je pense que c'est commun à tous les soldats et quand je dis « soldats », je pense à tous ceux qui vont en opération, ceux qui vont à la guerre. L'humour aussi est très important. Ça permet de faire retomber la tension dans les pires situations ou de les digérer en cas de coups durs. Généralement, ça va de pair avec l'humilité.

JCN : Est-ce que l'image de rusticité des forces spéciales ne peut-elle pas agir comme un repoussoir pour les jeunes de la société actuelle ?

Général Thibault : Bien sûr que oui. Après, quand ils s'accaparent la culture des forces spéciales, les contraintes sont quand même relatives. Au 13e RDP, vous n'êtes pas agent clandestin de la DGSE. Les gens ont une vie totalement normale. Oui, ils sont engagés sur le terrain, mais comme beaucoup d'unités de l'armée de terre. Il faut démystifier tout ça. Il y a des contraintes qui peuvent être fortes, mais c'est la réalité de la mission, de la formation, de la culture qui fait que les gens s'y soumettent.

JCN : Finalement, y a-t-il beaucoup d'échecs durant ces sélections ?

Capitaine de vaisseau Augustin : Il faut que 30 quartiers-maîtres rejoignent chaque année les commandos marine et on n'y arrive jamais avec environ 300 candidats. On est un peu au-dessus pour les 2,5 officiers nécessaires. Pour ma part, lors de mon stage commando, on est partis à 13, on est arrivés à 4. C'était le niveau de l'époque. Aujourd'hui, il y a une présélection qui fait que moins d'officiers se présentent, mais on est à peu près sûrs de leur niveau.

Major Sam : Le jeune qui tape à la porte du 1er RPIMa se doit d'avoir fait au préalable une formation militaire parachutiste forces spéciales. Donc, on a déjà un visuel dessus. Ça limite les échecs.

Capitaine de vaisseau Bertrand : Dans le cours nageurs de combat, qui existe depuis 1952, quand on lisse sur la durée, c'est 50 % d'échec. Sur la partie marine[6], il y a à peu près 1 000 candidats qui veulent devenir fusiliers marins, 200 sont pris. Sur ces 200, il y aura peut-être 30 à 40 commandos marine, et parmi eux, il y aura peut-être 5 nageurs de combat.

Capitaine de vaisseau Philippe : Il me semble que la marine a toujours accepté que le taux d'échec puisse lui coûter cher. C'est-à-dire qu'il n'y a pas de quota et pas d'objectif de sortie. Il y a des années où il y a eu 0 nageur de combat au bout.

6. Des candidats se présentent aussi en provenance de l'armée de terre en cherchant à intégrer l'unité de nageurs de combat du Service Action.

Major Sam : Entre le premier jour de rassemblement – c'est-à-dire, pour moi, le 2 septembre 1992 – et le jour final des sélections – le 1er août 1993 –, de 46 on a fini à 11… Il y a eu beaucoup d'abandons pour des raisons de moral, je dirais : à l'époque, on n'était pas connecté, on ne savait pas ce qu'était l'armée. Donc se faire aboyer dessus en permanence, marcher, prendre des ordres, ça pouvait surprendre parfois. Après, il y a eu de la casse physique : des entorses, des fatigues… Le service de santé était plus intransigeant. Aujourd'hui, on peut suivre des cours avec un bandage à la cheville.

Colonel Diego : De manière générale, il y a quand même un tel volume de candidats que la baignoire ne se vide pas plus vite qu'elle ne se remplit.

Colonel Lucas : Tous les ans, on envoie un message à l'armée de terre en disant combien de postes le 1er RPIMa voudrait recruter. Toutes les candidatures partent vers la DRHAT qui fait un tri, afin que les régiments ne s'en retrouvent pas complètement déséquilibrés. Elle nous transmet ensuite et on fait un premier tri sur dossier pour ne faire venir que ceux qui nous intéressent.

JCN : Ce qui veut dire que des militaires doivent signifier leur désir de quitter leurs unités conventionnelles. Comment est-ce perçu chez celles-ci ?

Général Grégoire de Saint-Quentin : La « ponction » est largement supportable par le système. Il restera donc toujours des bons dans les forces conventionnelles. Toutefois, c'est l'éternelle question de savoir s'il faut laisser partir les gens qui ont envie de faire autre chose. Moi, je pense que ce n'est pas bien de les retenir.

JCN : Vous qui avez vingt-cinq années d'expérience, diriez-vous que le nombre de candidats a augmenté ?

Colonel Diego : Oui, très clairement, et toutes catégories confondues : officier, sous-officier, militaire du rang.

Adjudant Bonie : Il y a de plus en plus de candidats car dans notre système scolaire, éducatif en général, tout est lissé. Les jeunes ne se mettent pas en difficulté. Ils viennent aux forces spéciales pour savoir qui ils sont vraiment. Et puis, il y a eu les attentats de 2015. Un jour, un jeune m'a appelé pour entrer au CPA-10. Je lui ai demandé pourquoi. Il m'a dit : « Je veux me battre contre les terroristes. » Alors que, quand je suis entré, au début des années 2000, le Kosovo n'intéressait personne…

JCN : Même l'Afghanistan, malgré le 11 Septembre, ne captivait pas l'attention de l'opinion publique française…

Adjudant Bonie : Parce que le territoire national n'avait pas été touché. Il y avait eu une vague d'attentats dans les années 1990, mais elle avait totalement disparu dans l'inconscient national. En plus, avec l'explosion des réseaux sociaux, il y a une diffusion de la communication plus aisée de la part du COS. Des gens qui n'y pensaient pas s'y intéressent.

JCN : Est-ce qu'un film comme Forces spéciales[7] *a pu attirer des candidats ?*

Colonel Jules : Oui. On a vu arriver des gens qui avaient vu le film et surtout Diane Kruger… Ils venaient vraiment de tous les horizons et répondaient

7. Produit par la société Mémento, réalisé par Stéphane Rybojad en 2011, avec un casting de choix.

des choses hallucinantes à des questions aussi basiques que : « Pour vous, c'est quoi les FS ? » Ils nous parlaient de clandestinité, de missions secrètes… En fait, ils ne faisaient pas la différence entre les forces spéciales et la DGSE.

Adjudant Bonie : Chez nous, ça a eu un impact, mais à la marge, par rapport aux autres armées. Car le CPA-10 est moins exposé médiatiquement comme unité. Quand on en parle avec les étrangers, ils nous disent souvent : « Vous êtes dans un commando de l'armée de l'air… ? » Il y a rarement d'équivalent chez eux.

JCN : Pourquoi les forces spéciales comptent-elles si peu de femmes ?

Colonel Jules : Quand j'étais au Poitou, de 2004 à 2015, il y en avait au sein de la cellule renseignement et des services techniques. Un an après mon départ, ils ont recruté, enfin, une femme pilote.

Adjudant Bonie : L'armée de l'air est féminisée à près de 30 %. Mais il n'y pas de femmes dans les groupes action du CPA-10 pour des raisons assez variées, pour l'instant… Toutefois, il y a des femmes dans la chaîne logistique et technique qui peuvent se retrouver déployées sur les bases avancées.

JCN : Aux États-Unis, les bérets verts viennent d'accueillir leur première femme. À quand en France ?

Capitaine de vaisseau Philippe : Les Israéliens aussi, je crois. Pourquoi pas chez nous ? On peut retourner la question : pourquoi les jeunes filles ne veulent pas faire ce métier ? Je ne suis pas sûr que cela fasse partie de leur imaginaire. Cela reste un métier difficile, pas forcément compatible avec un profil féminin, une vie de mère de famille ; les conditions de vie sont rustiques, dures, avec un tréfonds testostéroné. Quelle est la proportion de sages-femmes masculins… ? Il faudrait des filles qui physiquement encaissent le coup, qui fassent et réussissent les sélections. À ce jour, il n'y en a pas encore eu. Il est vraisemblable qu'il y en aurait si on modifiait les critères de sélection… Mais tout ce qui est normatif en la matière ne bougera pas, car on ne peut pas s'adapter à chaque type de postulants. C'est quand même assez consubstantiel à la qualité de produit en fin de formation. Et en catapulter une qui aurait des passe-droits sur ces sites de formation, ce serait pire que tout. Pour elle et pour nous.

Capitaine de vaisseau Samuel : Maintenant, il y a des femmes dans les commandos marine, pas dans le cœur du métier, mais dans le renseignement, les transmissions, l'utilisation de drones…

JCN : Elles portent le béret vert ?

Capitaine de vaisseau Samuel : Oui, durant leur période d'affectation. Chez nous cependant, la notion de commando n'est pas rattachée au béret vert, mais au badge numéroté. Ça date de 1944. On doit en être à 9 000, numérotés depuis le début, Philippe Kieffer avait eu le numéro 1.

Capitaine de vaisseau Philippe : En opération, l'avantage d'être une femme apparaît quand on est confrontés à des difficultés dans le renseignement, notamment dans les pays très « genrés ». Les femmes permettent d'établir le contact, de fouiller au corps, d'entrer dans les logements. Si vous ne procédez pas ainsi, vous vous mettez aussitôt à dos tout le village, toute cette communauté qui vous est étrangère… Dans ces cas-là, oui, le fait d'être une femme est un atout et précisons que, selon l'opération spéciale, la liaison-contact peut représenter la moitié de notre travail sur le terrain.

Adjudant Bonie : Les Allemands ont des femmes commando pour mener les fouilles opérationnelles. Elles n'ont pas vocation à entrer les premières dans les maisons, mais elles apportent un savoir-faire qui peut être intéressant pour le groupe. Nous, en Afghanistan, on a eu une approche différente : on a pris des conventionnelles qu'on intégrait si besoin.

JCN : Puisque l'on aborde le rapport à l'islam, sait-on la proportion de musulmans dans les forces spéciales ?

Colonel Lucas : On en a, mais comme dans toute la société française, il n'y a pas de statistiques. C'est ainsi que j'ai eu un opérateur très croyant, qui se posait même la question d'être aumônier musulman. Il avait des clés de compréhension que je n'avais pas. En particulier, en cas de tué de confession musulmane dans nos rangs, il était capable de m'aider pour lui rendre le dernier hommage conforme à sa religion.

Major Mousse : Il y a peu de musulmans au 1er RPIMa, car il y a peu de candidats musulmans, c'est la principale raison. Redoutent-ils de venir chez nous ? Il y a aussi très peu de gens originaires de l'outre-mer alors qu'il y en a beaucoup dans les autres régiments de l'armée française. De mon côté, en tout cas, je n'ai jamais eu la moindre consigne de ne pas prendre quelqu'un en raison de ses origines, j'en donne ma parole. Ceci dit, il est possible que cela soulève une inquiétude légitime. Il y a quinze jours encore, en Afghanistan, deux soldats des forces spéciales américaines ont été tués par l'armée afghane qu'ils accompagnaient. Quand j'y étais moi-même, un commandant de l'ANA[8] me racontait qu'il pensait qu'au moins un quart de son bataillon renseignait les taliban. Tout le monde sait que les islamistes les plus dangereux sont ceux qui arrivent à se fondre dans la population…

8. Armée nationale afghane.

3

Initiation

Comme dans toute société à l'accès réservé, le rite initiatique des forces spéciales ne s'arrête pas à la sélection. Celui qui réussit les tests gagne en réalité son ticket pour un long parcours de formation qui est le vrai creuset de ces unités, car c'est au contact des anciens qu'est appris le métier. La différence avec les unités conventionnelles, qui, elles aussi, suivent un parcours d'apprentissage, certes plus court, est que chaque nouvelle génération de forces spéciales véhicule avec elle sa perception de la marche du monde, des avancées technologiques, numériques, médiatiques. On ne saurait à la fois recruter sur l'aptitude à l'indépendance et s'attendre à un goût pour le conformisme…

*

Général Grégoire de Saint-Quentin : Une fois les tests passés, et qu'on entame la formation, on découvre des choses qu'on a toujours rêvé de faire quand on est un opérationnel.

Colonel Laurent : Au bout de mon stage chef d'équipe, j'étais certain d'avoir trouvé au 13e RDP ce que j'étais venu chercher dans le monde militaire.

Général Thibault : Le 13 n'était pas connu, donc il y a eu avant tout pour moi le plaisir de la découverte. Et pour le coup, quand je suis arrivé là-bas, j'ai trouvé ça complètement grisant et ce fut à la fois un choc thermique. Parce que je découvrais une boutique qui était un summum de rigueur et d'abnégation, où tout était extrêmement ordonné, dans les comptes rendus, dans les procédures, et où, dans le même temps, il y avait une liberté absolue puisqu'une fois que vous êtes parachuté, vous vous retrouvez tout seul, à marcher la nuit, pendant trois ou quatre semaines, au milieu de nulle part, sans personne pour vous contrarier…

JCN : A-t-on vraiment l'impression de franchir une marche par rapport aux unités conventionnelles ?

Colonel Diego : En matière de savoir-faire, de métiers, d'équipement, d'emblée je comprends que c'est un autre monde…

Colonel Lucas : Prenez seulement le bureau opérations : il est énorme par rapport à un régiment normal, peut-être deux ou trois fois plus important. Il a des compétences qui dépassent largement celles d'un régiment classique en finances, en entraînement, en préparation opérationnelle, en préparation de l'avenir, en équipement, en préparation spécifique forces spéciales, en formation : tout est vraiment différent.

Général Grégoire de Saint-Quentin : Dans les FS, on va au bout des choses.

Colonel Lucas : Je vais utiliser une image qui est imparfaite car on pourrait croire qu'elle est un peu péjorative alors qu'elle ne l'est pas : quand vous jouez au rugby, et que vous évoluez dans un bon club de votre région, vous vous faites plaisir. Mais tant que vous n'avez pas joué en équipe de France, vous ne savez pas ce que c'est vraiment le rugby. Et tant que vous n'avez pas joué en équipe de France contre les Blacks, vous ne savez pas jusqu'où peut aller le rugby.

JCN : En quelle mesure ?

Colonel Lucas : Plus que les missions, plus que les équipements, plus que les savoir-faire, ce qui fait la différence, c'est la qualité des hommes. En blaguant, on dit qu'il n'y a que des majors de promotion dans les forces spéciales, mais c'est un peu vrai en fait.

Général Grégoire de Saint-Quentin : On va mettre les gens dans des situations peut-être plus difficiles, du fait de l'isolement, du fait de l'esprit de décision que cela appellera et, donc, il faut leur enseigner beaucoup de choses. Là où la formation initiale dure six mois dans une unité conventionnelle, elle dure deux ans dans les forces spéciales. Aujourd'hui, pour former totalement un membre des forces spéciales, pour qu'il soit mûr et rentable pour le régiment, on estime qu'il faut sept ans !

JCN : En quoi consiste la formation ?

Général Grégoire de Saint-Quentin : Au 1er RPIMa, nous avons la pleine maîtrise de l'action spéciale dans le milieu aéroterrestre. Cela se traduit donc par de très nombreux stages de spécialité : contre-terrorisme, libération d'otage, saut à grande ou très grande hauteur, maîtrise du domaine fluvial, patrouilles SAS, piégeage ou dépiégeage…

Général Éric Vidaud (GCOS) : Quand on arrive dans ces unités, on passe tous, officiers, sous-officiers, par une série de stages qualifiants. Ce sont les mêmes pour tout le monde. C'est une sorte de moule qui crée de la cohésion.

Colonel Lucas : Des stages aux noms chantants : Rapière, Yataga, Katana... Ils peuvent durer jusqu'à quelques mois. Celui qui ne connaît pas du tout le régiment y apprend des savoir-faire tactiques en tir, combat, déplacement en véhicule et puis les savoir-faire techniques correspondant à son niveau.

Colonel Ludovic : L'ambiance est très décontractée, assez solidaire entre les élèves, aussi avec les instructeurs, qui plaisantent avec nous. Mais ce n'est pas potache : vous sentez que l'instructeur est passé par là lui aussi et qu'il vous transmet son savoir. Une fraternité se crée, liée au fait que c'est une petite unité, et que les apprentis savent qu'ils vont partir en opération ensemble.

Colonel Laurent : Il y a un avant et un après les stages. Tous les équipiers du 13, adjoint, radio, observateurs passent par ces mêmes filtres. Même si elles évoluent tous les ans, ces formations conservent un ADN qui transcende les grades et les générations. Quand j'étais jeune lieutenant, mon chef de corps qui m'impressionnait m'avait fait cette remarque : « Chacun de nous est à sa place, mais il reste que nous sommes faits du même bois car nous sommes tous les deux chefs d'équipe. »

Colonel Diego : En ce qui me concerne, j'ai suivi des formations complémentaires dans le domaine TAP, les procédures pour le poser des aéronefs tactiques, le guidage des moyens aériens au combat pour frapper des objectifs, l'aérocordage. En gros, cela m'a pris dix mois de plus. Et ensuite, on m'a affecté dans un groupe en tant que chef.

Colonel Michel : Ce fut beaucoup plus dur que tout ce que j'avais pu faire jusqu'alors.

Colonel Laurent : Pendant tout le stage initial, j'avais l'impression d'être sur une ligne de crête étroite, sans vraiment de corde d'assurance. Nos contrôleurs étaient justes, mais sans états d'âme. Ils observaient nos moindres faits et gestes dès que nous partions en exercice : vérification des sacs, réarticulation sur la zone de saut, topographie et discrétion à l'infiltration, volonté et organisation lors de la fouille des caches, souci de la clandestinité, application des procédures… Au retour, les débriefings étaient sans complaisance. Nous reprenions l'ensemble de la mission pour en analyser chacune des zones d'ombre. Au-delà de la pression exercée sur nous, j'y voyais une sorte d'exercice de vérité car nous étions mis « à nu », devant nos actes et nos choix.

Colonel Michel : Finalement, pour être reçu au 13, il faut arriver à « dérouler » une séquence très dure, que personne ne réussit parfaitement d'emblée : apprendre par cœur une mission, être parachuté de nuit sur un tout petit terrain sur lequel on risque déjà pas mal de choses. Ensuite, on marche avec jusqu'à 80 kg sur le dos toute la nuit jusqu'à un lieu où on doit repérer un endroit pour installer une cache d'observation et suivre le flux ennemi le long d'une route. On creuse dans un sol qui est plus ou moins dur et on coupe des arbres à plusieurs centaines de mètres de là pour faire la cache. Cela ne s'arrêtera que lorsque l'on sera enterré et parfaitement indétectable, c'est-à-dire avec quelqu'un qui peut marcher sur la cache sans voir que vous êtes là.

JCN : Ça, c'est la validation.

Colonel Michel : Oui. Après, vous devez passer une bonne semaine dans la cache. En plus, il revient traditionnellement au chef d'équipe de faire le premier quart : c'est assez épuisant… Une fois que la mission est terminée, ou que l'on n'a plus assez de vivres, on repart à pied vers un point d'exfiltration. On fait un certain nombre de kilomètres de nuit, bien sûr en ne prenant jamais les routes et rarement les chemins, le tout avec l'énorme sac sur le dos, sans jamais allumer la lumière, en traversant les cours d'eau sans emprunter les ponts. C'était la mission unique du 13e RDP au temps du pacte de Varsovie. Son but était d'identifier surtout le poste de commandement des corps d'armée russes, notamment pour que la France puisse déclencher le feu nucléaire tactique au bon moment. Et on a continué à la faire jusqu'à aujourd'hui parce que si on est capables de faire ça, alors on est capables de beaucoup d'autres choses. Cela signifie que l'on a la caisse physique, ensuite l'esprit de clandestinité, c'est-à-dire la capacité à vivre en étant en permanence sur ses gardes sur une longue durée, tout en gardant un raisonnement lucide.

Adjudant Bonie : Au CPA-10, on n'est pas considérés comme totalement intégré tout de suite après le stage Belouga de six mois. Il y a ensuite ce qu'on appelle la « marche du 602 » – référence au 602e GIA[1], l'ancêtre du CPA-10 –, une marche de 60 kilomètres où toute la promo progresse avec les anciens en transportant, outre ses propres sacs individuels, une caisse renfermant les insignes, lestée bien évidemment – ce qui oblige à se relayer pour la porter.

JCN : C'est la fin du rite initiatique…

Adjudant Bonie : Il faut aussi une première mission opérationnelle pour réellement valider ce que l'on a appris pendant la phase qualifiante. Mais ce jour-là,

1. Les 602e et 603e groupes d'infanterie de l'air furent les premières unités parachutistes de l'armée française, créées en 1937.

il y a la remise des insignes, celle du béret pour les spécialistes. Et à partir de là, on a le droit d'accéder à la popote à Orléans. Avant, les élèves sont cantonnés dans leurs propres quartiers, sur un site différencié.

Major Sam : À mon époque, au début des années 1990, quand vous arriviez au 1er RPIMa, vous passiez dix mois dans un bâtiment en bas de la citadelle. Il pouvait vous arriver d'y monter, mais pendant la formation, vous n'étiez qu'à la compagnie d'instruction. Au sortir, pour ma part, j'ai demandé la 1re compagnie parce qu'elle était la seule à avoir les fameux CRAP[2] qui étaient pour moi l'élite des parachutistes. Il y avait une légende tout autour. On savait qu'ils sautaient à très grande hauteur, mais à part cela on ne connaissait pas leurs missions. Cet aspect mystérieux me motivait. Je me disais que j'en ferais partie un jour. C'était ça, mon objectif. Mais pour l'atteindre, il fallait au moins cinq ou six ans de service… J'ai dû passer de nombreux stages de formation, beaucoup de séances de sport et de tir… Et aussi, souvent monter la garde !

JCN : Ce n'était pas trop dur pour le moral ?

Major Sam : Non, parce que vous côtoyez l'élite. Tous les matins et tous les après-midi, je voyais les CRAP au rapport. Je les avais en face de moi. Et ça pardonnait tout !

Colonel Jules : À l'escadron Poitou, les jeunes recrues suivent une formation séquencée par niveau. Premier niveau, dit LVN (lunettes de vision nocturne), basique : on apprend l'utilisation des jumelles à vision

2. Commandos de recherche et d'action dans la profondeur, qui ont pris en 1999 le nom de « groupement des commandos parachutistes » (GCP).

nocturne. Parce qu'on pourrait penser qu'il suffit de les chausser pour s'en servir, mais pas du tout. Au début, on peut avoir des vertiges, des illusions sensorielles. Car pour regarder les instruments, on utilise ce qu'on appelle la vision oblique : la tête ne bouge pas, mais on baisse les yeux à 45 degrés. On passe donc d'un regard horizontal, où on en prend plein les yeux avec les amplifications de lumière, à un regard oblique où tout est plus sombre : ça fatigue. En plus de ça, comme les JVN sont fixées à l'avant du casque, la nuque part sans arrêt vers l'avant : pour alléger les cervicales, il faut régulièrement faire un balayage latéral. Ensuite, on apprend à faire des décollages et des posers avec JVN sur une piste dure, normale. Le deuxième niveau, LSO[3], est un niveau intermédiaire où on commence à faire du « spé », du spécial, mais pas tout le panel – et on continue à voler avec un moniteur commandant de bord. Ensuite, niveau SO (Special Ops) : on peut faire tous les types de missions. Enfin niveau SO+ : on passe moniteur et testeur.

JCN : Chaque niveau correspond à combien de mois de formation ?

Colonel Jules : C'est en nombre de missions opérationnelles que cela se compte. Le premier niveau est relativement facile. Pour le niveau SO, le pilote a dû apprendre tous les types de missions avec les diverses unités constituant le COS. Par exemple : un largage d'Etraco[4] avec les commandos marine ou les paras qui ont les capacités SOTGH[5]. Une fois que tout a été

3. Limited Special Operations.
4. Embarcation de transport rapide pour les commandos.
5. Saut opérationnel à très grande hauteur sous oxygène.

passé en revue, on a le tampon SO. En moyenne, il faut bien compter dix-huit mois avant d'obtenir le Graal ultime SO+.

Colonel Cerbère : En escadrille, au sein du 4e régiment d'hélicoptères des forces spéciales, la formation dure un an après l'affectation. Un an de régiment, avec des formations, des exercices, des qualifications, et sans aucune projection à l'étranger. On y apprend des techniques, mais aussi beaucoup de tactique. Par exemple, on a créé une procédure pour mettre en place un groupe de commandos ou le récupérer. Cette procédure met en œuvre la machine qui dépose les commandos et d'autres appareils assurant à distance une permanence du feu qui fait baisser la tête à l'adversaire pour récupérer nos troupes sans se faire toucher, le tout en se coordonnant tant en l'air qu'au sol. Ces procédés savamment développés, c'est ce qu'on appelle l'aérocombat. Aujourd'hui, dans les forces spéciales, on peut arrêter une voiture soit en souplesse, soit en la détruisant. C'est une manœuvre à partir d'hélicos, d'avions, de commandement en vol. Il s'agit d'être au bon endroit au bon moment, avec souvent seulement quinze minutes de kérosène en réserve parce qu'on est loin de nos bases, pour finalement tirer dans un véhicule afin de l'immobiliser – technique que j'avais développée avec le GIGN : tir d'arrêt dans le capot ou dans les roues – puis conduire un assaut avec les commandos et capturer les individus.

JCN : Est-ce que de manière générale on peut dire que la formation cherche à toujours repousser la limite des risques ?

Colonel Cerbère : Oui. Mais la prise de risques restera toujours complètement encadrée et maîtrisée, selon des processus éprouvés. Des textes définissent les normes dans les minima (visibilité, etc.), qui sont différenciées pour le 4e RHFS par rapport au reste des unités de l'ALAT. Mais pour arriver à ça, il faut avoir satisfait aux sélections, aux entraînements et être au niveau. Il y a une différence entre avoir le droit de faire quelque chose et être capable de le faire…

Colonel Jules : À l'époque, les seuls à faire du vol sous JVN, c'était le GAM 56[6] et le Poitou. Donc, en venant chez nous, vous étiez sûr d'être transformé sous JVN et de faire des missions que les copains ne feraient jamais. Se poser au milieu de rien, de nuit, en se fiant à quelques lampes, sous JVN, avec les « commandos de l'ombre » derrière, il n'y avait que nous qui puissions le faire.

Major Sam : On apprend l'autonomie. On est largué tout seul le soir avec une carte et une boussole. Chaque opérateur doit savoir s'en servir alors que dans une unité conventionnelle, c'est le chef de section qui tient la carte.

Général Grégoire de Saint-Quentin : À l'entraînement, le 1er RPIMa consomme énormément de munitions avec mise en situation, ce qui fait que les gens ont une aisance dans le combat spécial à terre qu'on ne trouve pas ailleurs.

JCN : Les forces spéciales ont donc aussi un budget supérieur ?

Général Grégoire de Saint-Quentin : Oui, mais tout est relatif. Des régiments d'artillerie ou des escadrons de chars ont aussi un budget d'équipement et d'entraînement conséquent du fait de leurs missions.

6. Groupe aérien mixte 56 : unité de transport aérien de la DGSE.

Colonel Diego : Quand je suis entré au 1er RPIMa, globalement, chaque individu disposait de quatre armes et de ses propres JVN alors qu'il y avait trois JVN par régiment dans l'armée française ! Les équipements individuels également n'avaient absolument rien à voir avec ceux que j'avais eus quelques semaines avant en école.

Lieutenant-colonel Gildas : Les entraînements se font en grande partie avec des munitions réelles car vous pouvez tenter d'imaginer la meilleure des simulations, tant que ce n'est pas réel en zone urbaine, ce n'est pas réel… Quand le tir est à balles réelles, le son n'est pas le même, il se réfléchit sur les murs, ça tape vraiment très fort. C'est sûr qu'après, en opération, plus aucun opérateur n'oubliera de mettre ses protections auditives ! Il faut aussi prendre en compte les ricochets, le fait que vous risquez de tuer votre camarade, car on simule aussi des prises d'otages, etc. Donc vous ne jouez plus, chaque tir doit être parfaitement ajusté alors qu'avec des munitions à billes, une erreur ne prête pas à conséquence. Ajoutez-y de l'explosif réel, une manœuvre dynamique qui débute par une insertion très technique, de nuit, sur un immeuble, en hélicoptère et, là, vous vous approchez vraiment très près d'une mission réelle, au prix d'une prise de risques très fine et mesurée.

JCN : Des accidents sont-ils déplorés ?

Lieutenant-colonel Gildas : Très légers au regard de la prise de risques et du nombre d'entraînements. Car le prélude est toujours une énorme préparation. Ce qu'il faut, c'est mesurer en permanence les risques encourus pour travailler dans des limites où les autres, amis ou ennemis, ne vont pas.

Général Frédéric Beth : Les forces spéciales ont besoin d'un entraînement poussé à l'extrême, car, techniquement et technologiquement, elles doivent savoir se sortir de toutes les situations, y compris et surtout les plus sensibles. L'adage « entraînement difficile, guerre facile » s'y applique plus qu'ailleurs. Un entraînement au plus proche de la réalité, comprenant tous les cas non conformes, un réflexe technique de haut niveau, mais aussi une décision dans la plus grande urgence priment.

Général Grégoire de Saint-Quentin : Il faut consolider chez les hommes cette capacité à conserver à tout moment, en toute situation, le maximum de recul.

Médecin en chef Zac : Pour passer dix jours dans une cache à regarder par un trou de souris, il faut avoir développé quelque chose intellectuellement et intérieurement de forcément différent qu'un soldat « classique » qui répète ses gammes très techniques.

JCN : Aucun traitement médical n'est nécessaire pour qu'un opérateur réussisse à endurer dix jours de cache dans un trou ?

Médecin en chef Zac : Non. La force morale, c'est un des piliers de leur métier. Quand je regardais avec mon œil d'officier, et mon œil de médecin, les officiers, les sous-officiers, les militaires du rang qui sortaient des différents stages du 13e RDP, j'étais frappé par leur humilité, leur discrétion, leur capacité à entrer facilement en contact avec les gens, le tout avec le sourire. C'est juste magique. Quels que soient leurs grades, ce sont des hommes extraordinaires, avec une vie intérieure riche, mais dans laquelle ils ne s'enferment pas. D'ailleurs, quand vous discutez avec eux sans les connaître, souvent vous vous méprenez sur leurs grades et vous êtes surpris en les découvrant en uniforme.

JCN : Prenons votre cas, Benjamin, qui, sorti de Saint-Cyr, avez intégré le 1er RPIMa à la fin des années 2000. Pourriez-vous décrire votre parcours après les tests de sélection ?

Lieutenant-colonel Benjamin : À la fin de la formation SAS qui est le tronc commun, j'ai eu la chance d'être orienté vers un groupe spécialisé en CTLO. Cela signifie plus de sélection et de formation, car il y a peu d'opérateurs et ils sont plus âgés. Mais c'est la possibilité d'être engagé sur des missions plus sensibles.

Colonel Diego : La durée moyenne d'ancienneté de service en CTLO, c'est dix à douze ans. Et les opérateurs ne peuvent normalement prétendre y accéder qu'après sept à huit ans de présence au régiment.

Lieutenant-colonel Benjamin : Donc, il faut beaucoup travailler, en particulier pour un jeune lieutenant !

JCN : De combien de temps avez-vous eu besoin pour atteindre votre but ?

Lieutenant-colonel Benjamin : J'ai mis dix mois avant de prendre mon groupe, mais ensuite, j'ai continué à passer des qualifs (chuteur et chuteur oxy[7]). C'est un processus de formation continue.

Colonel Diego : Chaque individu détient généralement trois qualifs. Celle qui domine correspond au groupe auquel il appartient (CTLO, tireur d'élite…). Le reste, c'est l'héritage de son passé ou alors des qualifs qui permettent à un moment donné d'être engagé sur une opération particulière. Par exemple, radio, c'est un vrai métier à part entière. Les radios d'aujourd'hui, ce n'est pas « je tourne le bouton et j'attends que la liaison passe », c'est beaucoup, beaucoup de technique.

7. Saut en parachute sous oxygène.

Lieutenant-colonel Benjamin : Ce fut pour moi une plus-value énorme d'avoir pu passer ces qualifs très poussées car cela permet de mesurer ce qui est demandé aux équipiers dans les engagements les plus techniques.

JCN : CTLO et chuteur oxy, c'est le top niveau au 1er RPIMa ?

Lieutenant-colonel Benjamin : Techniquement et tactiquement, c'est très exigeant. L'unité d'action oxy se distinguait effectivement par son expérience, avec une moyenne d'âge au-delà de 35 ans.

JCN : La formation y est plus exigeante sur le plan physique, mental ou technique ?

Lieutenant-colonel Benjamin : Pour sauter dans ces conditions, il faut regrouper beaucoup de moyens : des pilotes et des avions avec des capacités particulières, des largueurs, des médecins… C'est un écosystème très coûteux. Et techniquement, c'est très compliqué. Il faut vraiment disposer d'une énorme dextérité en chute sans oxygène pour être capable ensuite de sauter sous oxy, c'est-à-dire de nuit, avec les ordinateurs de bord à manier avec de gros gants, un masque, le risque d'hypoxie ; c'est un processus d'infiltration sous voile, ça veut dire que c'est presque du parapente, mais par – 40 °C et avec des vents de plus de 100 km/h…

JCN : Cette technique offre plus d'allonge en opération ?

Lieutenant-colonel Benjamin : Oui. Ou une protection contre les défenses sol-air lors d'un largage à l'altitude des avions de ligne. Ensuite, c'est au parachutiste de piloter son infiltration. Il fait nuit, pas de repère, des changements de vent, on cherche où sont les autres chuteurs. Physiquement c'est hyper éprouvant, car l'équipement est très lourd, on est engoncés, on respire au masque…

Colonel Diego : Cela exige quand même un très grand niveau de maturité en termes de maîtrise des procédures, de maîtrise du feu, de connaissance des hommes, des équipements, des changements de milieux.

Lieutenant-colonel Benjamin : Cela m'a conduit en janvier 2013, au déclenchement de Serval, à faire partie du vivier réduit des officiers qualifiés pour la chute et la libération d'otage. C'est même là où s'est déroulé le premier saut oxy de l'Histoire. On ne se rend pas compte de l'énorme travail dont le régiment a eu besoin pour cela. Ce fut le résultat de vingt ans d'investissement pour les hommes avec lesquels j'ai sauté.

JCN : On retrouve cette exigence de perfectionnement perpétuel dans les autres unités des forces spéciales. Par exemple, peut-on considérer qu'au sein des commandos marine, le commando Hubert, basé à Saint-Mandrier, est ce qui se fait de mieux ?

Capitaine de vaisseau Pedro : Les officiers-mariniers font en général quatre ans en commando, avant de tenter le cours « nageurs de combat » ; pour les officiers c'est plutôt deux ans. En ce qui me concerne, après le stage commando, j'avais été affecté au commando de Montfort comme chef d'escouade. Les présélections ont lieu à la période de la Toussaint, durant quinze jours, pour départager les candidats de l'armée de terre – qui espèrent aller à Quélern, au Service Action – et ceux de la marine – qui se destinent au commando Hubert. L'objectif est de ne retenir que les meilleurs volontaires pour leur faire débuter le cours nageurs début janvier. À mon époque, ce processus était une véritable machine à broyer car il y avait trop de candidats. Maintenant, les choses sont faites de façon plus pédagogique.

JCN : En quoi consiste la sélection ?

Capitaine de vaisseau Pedro : Le cours nageurs de combat, c'est essentiellement de la plongée. On plonge sans arrêt. C'est ultra-physique et usant moralement. L'objectif est de voir si on tient l'oxygène le temps qu'il faut – avant, c'était trois heures minimum ; maintenant quatre avec le nouvel appareil –, ensuite on regarde si vous palmez droit sous l'eau et à la bonne vitesse... La sélection, c'est ça : maîtriser l'appareil de plongée qui nous est « greffé » sous le ventre, quel que soit son niveau de fatigue et quelles que soient les conditions de plongée. On se met à l'eau tous les jours de la semaine, au moins une fois par jour, voire deux fois quand il y a plongée de nuit, tous les lundis et les jeudis. Et tout ça pendant environ sept mois, de Noël à fin juillet...

JCN : Vous disiez que c'était sélectif ?

Capitaine de vaisseau Pedro : Pour mon année, j'ai le souvenir de 48 candidats dont 33 marins au début des présélections. Seuls 24 d'entre eux ont été retenus pour commencer le cours nageurs (12 de l'armée de terre et 12 de la marine). Donc cela écrémait déjà pas mal. Ensuite, parmi les 24 stagiaires, il n'y a eu que 9 certifiés nageurs de combat à la fin du cours (dont 6 marins). Trois ans auparavant, il n'y avait eu qu'un lauréat (un marin).

JCN : C'est la dureté du cours qui pousse dehors les candidats ou abandonnent-ils d'eux-mêmes ?

Capitaine de vaisseau Pedro : Pour les marins, c'est rare qu'ils abandonnent car ils sont déjà commandos et savent à quoi s'attendre. Pour les candidats de l'armée de terre qui arrivent de n'importe quel régiment – il peut y avoir des mécanos pour qui c'est l'occasion de changer totalement de carrière –, il y a parfois des surprises, des désillusions et des abandons. C'est très usant, moralement et physiquement, d'être dans l'eau tout le temps, de palmer, courir, faire du kayak, palmer, courir, faire du kayak... ; la moindre blessure s'aggrave rapidement.

JCN : Quelles sont les missions requérant une telle sélection ?

Capitaine de vaisseau Pedro : La plongée discrète devient notre mode d'infiltration vers une côte, un bateau, des installations portuaires. L'objectif est de faire une action soit en restant dans l'eau (neutralisation d'objectif, recueil de renseignement), soit à terre avec un changement de milieux. Pour cela, on apprend à plonger avec l'Oxygers[8], à poser des charges, à être à l'aise sous l'eau en toutes circonstances. Pour travailler l'aisance, on plonge régulièrement avec différents appareils et mélanges, on effectue également des travaux sous-marins.

JCN : On n'ira pas chercher un autre commando marine pour ce genre de missions...

Capitaine de vaisseau Pedro : Il n'y a pas de raison de le faire ! Les hommes qui sortent du cours nageurs sont vraiment formés pour ça et parmi les meilleurs nageurs du monde. Aux États-Unis, en comparaison, nos homologues des *Seals* suivent un stage à la fois commando et nageur, donc beaucoup plus court et moins complet

8. Appareil de plongée à oxygène pur, recyclant le gaz expiré et qui ne fait donc pas de bulle.

que le nôtre ; ils apprennent certaines choses plus tard, en unité, sur le tas, en fonction de leurs spécialités.

JCN : L'ambiance que vous avez découverte à Hubert est-elle différente de celle que vous connaissiez à Montfort ?

Capitaine de vaisseau Pedro : L'ambiance est très bonne car les opérateurs ont déjà un peu baroudé, officier-mariniers comme officiers. Ce sont souvent de bons gars qui se sont donnés du mal pour arriver là et ils suivent encore des formations, ce qui les force à rester humbles. S'ils ne sont pas chutops[9] par exemple, il faut qu'ils le deviennent assez vite : on les envoie en stage à Pau même si Hubert a la possibilité de les transformer lui-même. Il y a également tout ce qui fait le socle CT[10] à assimiler. C'est ainsi qu'il faut se mettre à niveau en tir en milieu clos, puis en fonction du groupe, le nageur se spécialise dans un domaine. S'il fait partie d'une équipe « DSV-oxy », il se spécialisera en dérive sous voile avec oxygène, par exemple.

9. Chuteur opérationnel.
10. Contre-terrorisme.

4

Esprit

La recrue a été sélectionnée, formée. Elle l'a déjà pressenti au cours de ces longs mois de fatigue et de découvertes, mais maintenant qu'elle en est membre à part entière, elle est à même de vérifier qu'être forces spéciales, c'est autant une manière de concevoir le combat qu'un état d'esprit. Le militaire qui arrive des forces conventionnelles subit généralement un choc tant la différence est flagrante dans l'apparence comme dans le verbe. De là la source de la plupart des critiques adressées aux forces spéciales : des « cow-boys », usant de pseudos, n'appelant pas leurs supérieurs par leurs grades, négligeant leur coupe de cheveux et se laissant pousser la barbe ! Il y a parfois du vrai dans ces reproches. Mais dans la plupart des cas, il y a aussi et surtout une méconnaissance, voire, pour les plus hostiles, un refus de comprendre. Car ces comportements que d'aucuns qualifient de folklore s'expliquent souvent par des contingences extérieures.

*

JCN : Comment les nouvelles recrues s'intègrent-elles dans ces unités aux moyennes d'âge et aux degrés d'expertise plus élevés qu'ailleurs ?

Colonel Diego : Le 1er RPIMa est un régiment très singulier, du fait de son histoire. Et d'abord dans sa structure : même si on a des compagnies, la structure de base du régiment, comme dans d'autres unités d'actions spéciales du COS, c'est le groupe à dix. C'est une très grande différence par rapport aux forces conventionnelles.

JCN : On a l'image d'une famille assez fermée sur l'extérieur, mais avec une forte cohésion à l'intérieur.

Général Grégoire de Saint-Quentin : Celui qui a suivi la formation avec succès est attendu au bon sens du terme. On va le regarder, le juger, apprécier ses qualités de commandement en situation, voir comment il réagit…

Général Thibault : À mon époque, à la fin des années 1980, l'ambiance au 13e RDP était parfois glaciale entre les officiers supérieurs et les jeunes lieutenants. Car, mine de rien, c'était encore l'armée de terre du temps de la guerre froide. Les anciens étaient sur le mode : « On n'est pas là pour plaisanter, l'ennemi rouge va débarquer demain à nos frontières. » Les gens en équipe ne saluaient pas les officiers tant qu'ils n'avaient pas fini leur stage de chef d'équipe… Et puis, à l'époque, il y avait très peu de saint-cyriens. Les officiers étaient souvent atypiques, voire en rupture de ban. La grosse rupture a été la décision prise par le colonel Fleury au milieu des années 1990 de changer les structures du régiment. De trois très gros escadrons[1],

1. Pendant la guerre froide, 60 équipes du 13e RDP couvraient le front Tchéquie-Allemagne de l'Est, soit 3 escadrons de 20.

on est passés à des escadrons classiques, commandés par des capitaines, et des saint-cyriens se sont retrouvés commandants d'unité au 13. Ce fut un changement de mentalité considérable.

Colonel Lucas : On considère qu'il faut que vous fassiez vos preuves. Dans tout ce que vous faites, pendant tout votre temps de commandement, vous êtes scrutés par les anciens. Être accepté par ce cénacle-là est difficile. Certains par exemple, par chance peu nombreux, ont pu me dire que je ne ferais jamais partie de la boutique…

JCN : Ce n'est pas dur pour le moral ? D'autant que vous avez commandé le régiment par la suite...

Colonel Lucas : Heureusement pour moi, dans l'histoire des chefs de corps de ces vingt dernières années, ceux qui sont des purs produits du régiment se comptent sur les doigts d'une main. Ça, c'est rassurant, ça permet de se dire qu'on n'est pas le seul… Et donc, pour montrer que je n'étais pas là par hasard, alors que je n'y étais pas obligé, j'ai tenu à suivre quelques modules de formation, dont un qu'on va appeler le module « évasion », très exigeant, par lequel tout le monde passe, et qui est un peu une marque de fabrique du régiment[2].

Major Sam : Le lieutenant qui arrive tout droit de Saint-Cyr se retrouve dans les forces spéciales avec des soldats du rang et des sous-officiers qui ont beaucoup plus d'expérience que lui par la force des choses.

Adjudant Bonie : Des caporaux-chefs peuvent avoir quinze ans de groupe, ils en sont la mémoire.

2. Stage très secret consistant à simuler une arrestation, et donc une évasion avec des procédures garantissant la confidentialité de l'opération.

Ils apportent l'expertise de ce qui a été fait avant – car on y revient toujours de manière cyclique – et, par ailleurs, ils ont l'écoute des officiers qu'ils ont connus plus jeunes. Ce sont souvent eux le vrai ciment d'un groupe.

Général Grégoire de Saint-Quentin : Il ne faut pas se le cacher, il y a au début comme une période d'adaptation. Car les gens au sein d'un groupe, effectivement, sont très soudés.

Major Mousse : L'officier qui vient de Saint-Cyr reçoit le commandement d'un groupe[3], mais il a pour adjoint un sous-officier qui a vingt ans de 1er RPIMa derrière lui. Les colonels d'aujourd'hui me l'ont dit : « J'ai appris mon métier au contact des sous-officiers. »

Colonel Diego : Le lieutenant est certes tout jeune, mais il arrive de quatre années d'école. Les opérateurs ne peuvent avoir du mépris pour lui. Ils savent qu'il va apporter quelque chose, une connaissance du reste de l'armée de terre et donc une aptitude à se coordonner avec d'autres unités que, eux, n'ont peut-être pas.

Colonel Michel : Vous avez des types qui sont faits pour être d'excellents lieutenants, d'autres d'excellents capitaines. Moi, mon capitaine, un ancien sous-officier, m'a dit : « Tu seras un lieutenant potable, mais je te forme pour être un bon capitaine et un bon chef de corps. »

JCN : Sur quels éléments se basait-il ?

Colonel Michel : J'étais plus intellectuel que manuel, genre « premier de la classe ». Et structurellement, c'est plus difficile pour des jeunes équipiers de faire confiance

3. Dans la tradition britannique, au 1er RPIMa, on parle plus volontiers de « stick ».

à un officier de ce profil-là qu'à un vieux, qui les rassure, qui leur dit « ça va bien se passer ». La magie du système, c'est que ces mêmes hommes, avec qui j'ai pu m'engueuler, étaient des frères d'armes cinq ans plus tard. Et dix ans plus tard, quand je suis devenu leur colonel, ils étaient mes plus fidèles soutiens. C'est impossible à expliquer, mais ils sentent le potentiel d'un officier et font comme un placement pour l'avenir.

JCN : À votre arrivée, ils étaient bien plus anciens que vous ?

Colonel Michel : Ils avaient 500 sauts, j'en avais 80. Ils avaient 10 missions à leur actif, moi aucune. Ils étaient pères de famille, je n'avais pas grand-chose. Et pourtant, je me souviens d'une engueulade où l'un d'entre eux, le plus rustique, un bûcheron avant d'être un militaire, m'a lancé : « Vous devez être notre papa, vous devez nous commander. »

Major Mousse : Ce n'est pas évident pour les jeunes officiers de trouver leur place et pour les membres du groupe de ne pas finir par les dominer… Le commandant en second me disait souvent d'aller les voir à leur arrivée. Je leur disais : « Les mecs que vous avez dans votre groupe, vous allez les aimer. » Parce qu'entre les hommes avec qui on va au combat, c'est une relation d'amour. D'amour viril. Certains, au 1er RPIMa, je les considère comme mes frères plus que mes propres frères. Donc, je leur disais : « Ces mecs, vous allez les écouter, apprendre d'eux, mais vous resterez leur chef. »

Lieutenant-colonel Benjamin : Cela demande de l'adaptation quand on arrive de Coëtquidan, mais comme pour tout jeune qui arrive dans une équipe d'experts. Il faut arriver à trouver le point d'équilibre, écouter, mais sans perdre sa crédibilité de chef, et c'est plus dur en temps de paix.

Capitaine de vaisseau Samuel : Dans la marine, on se trouve affecté chef de groupe dans un commando pour une durée de deux à trois ans, avec 12 à 20 hommes sous nos ordres, jeunes ou moins jeunes, quartiers-maîtres et officiers-mariniers.

Capitaine de vaisseau Augustin : Ce qui est compliqué, c'est que, venant de l'École navale, on a deux ou trois mois pour apprendre le combat à terre, or ce n'est pas assez. En conséquence, quand on arrive en escouade, on ne se sent pas super légitime en tant que chef. Donc, on a ensuite une année à la fois très agréable et très riche parce qu'on découvre le métier, les gens, on commence à faire des choses, on a des responsabilités, mais en même temps, on sent bien que, si jamais on a besoin d'intervenir et de faire la guerre, on a pas mal de lacunes…

Capitaine de vaisseau Samuel : La subtile alchimie de l'intégration repose sur la capacité à nouer un lien de confiance, qui est aussi un lien de hiérarchie, avec l'officier-marinier adjoint d'abord, puis avec les autres, qui ont dix à douze ans de boutique.

JCN : Quelle est la proportion de cadres dans les groupes action ?

Général Grégoire de Saint-Quentin : Au 1er RPIMa, 30 à 40 % au moins. Les forces spéciales sont des régiments d'officiers et de sous-officiers. Les militaires du rang sont aussi d'excellente qualité, avec des formations qui n'ont pas d'équivalent ailleurs. Je pense que la moyenne d'âge au régiment est au-delà de la trentaine, c'est beaucoup plus élevé que dans les forces conventionnelles.

JCN : Quel portrait dresseriez-vous d'un groupe ?

Capitaine de vaisseau Samuel : Les forces spéciales, c'est une tribu organisée, structurée, avec des règles écrites et non écrites, faites de déférence aux anciens, de conseil des sages, de tradition orale... Pour s'y faire accepter, il n'y a pas de rite initiatique, obscur, ésotérique, pouvant porter à critique. C'est un mélange de savoir-être et de savoir-faire qui permet au jeune officier de faire sa place de manière saine et robuste face à des gens qui ont déjà fait leurs preuves.

Colonel Diego : J'ai découvert des hommes qui sont uniquement tournés vers l'opérationnel. Ils n'ont que ça en tête.

Général Grégoire de Saint-Quentin : Au sein de leur cellule, du groupe, les gens sont ensemble en permanence. Chaque année, ils partent quatre mois en mission et ils passent souvent plus de temps entre eux qu'avec leur femme.

Colonel Diego : En opération, des choses sont vécues ensemble, en petit groupe, qui parfois sont de l'ordre de l'extraordinaire, et ça soude les hommes.

Adjudant Bonie : Un groupe, ce n'est pas une somme d'individualités, mais une équipe. On peut avoir onze stars sur un terrain, s'il n'y a pas l'esprit d'équipe qui transcende, ça n'ira pas loin.

Général Grégoire de Saint-Quentin : Cette cohésion est indispensable. Les gens ont besoin de se connaître parfaitement dans la gestuelle, le regard. Car au moment où le combat s'engage, il faut pouvoir reconnaître ce que ressent quelqu'un aux variations de sa voix.

JCN : Est-il alors préférable que la composition du groupe reste à l'identique ?

Colonel Ludovic : Parce qu'ils sont très attachés à leur groupe, les hommes disent souvent qu'ils ne peuvent pas en changer. Mais en réalité, ils sont tellement bons qu'ils sont totalement interchangeables.

Colonel Laurent : Au 13e RDP, il faut en permanence trouver cet équilibre entre équipes surspécialisées, homogènes et expérimentées d'une part, et la nécessité de faire progresser l'ensemble d'autre part.

Lieutenant-colonel Gildas : Je pense que la force d'un système comme les forces spéciales, c'est de rester ouvert et de respirer. Et j'estime que la respiration devrait être d'environ 20 %. Si on reste entre soi, on augmente les risques de dérive et l'on se coupe de l'apport enrichissant d'expériences extérieures. Cette ouverture facilite aussi le recrutement de profils particuliers et la connectivité avec les autres forces.

Général Grégoire de Saint-Quentin : Un groupe du 1er RPIMa change forcément car les gens ont des trajectoires de carrière, des envies d'orientation différentes. Il y en a qui vont faire des stages ou qui doivent passer des examens pour monter en grade. Ce que je crois bon, moi, c'est de tenir compte du fait qu'il n'y a rien d'immuable même s'il faut quand même maintenir l'existence de ces groupes au quartier et au combat.

JCN : En poussant la recherche de cohésion à son maximum, faut-il qu'un groupe soit composé d'amis ?

Général Grégoire de Saint-Quentin : L'amitié est un sentiment assez diffus. Je parlerais plus de fraternité d'armes. Il faut être soudés.

Colonel Diego : Un groupe, ce n'est pas une bande de copains, une organisation horizontale, où tout le monde est du même millésime. Sinon, lorsqu'il y a une décision difficile à prendre, dans l'urgence, tout le monde discute. Et à ce moment-là, celui qui avait été identifié comme le chef, qui avait un peu plus de leadership, il en a beaucoup moins. La structure pyramidale, hiérarchique, est importante.

Colonel Laurent : On constitue une équipe avec des compétences, des expériences et des caractères dont on sait que le mélange permettra de remplir la mission. Le chef y est par certains côtés un équipier comme les autres, mais c'est à lui que revient la décision ultime. Cette position n'est pas incompatible avec le fait de nouer des amitiés inoxydables.

Major Sam : Tout dépend du chef de groupe en fait. Son principal boulot, à mon avis, c'est d'aimer ses hommes. Quand je l'ai été moi-même, il y avait mes opérateurs et il y avait le reste du monde… Si on aime ses hommes, ils le rendent au centuple. Au combat – et on y a été plusieurs fois –, je n'ai jamais eu à me justifier sur mes choix, tout le monde m'a suivi. À Bayonne, s'ils avaient besoin de prendre une demi-journée, ils la prenaient, je les couvrais… Je me battais pour eux, c'est-à-dire pour leur obtenir les bons équipements, les bonnes opérations. À cause de ça, je loupais des séances de tir ou de saut, mais le chef doit être tout pour son groupe.

Général Éric Vidaud (GCOS) : On vit tous ensemble. Entre le lieutenant, le chef de groupe et le caporal-chef équipier, c'est le même milieu. On dort dans les mêmes lieux, il n'y a pas cette séparation hiérarchique et cette différenciation que l'on peut trouver sur un bâtiment de la marine par exemple, qui obéit à d'autres exigences.

JCN : Ces relations plus resserrées impliquent-elles un respect moindre de la hiérarchie ?

Colonel Cerbère : Le rapport au commandement n'est pas plus lâche, il est plus décontracté. Quand on fait un « backbrief » de la mission, le dernier arrivé dans le groupe, même un 1re classe, peut lever le doigt et donner son point de vue… Et on lui donne la parole car s'il est là, c'est parce qu'il a été sélectionné et qu'il va apporter quelque chose au groupe. Mais sur le fond, le chef reste le chef et tout le monde le sait.

Colonel Diego : La hiérarchie existe au 1er RPIMa tout autant qu'ailleurs, et elle est fondamentale. C'est juste que l'aspect formel, indispensable dans le reste de l'armée de terre, est lissé. Parce que, dans les forces spéciales, notamment en opération, le colonel a besoin du caporal et pas seulement l'inverse.

Colonel Lucas : Dans notre système militaire, on dit que parfois la compétence prime le grade. À Bayonne, c'est très vrai. Un instructeur de tir par exemple, qui peut être militaire du rang, va former des lieutenants, et les lieutenants vont l'écouter attentivement parce que le meilleur, c'est lui. Ça ne veut pas dire qu'il va leur manquer de respect.

Major Sam : L'avantage qu'on a chez nous, beaucoup plus que dans la régulière, c'est qu'on peut dialoguer.

Général Grégoire de Saint-Quentin : On a de vraies personnalités, qui savent faire valoir intelligemment leur point de vue.

Colonel Lucas : Un sous-officier à Bayonne, s'il y a quelque chose qu'il ne comprend pas et que son chef de groupe ou son capitaine ne parvient pas à l'aider, il va directement dans le bureau du chef Opérations ! Et mieux vaut que celui-ci l'écoute car souvent ce qu'il vient dire n'est pas du tout inutile.

Capitaine de vaisseau Augustin : Le 1er RPIMa a la réputation d'être assez grande gueule, ce sont des gens du Sud-Ouest ! [*Rires.*] Mais en fait, nous, commandos marine, on est assez proches d'eux, plus que du 13e RDP qui est le plus militaire parmi les forces spéciales. Plutôt qu'un rapport distancié avec la hiérarchie, on préfère parler de subsidiarité. On cherche des individus en qui on peut avoir confiance. Finalement, on ne peut pas dire qu'on arrive à une espèce de société idéale, mais des sous-officiers pouvaient me dire, à moi, chef du commando : « Ce que vous nous proposez là, ce n'est pas bon ! Il ne faut pas le faire ! » Ils n'avaient pas toujours raison, mais parfois oui. Et surtout, je considérais qu'à partir du moment où ils me disaient ça, c'était soit que j'avais tort, soit qu'ils n'avaient pas compris et donc qu'il fallait de toute façon qu'on en discute.

Général Éric Vidaud (GCOS) : C'est quoi, l'humilité ? C'est écouter l'expérience des autres avant de prendre des décisions.

Capitaine de vaisseau Bertrand : L'intégration dans les commandos marine s'est super bien passée pour moi. J'ai fait l'opérateur au début, puis je suis monté en puissance en prenant les fonctions de chef. Il ne faut pas de gloire déplacée car en arrivant on ne sait rien sur rien.

Capitaine de vaisseau Augustin : C'est une extraordinaire école de commandement. Avant d'arriver au groupe, on m'avait donné comme conseil pour m'imposer de chercher à être le meilleur en tout, en particulier physiquement, dans le tir, en boxe, en judo… C'est juste impossible ! La chose sur laquelle on n'est pas challengés, ce sont nos compétences à « cheffer ».

Les hommes savent qu'on commande bien, pas dans le sens du commandement, mais en termes de compétences techniques : on sait comment planifier une opération, l'exposer, la briefer, la conduire…

Général Thibault : Au 13e RDP, ce n'est pas par principe la troupe qui a raison – ça, c'est un point qui n'a pas toujours été très consensuel au COS… On peut survaloriser le parcours des commandos qui sont des gens géniaux, mais au régiment, on a toujours gardé un fort leadership des officiers. Est-ce que ça vient de sa culture cavalerie ? Je n'en sais rien. En tout cas, le chef qui dit : « Je ne peux pas commander parce qu'ils sont plus expérimentés que moi », il faut qu'il change de métier.

Général Grégoire de Saint-Quentin : Le commandement des hommes reste toujours le même. Ce qu'il y a de différent, c'est que la structure organisationnelle et le niveau atteint par les hommes qu'on a à commander nécessitent peut-être plus de doigté. Quand on a des gens à fort pouvoir d'initiative, il faut leur laisser une marge de manœuvre, au bénéfice de tous. L'art, c'est de fédérer tout ça sans les brider. C'est pour ça que le transfert des forces conventionnelles vers le vivier FS ne va pas de soi. Il est souhaitable, il est important, mais il ne va pas de soi.

Capitaine de vaisseau Bertrand : Pour ma part, au commando Hubert, quand on avait un peu de temps en mission, j'adoptais la méthode du « Chinese Parliament », c'est-à-dire qu'on réunit les gens et on leur dit : « Voilà, les gars, ce que l'on nous demande : soit on applique le manuel et on s'aperçoit que ce qu'on a à faire, évidemment, ce n'est pas écrit dedans, donc on va le jeter, soit chacun peut s'exprimer et après on décide. » En faisant comme ça, on implique les hommes dans la mission et ils savent très bien ce qu'ils doivent faire. Mais au final, seul le chef décide.

Adjudant Bonie : Une unité FS, c'est viril. Personnellement, j'étais habitué au discours très policé de l'armée de l'air, un discours de pilote, toujours très courtois, gentleman. Et je suis arrivé dans un monde avec beaucoup de testostérone… C'est une approche différente, mais avec assez peu de malentendus en fait. Ça monte dans les tours rapidement, mais la tension s'évacue tout aussi vite, ce qui n'est pas forcément le cas dans d'autres unités où des non-dits demeurent. Les FS sont habituées à la confrontation et n'ont pas peur du conflit.

JCN : Cette approche différente de la hiérarchie se traduit-elle dans la manière de s'exprimer ?

Colonel Diego : Au 1er RPIMa, on utilise le vouvoiement et le tutoiement comme dans les autres régiments. Le vouvoiement, c'est pour s'adresser à nos supérieurs. Le tutoiement, c'est pour les grades subordonnés. Cela témoigne d'une véritable proximité et n'a rien à voir avec du mépris.

Colonel Michel : C'est une façon de manifester la fraternité d'armes, la bienveillance et la confiance.

Colonel Diego : Par ailleurs, très vite, on n'utilise que le pseudo dans les forces spéciales.

JCN : D'où vient cette habitude ?

Colonel Lucas : Au 1er, c'est sans doute, à l'instar d'une bonne partie de notre savoir-faire et de nos techniques, l'héritage du groupement opérationnel qu'a hébergé le régiment de 1975 à 1980.

JCN : Comment le pseudo est-il choisi ?

Colonel Diego : On le reçoit à l'arrivée au régiment. C'est un prénom qui, en règle générale, commence par la première lettre de son nom. On peut être amenés à en changer s'il se trouve que deux opérateurs portent le même lors d'une opération, mais en général il colle à la personne pendant toute sa carrière.

Major Mousse : Moi, mon nom de famille commence par un M. Mon pseudo devait être « Marc », mais au bout de quelques années, un adjudant-chef m'a appelé « Mousse », ça m'est resté.

Capitaine de vaisseau Samuel : Dans les commandos marine, les subordonnés nous appellent soit par le pseudo, soit par le grade. Il n'y a pas de règles formelles.

Colonel Diego : Il y a trois raisons à l'emploi de pseudos dans les forces spéciales. D'abord, l'efficacité opérationnelle : c'est plus facile à la radio, même si, aujourd'hui, on utilise de plus en plus des indicatifs.

Général Éric Vidaud (GCOS) : On sait très bien ainsi à qui on parle et tout de suite. Ce n'est pas « Tango », « Lima », etc. On n'a pas tout un organigramme à apprendre.

Colonel Diego : Ensuite, c'est une marque de proximité, d'amitié envers les subordonnés comme envers les chefs.

Colonel Cerbère : Le pseudo peut être vu comme une marque de respect, on l'emploie quand on a travaillé avec la personne dans une opération un peu chaude. Le mien – qui fait référence à la mission de gardien du sanctuaire national – date du groupe interarmées d'hélicoptères dont j'ai été le premier commandant en 2006.

Colonel Diego : Je n'ai jamais appelé mon chef de corps par son pseudo, mais l'évolution se faisant, beaucoup de mes subordonnés, quand je commandais le 1er RPIMa, le faisaient. Je les avais connus vingt ans auparavant au régiment, en groupe. Les petits jeunes, eux, ne m'appelaient que par mon grade.

Colonel Ludovic : On a constaté que le pseudo cassait la barrière des grades sans pour autant la détruire, ça facilitait l'expression du subordonné vis-à-vis du supérieur.

Colonel Diego : La troisième raison à l'emploi des pseudos, c'est une question de sécurité. Il ne s'agit pas d'endosser une identité fictive, mais c'est plus pratique que de hurler le nom de ses hommes sous le feu avec le risque que d'autres l'entendent…

JCN : Imaginons qu'un opérateur du COS soit capturé sur le terrain. Quelle identité décline-t-il ?

Colonel Lucas : Son pseudo. Il essaiera de protéger au maximum son identité parce qu'en fonction des gens qui l'ont capturé, celle-ci pourra faire poser des menaces directes sur sa famille ou le régiment.

Colonel Ludovic : C'est pour ça aussi qu'on n'emporte rien sur nous qui permettrait de nous identifier. Je me souviens que lors de ma formation initiale, il y a eu une fouille de sac : un homme s'est fait reprocher d'avoir conservé l'emballage papier du saucisson sur lequel on lisait l'adresse de la boucherie…

JCN : Après l'usage d'un pseudo, le culte du corps est souvent reproché aux forces spéciales. Qu'en est-il ?

Capitaine de vaisseau Samuel : C'est vrai que l'aspect physique compte beaucoup dans les corps d'élite, de manière générale. Les ego sont forts – on essaie qu'ils ne soient pas surdimensionnés – et se traduisent par le souhait non pas d'être le plus musculeux, mais d'être le meilleur à la course à pied, à la corde, à la barre de traction. Il y a toujours une compétition et une valorisation de la performance physique dont le champ d'expression d'ailleurs n'est pas forcément la musculation.

Adjudant-chef Mazout : Certaines unités du COS sont plus libres de pratiquer la muscu en déploiement, en dehors des périodes de tir. Même en opération, il y a des entraînements car il est du devoir de tout militaire d'entretenir sa condition physique.

Colonel Ludovic : Le spectre de nos missions a évolué. On est passés d'une époque où on faisait beaucoup de reconnaissances, où c'étaient l'endurance, la rusticité, la résistance à la pluie et au froid qui étaient privilégiées, à de la libération d'otage où il faut être lourdement équipés avec bouclier, gilet, casque. Et il a donc fallu s'épaissir.

Colonel Diego : Nos hommes ont un niveau physique et musculaire élevé parce qu'ils sont amenés à porter des charges lourdes sur des actions de choc, brèves. Ils ont besoin de tonicité, d'une force qui peut être explosive par moments. Il faut donc un entretien musculaire intense, pour ne pas dire élevé, mais il faut aussi pouvoir rester véloce.

Adjudant Bonie : Les surhommes super physiques, ça existe ! Au CPA-10, j'ai vu des individus pesant plus d'un quintal et qui couraient plus vite que moi.

Colonel Diego : On est très attentifs à la condition physique des hommes car il y a eu des excès au début des années 2000. C'était le début de l'Afghanistan où le standard, inspiré encore par les Américains, était le bodybuilder. Les gens avalaient des cochonneries avec les risques inhérents. On a commencé à avoir des individus qui étaient assez monstrueux musculairement, mais qui rencontraient des problèmes de vélocité sur le terrain, ou qui n'avaient pas envie d'y aller parce que la séance de muscu était à 16 h 30 et qu'il leur fallait avaler leur plat de pâtes…

Colonel Laurent : Cette mode n'a pas survécu à la réalité des opérations, car notre métier reste de faire la guerre et de durer sur le terrain. Il est peu compatible avec une hygiène de vie d'haltérophile.

Général Éric Vidaud (GCOS) : La musculation rajoute du poids. Or beaucoup de nos opérations sont aéroportées, les capacités de nos voiles et de nos parachutes sont limitées.

Colonel Diego : Heureusement, tout a été repris en main depuis une dizaine d'années, un poids moyen a été déterminé qui répond aux exigences opérationnelles du moment.

Capitaine de vaisseau Augustin : La musculation est beaucoup moins présente aujourd'hui qu'elle ne l'était dans les années 1990. À cette époque, celle où j'ai rejoint les forces spéciales, on nous donnait des sacs énormes et il fallait qu'on soit capable, sur des distances assez courtes, de faire un effort maximum – c'est pour ça que la musculation était importante. Et les Américains étaient encore pires que nous. C'étaient des monstres de muscles, capables de sortir de leur hélicoptère avec des sacs très imposants, énormément de munitions et des armes très lourdes, de proposer ainsi une grosse puissance de feu, puis de remonter et de repartir. Nous, on n'avait pas beaucoup d'hélicos, donc il fallait qu'on conserve une capacité à marcher. Mais tout cela a évolué. Chez les Américains, le modèle physique des commandos dans les années 1970-1980, c'était John Wayne, dans les années 1990, Sylvester Stallone et, aujourd'hui, c'est plutôt Matt Damon. On a changé de sport. Du gros mec un peu grande gueule qui donne des coups de poing à la John Wayne, on est passés à des triathlètes. Maintenant, tout le monde est revenu à des sports d'endurance et la version virile du sport pratiqué par les commandos, c'est plutôt le CrossFit.

JCN : Comment expliquer cette évolution physique ?

Capitaine de vaisseau Augustin : Nos équipements se sont allégés. Avant, on portait les mortiers et les obus de mortier, c'est ça qui était très lourd. Maintenant, les drones et les armes à très longue distance emportent la capacité de destruction, donc on a plus à la porter nous-mêmes. Les appareils de transmission aussi sont beaucoup plus légers. Par contre, on peut marcher très longtemps, se faire parachuter régulièrement alors que cela ne nous arrivait pratiquement jamais. Donc, il faut faire preuve de beaucoup plus d'endurance qu'avant.

JCN : À force d'entraînement, les opérateurs des différentes unités de forces spéciales finissent-ils tous par avoir à peu près les mêmes caractéristiques physiques ?

Colonel Diego : Prenons le commando Hubert, que l'on appelle amicalement le GIGN du COS. Ils sont plutôt formés aux actions coup de poing, de courte durée. Ils sont donc construits différemment que les gens du 13e RDP, qui, eux, sont sur des opérations de plus longue durée, très rustiques, et qui donc sont plutôt fins, secs, même si leur profil physique tend à ressembler à celui du 1er RPIMa au gré de nouveaux types d'entraînement.

Lieutenant-colonel Gildas : Il faut aussi prendre en compte la finesse croissante de certains modes d'action élaborés par les FS, avec l'intégration de toutes les technologies : il faut savoir entrer des lignes de code, de l'imagination, du savoir-faire en pilotage de drones. Les commandos pourront de moins en moins faire à la fois de la musculation, du tir de haut niveau, de la course en montagne et de la programmation de drone…

JCN : Après leur musculation, les forces spéciales se voient souvent taxer de négligence dans leur apparence : cheveux longs, barbe, tatouages... Y a-t-il un fond de vérité ?

Capitaine de vaisseau Pedro : Oui, parfois à Hubert, certains ont les pattes ou les cheveux un peu plus longs. Mais ils restent naturels et ne donnent pas l'impression de jouer un jeu. Je ne vois pas de mal à cela, tant qu'il n'y a pas d'excès et que cette liberté est prise par des hommes qui ont fait leurs preuves. Mais attention à ne pas inverser les choses : ce ne sont pas les cheveux longs qui font le commando !

Colonel Diego : Très honnêtement, au sein du 1er RPIMa, je n'ai jamais vu de grosses dérives. On y veille en tout cas. La barbe est venue avec l'image du *contractor* américain, qui a fait fantasmer beaucoup de gens pendant un temps. C'était devenu une espèce de référentiel. Maintenant, depuis un certain nombre d'années, les gens se tiennent bien.

Capitaine de vaisseau Samuel : Dans les commandos marine, on n'est pas trop portés sur la barbe… Maintenant que je suis un vieux et que je fixe les règles, je suis même plutôt contre – je ne parle pas en opération, car là, c'est autre chose.

Général Éric Vidaud (GCOS) : En effet, souvent, quand on a des missions de liaison-contact dans des pays musulmans, le fait d'être rasé de moins près permet d'être accepté plus facilement.

Colonel Ludovic : En Afghanistan, la barbe vieillissait nos hommes. C'était très important parce que le village n'acceptait de nous parler que si on paraissait un peu vieux, ça permettait de briser la glace.

Capitaine de vaisseau Bertrand : Chez les Afghans, porter la barbe est important. Mais chez les Kurdes, c'est exactement le contraire. Des gens de chez nous ont dû se raser au Levant. En fait, c'est une affaire d'adaptation au milieu.

Capitaine de vaisseau Samuel : Pour ce qui concerne les tatouages, à mon époque, il y en avait beaucoup moins et c'était surtout les officiers-mariniers. Moi par exemple, je ne suis pas tatoué et ça ne me manque pas ! [*Rires.*]

Général Éric Vidaud (GCOS) : On encourage nos opérateurs à être des *grey men*, comme on dit pour les FS. *To be a grey man*, c'est être comparable à tout le monde, ne pas se distinguer. Donc, le tatouage est plutôt à éviter, exactement comme le nom sur le treillis.

Colonel Lucas : Après, il y a une sorte de provocation ou de jeu pour certains d'avoir la barbe, les cheveux un peu longs ou de gros tatouages. On sélectionne des gens qui naturellement cherchent à se distinguer. Donc ils se distinguent !

Capitaine de vaisseau Philippe : Toutes ces questions, en fait, c'est comme quand des ingénieurs généralistes entrent chez Renault. Beaucoup vont faire de la production ou de la vente, quelques-uns vont entrer chez

Renault Sport et parmi ceux-là, quelques-uns encore vont aller chez Renault Rallye. Chez Renault Rallye, les contingences ne sont pas du tout les mêmes : le mécano, c'est du top niveau, les horaires sont différents, vous ne dormez pas chez vous… Hubert, et les commandos marine, c'est un peu pareil. Du moment que vous passez dans un processus très sélectif, et que vous arrivez par chance, par volonté, par qualités personnelles à franchir les étapes, vous êtes hors de l'ordinaire, vous êtes alors extra-ordinaire. Et donc, la vie à Hubert se déroule autrement que dans les unités régulières ? Bien sûr que oui ! Les nageurs de combat ne sont pas obligés d'avoir la même rigueur formelle que dans un régiment à 1 000 hommes. La moyenne d'âge est au-delà de 35 ans. La proportion de gens avec la Légion d'honneur, la médaille militaire, des croix de la valeur militaire est sans commune mesure. Et donc, oui, par construction, il y a une différence. Il y a une certaine forme d'orgueil collectif, de *Band of Brothers*, un pouvoir d'identification de groupe très fort.

Général Grégoire de Saint-Quentin : Qu'il y ait une tolérance, liée au contexte d'emploi, c'est nécessaire. Mais de mon point de vue, les FS, comme leur nom l'indique, sont d'abord des forces. Un de leurs points forts est d'être ancrées dans une culture militaire et des traditions multiséculaires. Trop de négligence dans l'apparence est contre-productif et potentiellement dangereux à terme pour les unités qui tombent dans ce travers, car cela revèle aussi un état d'esprit. À titre d'exemple, j'observe que le commandement de la marine américaine a décidé récemment d'une reprise en main des *Navy Seals* après plusieurs années de dérive sur ce point…

JCN : Faudrait-il voir dans le relâchement de la tenue chez les forces spéciales l'expression d'une forme de prétention ?

Colonel Diego : Ceux qui ont la chance de faire ce métier ont de la fierté, mais elle reste au fond d'eux-mêmes. Il n'y a pas d'extériorisation, les gens ne racontent pas leur vie, y compris au sein du groupe.

Capitaine de vaisseau Pedro : Quand je recevais les hommes à Hubert après le cours nageurs, je les brossais dans le sens du poil. Je leur disais : « Bravo. Vous êtes des champions du monde. Profitez et célébrez ce succès pendant vos vacances – le cours s'arrête fin juillet –, mais quand vous revenez en septembre, baissez la tête et revenez sur terre – façon de parler ! N'oubliez pas qu'ici on est tous passés par là et que l'on doit toujours faire ses preuves. »

Colonel Laurent : Il faut parfois rappeler à certains que nous ne sommes pas des danseurs étoiles. Dans le fond, notre métier est plutôt rustique, voire « agricole ». Mais de manière générale, nos équipiers sont plutôt humbles car ils savent que rien n'est jamais acquis.

Général Grégoire de Saint-Quentin : Cela arrive que les gens chez nous soient imbus d'eux-mêmes, bien sûr. Cela veut dire qu'il y a encore une marge de progrès dans la sélection. Mais il y a énormément de maturité chez nos hommes. En fait, ils n'ont plus besoin de se la raconter.

JCN : Que pensez-vous des expressions « la pointe du diamant », « l'élite » ou « le fer de lance de l'armée française » qui sont souvent utilisées pour qualifier les forces spéciales ?

Adjudant Bonie : Elles sont sans doute appropriées dans la mesure où tout est tourné vers l'excellence. Rien n'est laissé au hasard, de l'humain jusqu'aux techniques et aux procédures.

Colonel Cerbère : Les FS ne sont pas l'élite de l'armée française, mais elles en font indubitablement partie. On a la chance de disposer des matériels les plus développés, de bénéficier d'un entraînement poussé. C'est un cercle vertueux qui conduit à de meilleures performances. Mais il ne faut pas oublier que les opérateurs donnent aussi beaucoup d'eux-mêmes.

Général Grégoire de Saint-Quentin : Les forces spéciales ne cultivent pas l'élitisme, mais leur sélection et leurs conditions d'engagement font que les gens qui y servent sont *in fine* des gens de très bonne qualité. C'est en tout cas ce que nous disent tous ceux qui les voient en action ou après, dans le privé, pendant leur seconde carrière. Est-ce que c'est l'élite de l'armée française ? Je pense que l'armée française doit avoir plusieurs élites et pousser ses capacités opérationnelles dans tous les domaines.

Colonel Diego : Tel régiment d'artillerie est certainement l'élite de l'artillerie française ; tel régiment de chars peut se considérer comme l'élite des blindés français. Les FS peuvent être l'élite à un moment donné, dans un écosystème, mais pas vis-à-vis du reste des armées. Je n'aime pas ce terme parce qu'il peut satisfaire des ego et là où il y a de l'ego, il y a une forme de danger.

Major Sam : En tout cas, moi, je n'ai jamais motivé mes hommes comme ça. Je leur disais : « Nous sommes les forces spéciales, donc nous devons faire des trucs spéciaux. Je me charge de nous trouver le job et c'est à nous de le faire. » Ça n'aurait servi à rien de leur parler d'élite : nous étions au 1er RPIMa, l'expérience parlait pour nous.

Major Mousse : Moi, après une belle action, je disais à mes hommes : « Aujourd'hui ça s'est super bien passé, mais ce ne sera peut-être pas toujours le cas. Alors il faut continuer à bosser. »

Major Sam : Après, c'est vrai qu'on est jalousés à l'extérieur…

Colonel Michel : C'est certain qu'en étant chez les FS, vous pouvez susciter l'envie chez vos camarades de promo. Tout soldat court, paraît-il, après sa grande bataille. Eh bien nous, on l'a déjà eue, notre grande bataille. On espère qu'il y en aura d'autres, mais si ça devait s'arrêter là, ce n'est pas grave, on partira avec nos souvenirs. Je ne sais pas si on a l'impression d'appartenir à l'élite, mais on a l'impression de posséder un trésor, d'être très riches.

Général Éric Vidaud (GCOS) : C'est souvent comme cela. Quand on ne connaît pas les gens, on les envie, on les redoute, on les craint, on les admire, on les déteste. Dans toutes les opérations que j'ai menées, j'ai fait en sorte que l'on accueille chaque fois dans notre sphère des militaires des forces conventionnelles qui étaient à côté afin que l'on partage avec eux, que l'on échange et qu'au bout on fasse tomber ce mythe de forces spéciales hautaines.

Général Grégoire de Saint-Quentin : La jalousie existe souvent chez des individus qui n'ont pas digéré un certain nombre de problèmes personnels… Parce que la porte est ouverte à tout le monde dans les forces spéciales ! Il faut simplement accepter de faire ce pas en avant, d'endurer la sélection et les stages, la formation initiale qui est longue, pénible, dont on ne voit jamais le bout. Personnellement, je ne cherche pas à faire de distinguo ou de hiérarchie entre les unités de l'armée française car je suis bien placé pour savoir leur niveau d'excellence et leur complémentarité[4]. Mais à l'inverse, il ne faut pas reprocher aux forces spéciales d'être spéciales ; il faut au contraire les appuyer dans la recherche de l'excellence.

Capitaine de vaisseau Samuel : Dans la tradition de la marine, les commandos ne sont en concurrence avec personne. On n'est pas challengés comme dans l'armée de terre par des paras ou des commandos qui estiment eux aussi avoir le savoir-faire. En revanche, on nous reconnaît l'expérience des opérations dures, du combat ; ça peut susciter la curiosité chez nos interlocuteurs, ça peut surtout faire peur quand ensuite on prend le commandement d'un bateau – l'équipage se dit : « Celui-là, il va nous faire un régime commando, on va tous en baver ! » [*Rires.*]

Adjudant Bonie : L'adjectif que répètent le plus souvent les chefs en formation, c'est « humble ». Il est naturel d'être fier de vivre quelque chose d'un peu spécial, il y a forcément une part de valorisation de soi. Mais tout nous ramène à l'humilité car nous sommes entourés de gens de très haut niveau, meilleurs que nous. L'adversaire aussi nous conduit à rester humbles, car, même avec un niveau inférieur, il fait des choses auxquelles on n'aurait pas pensé. Au Mali, par exemple, nous avons été d'une grande efficacité face à des milliers d'ennemis, mais le Levant s'est révélé différent, il a fallu nous réadapter, changer nos modes d'action. Sur un théâtre, nous sommes en pointe, sur l'autre nous sommes plutôt en appui. On est constamment obligés de se remettre en question.

4. Au moment de cet entretien, le général de Saint-Quentin était encore sous-chef Opérations à l'état-major des armées, poste qu'il a quitté à l'été 2020.

JCN : Au vu de leur équipement supérieur et des missions qui leur sont confiées, certains qualifient encore les forces spéciales d'« enfants gâtés ».

Capitaine de vaisseau Philippe : Je ferais juste remarquer que, l'année dernière, j'ai passé dix mois loin de mon foyer… Nous sommes astreints à des contingences différentes, parfois exceptionnelles : après six mois à l'étranger, je suis resté une semaine chez moi et suis directement reparti. Je n'ai pas de treizième mois, je suis noté et payé par l'État. Aujourd'hui, lorsqu'on part en opération au pied levé, je n'ai pas de voiture qui m'amène à l'aéroport, c'est ma femme qui le fait… Si tout ça fait de nous des « enfants gâtés », O.K. !

JCN : Pour en terminer avec les qualificatifs peu amènes, on entend aussi le terme de « cow-boys »…

Général Éric Vidaud (GCOS) : On avait cette image il y a vingt ans parce qu'on avait une arme de poing avec un holster.

Major Mousse : Ce pistolet supplémentaire a sauvé la vie d'un de nos hommes en Afghanistan. Une balle l'avait touché à la jambe en lui sectionnant le nerf sciatique, il ne pouvait plus marcher. En plus, en tombant, il avait perdu son fusil. Personne ne pouvait aller le chercher, le feu était trop violent. Eh bien, le temps que le Tigre vienne à la rescousse, l'opérateur a abattu au pistolet les taliban qui approchaient pour l'achever…

Général Éric Vidaud (GCOS) : Et depuis Uzbin[5], toute l'armée de terre s'est équipée en armes de poing. Donc désormais, tout le monde a un look de cow-boy…

5. Le 18 août 2008, un détachement de l'armée française tombe dans une embuscade à Uzbin. Il déplore 10 morts et 21 blessés.

Colonel Lucas : Colporter l'image du « cow-boy », ce n'est faire attention qu'à nos cheveux, à nos JVN, à nos armes, c'est-à-dire la partie visible de l'iceberg. C'est oublier qu'un opérateur des forces spéciales, c'est quand même un homme ou une femme avec des qualités exceptionnelles, sur les plans physique, intellectuel, technique.

Colonel Michel : Le « cow-boy », c'est de la caricature de forces spéciales. C'est les forces spéciales version cinéma.

Lieutenant-colonel Gildas : Dans une évacuation de ressortissants très tendue en Afrique, des femmes ont été secourues par des commandos du COS déposés *in extremis* en hélicoptère. Elles ont ensuite témoigné devant les caméras : « Non seulement ils nous ont sauvées, mais ils l'ont fait avec beaucoup d'humanisme. Ils ont trouvé le temps pour nous dire un mot rassurant et même pour nous arracher un sourire. En plus d'être vraiment des pros, ce sont des êtres humains qui risquent leur vie… » L'image initiale qu'elles en avaient était sans doute plus celle de brutes sanguinaires ! [*Rires.*]

Général Grégoire de Saint-Quentin : J'entends parfois que les forces spéciales recevraient beaucoup et donc qu'il faudrait qu'elles rendent… Or elles rendent énormément par le transfert de leur savoir-faire et les résultats qu'elles obtiennent sur le terrain ! Cela, c'est parfaitement compris par les décideurs en responsabilité. C'est au niveau des intermédiaires qu'il y a parfois de la méconnaissance, les forces spéciales souffrant d'une de leurs principales qualités : la discrétion.

L'événement créa une forte remise en question au sein de l'institution sur les matériels et les tactiques employés.

Colonel Lucas : Nos forces sont dites « spéciales », elles portent bien leur nom. Il y a une forme d'élitisme, oui. Mais la marque de ces êtres hors norme, c'est leur humilité, leur discrétion et leur cerveau remarquablement « câblé », beaucoup plus que les défauts visibles auxquels certains vont s'attacher. Force spéciale, c'est un cœur, un cerveau, des tripes et des c…

5

Opération spéciale

C'est la question centrale : qu'est-ce qu'une opération spéciale ? Autrement dit : y a-t-il des paramètres déterminés permettant d'affirmer que telle opération doit revenir ou non aux forces spéciales ? Cela peut ne sembler qu'un exercice de rhétorique militaire et pourtant cela conditionne tout. Sans « opération spéciale », les « forces spéciales » ne sont que des forces spécialisées dans l'assaut de vive force, le recueil de renseignement ou le guidage aérien. Mais alors, dans ce cas, pourquoi seraient-elles à distinguer d'unités elles aussi très sélectives comme le groupement des commandos parachutistes de la 11e brigade, le GIGN ou le Raid ? Est-ce le but de la mission qui permet de trancher ? Le mode opératoire ? Les moyens utilisés ?

*

Capitaine de vaisseau Augustin : On confond souvent opération spéciale et opération commando. Les opérations commandos, c'est entrer chez l'ennemi, saboter, tuer, capturer, extraire. C'est un combat du faible au fort qui va utiliser l'agilité, la ruse, la discrétion pour atteindre un objectif en général opératif ou tactique. Les opérations spéciales se placent au niveau supérieur, stratégique.

Adjudant Bonie : À vrai dire, y compris au sein des armées, on a dû mal à définir ce qu'est une opération spéciale. Mais à partir du moment où c'est le GCOS qui a la main, c'est une opération spéciale ! C'est-à-dire une opération de grande sensibilité politique ou de haute technicité, avec un certain nombre d'acteurs et de capteurs que seul le commandement des opérations spéciales (COS) est capable de mettre en musique.

Colonel Lucas : Il n'y a pas vraiment de moule unique. Une opération spéciale peut ainsi être commandée par le COS, mais sans capacité forces spéciales sur le terrain, en ayant par exemple recours à l'aviation de chasse…

Général Frédéric Beth : Les opérations spéciales se positionnent bien sûr au plus haut dans le spectre de la difficulté, mais ce n'est pas la raison principale pour laquelle on fait appel aux forces spéciales. On fait appel à elles soit parce que l'action est de niveau stratégique, soit parce que l'environnement nécessite l'envoi de petits détachements limités en volume et totalement autonomes, soit parce que la mise en place nécessite des savoir-faire spécifiques.

Colonel Michel : Une opération spéciale est menée avec beaucoup de discrétion, notamment dans sa préparation, souvent dans l'urgence et avec une très faible empreinte au sol, c'est-à-dire que l'on va chercher à être discret jusqu'au moment où on devra se dévoiler. Ce qui consiste, en fait, à obtenir des effets très importants en mettant le moins de monde possible au sol.

Major Sam : La piqûre de guêpe doit revenir aux forces spéciales – on est faits pour ça.

Général Thibault : On parle souvent de surprise, de petite équipe, etc. Tout ça est vrai. Mais pour ma part, la caractérisation principale du modèle des forces spéciales, c'est qu'il est « anti-clausewitzien ». Les forces spéciales sont dans le contournement de l'affrontement de puissances. Au lieu de mener un jeu qui peut conduire à avoir des armées qui se font face avec des millions de soldats et des tonnes d'obus, voire le nucléaire, vous vous mettez dans une situation où, la force étant identifiée, vous allez chercher la chausse-trappe, à la façon aïkido, qui va la déséquilibrer en refusant la logique du rapport de force écrasant. Car si, ponctuellement, les forces spéciales ont bien sûr l'ascendant en termes de puissance de feu, cela ne dure que le temps que l'ennemi envoie de gros renforts. C'est ainsi qu'en Afghanistan un groupe Action m'avait fait la démonstration complète de ses systèmes d'armes ; il était grisé par sa puissance de feu. Je lui avais répondu : « Vous savez, j'ai commandé treize chars Leclerc. Je suis en face de vous avec, je vous roule dessus ! » Le jour où les forces spéciales affrontent des forces majeures, elles n'ont aucune chance. C'est l'histoire d'*Un pont trop loin* à Arnhem[1]. Les paras ont tenu deux jours et ils ont été laminés.

Colonel Diego : Une autre caractéristique des opérations spéciales, c'est ce qu'on appelle le contrôle politico-militaire très étroit, c'est-à-dire que, dans l'exécution, un feu vert ou un feu rouge peut être donné à quelques secondes de l'objectif, par le GCOS, le chef d'état-major des armées, voire le président de la République.

1. En septembre 1944, l'état-major allié pense pouvoir accélérer la fin du conflit en Europe en larguant 35 000 parachutistes derrière les lignes allemandes. Un cuisant échec.

Général Thibault : Les trois grandes catégories de missions des forces spéciales sont : action, renseignement, mais aussi influence.

JCN : On imagine assez facilement les forces spéciales menant un assaut ou une opération de renseignement, mais en quoi consiste une mission d'influence ?

Général Thibault : De plus en plus, le COS mène tout un travail consistant à poser les bons messages sur le type d'actions qu'il mène, à destination des locaux ou de ses adversaires dans la région. Ce ne sont pas des manœuvres de manipulation comme à la DGSE, mais des logiques fortes d'influence. C'était dans la culture militaire en 1914-1918, en Indochine, mais tout cela a été gommé après l'Algérie. Les conflits récents, face à des ennemis bien identifiés, l'ont logiquement fait revenir à la surface.

Colonel Diego : Le troisième critère selon moi d'une opération spéciale, c'est celui du niveau de visibilité que l'État entend lui donner. Le secret opérationnel peut être recherché avant le déclenchement pour se garantir l'effet de surprise et l'effet tactique les plus élevés. Mais à l'issue de l'opération, il peut y avoir si besoin une forme de revendication. D'une manière générale, cependant, la plupart des opérations spéciales ne se font pas sous les projecteurs, et tant mieux.

JCN : Les opérations spéciales sont discrètes, mais l'État français peut les assumer si nécessaire.

Colonel Diego : Oui. Si on laisse quelqu'un sur le terrain, qu'on n'arrive pas à le récupérer tout de suite, la France reconnaîtra que c'est un soldat français, même si on fera tout pour que son identité ne soit pas révélée.

JCN : Opérations discrètes, mais non clandestines.

Colonel Michel : Tout ce qui est non revendicable, c'est pour d'autres services. Cela correspond à un niveau de clandestinité et de couverture qui permet à la France de dire : non, ce n'est pas vrai, nous ne sommes pas responsables de ce qui s'est passé. Les opérations spéciales, c'est toujours revendicable.

6

Genèse

Avec le développement des opérations spéciales, et leurs succès, le nom « COS » s'est échappé des couloirs du « Balardgone » pour se répandre dans les médias. Une prouesse rare pour l'un de ces innombrables acronymes dont sont friands les militaires. Mais une confusion a pu ainsi s'installer en parallèle : le COS n'est pas le nom de la 4e armée que formeraient les forces spéciales. S'il est né en août 1992, celles-ci existaient déjà – et les opérations spéciales avec –, et depuis quasiment la nuit des temps puisque certains y voient leur marque dans le subterfuge du cheval de Troie imaginé par les Grecs : un petit groupe d'hommes, s'infiltrant par ruse, réussit à déstabiliser le camp ennemi. Plus récemment, pour ne citer qu'eux, les SAS de la France libre étaient des forces spéciales, qui contribuèrent à affaiblir Rommel en sévissant sur ses arrières et à précipiter la libération de la France en 1944 en venant épauler les maquis. Le COS, pour « commandement des opérations spéciales », est un état-major, aujourd'hui principalement basé à Balard, d'une centaine de personnes tout au plus. Son premier chef en fut le général Maurice Le Page, un para pur sucre, volontaire, dynamique, chaleureux. Par la volonté du chef d'état-major des armées, l'amiral Jacques Lanxade, c'est lui qui, avec une toute petite équipe, a modelé cet outil à la tête duquel dix officiers généraux se sont depuis succédé[1].

*

Général Maurice Le Page : Quand j'ai pris officiellement le commandement des opérations spéciales en août 1992, je me suis inspiré d'une tradition américaine en faisant graver des « coins », une petite médaille numérotée en fonction de l'ordre d'arrivée au COS et qui était remise à chacun lors de son départ de l'état-major. La mienne portait le numéro 3 car j'estimais que le numéro 1 devait obligatoirement revenir à l'amiral Lanxade. Il faut en effet rendre à César ce qui est à César : l'homme qui a eu l'idée de créer le COS, c'est l'amiral Lanxade. Personne d'autre. C'est lui qui l'a insufflée aux uns et aux autres.

JCN : Il faut expliquer que le COS est un commandement. En dehors des opérations, pour tout ce qui concerne leur vie quotidienne, leur entraînement, leur formation, leur équipement, les forces spéciales relèvent des armées respectives auxquelles elles appartiennent.

Amiral Jacques Lanxade : À ma nomination comme chef d'état-major des armées (CEMA)[2], je suis arrivé

1. Général Jacques Saleün (1996-2000), général André Ranson (2000-2001), général Henri Poncet (2001-2004), général Benoît Puga (2004-2007), amiral Pierre Martinez (2007-2009), général Frédéric Beth (2009-2011), général Christophe Gomart (2011-2013), général Grégoire de Saint-Quentin (2013-2016), amiral Laurent Isnard (2016-2019), général Éric Vidaud (2019-).
2. En avril 1991.

avec la volonté de réformer non pas les forces spéciales en elles-mêmes, mais leur commandement opérationnel : désormais, plus aucune opération extérieure ne pourrait se faire sans être sous l'autorité du chef d'état-major des armées. Les chefs d'état-major de chaque armée gardaient la gestion au quotidien de « leurs » unités forces spéciales. Mais quand elles étaient engagées en opération, elles passaient sous la coupe d'un état-major opérationnel dont le premier chef a été le général Le Page.

Général Éric Vidaud (GCOS) : Mon chef, c'est le CEMA. Et uniquement lui. Mon rôle, c'est de commander les opérations spéciales dans le monde. Je peux parfois déléguer ce commandement à un commandant de brigade conventionnel, comme cela fut le cas en Afghanistan. En revanche, en ce qui concerne le Sahel aujourd'hui, c'est directement moi, le GCOS, qui suis responsable de toutes les opérations. On se coordonne bien sûr avec Barkhane, mais je suis le seul à commander ces forces.

JCN : Quelles furent les motivations pour créer le COS ?

Amiral Jacques Lanxade : Dans mon expérience personnelle, j'avais été confronté à plusieurs difficultés. À l'Élysée[3], je m'étais occupé d'affaires pour lesquelles avaient été montés des groupements de forces occasionnels dont on ne savait pas de qui ils relevaient réellement, en particulier quand c'était la DGSE ou des gens du 1er RPIMa. Auparavant, au cabinet d'André Giraud, ministre de la Défense, j'avais traversé l'affaire d'Ouvéa où, en pleine bataille de la cohabitation, avait été

3. Comme chef de l'état-major particulier du président François Mitterrand (1989-1991).

constitué un commando hétéroclite : GIGN, commandos marine, 1er RPIMa, Service Action… Je me disais au fond de moi-même : « Mais à qui le 1er RPIMa ou les gens de la DGSE rendent-ils compte ? » Au CEMA ? À l'Élysée ? Tout cela était très ambigu et donc plein de risques. Enfin, dès que je suis arrivé au poste de CEMA, une de mes premières tâches fut d'exfiltrer le général Aoun du Liban[4]. Ce fut une réussite, mais on avait dû entièrement bricoler, faute de commandement bien défini et de liaisons adéquates… Avec mon état-major, au premier chef le général Mercier qui était mon adjoint Opérations, nous avons donc décidé de lancer la création du commandement des opérations spéciales.

JCN : Pourquoi avez-vous choisi le général Maurice Le Page pour mener à bien cette réforme ?

Amiral Jacques Lanxade : Avec le général Mercier, on s'est dit, au vu de son parcours, qu'il saurait très bien manœuvrer avec les troupes de marine. À cette époque en effet, l'armée de terre était coupée en deux. Il y avait le corps d'armée qui faisait face à l'Est et perdait de sa substance avec la chute du Mur, et il y avait les troupes de marine, qui étaient les seules à participer à des opérations réelles en Afrique. Elles pouvaient donc fournir un réservoir de forces et d'officiers très compétents, avec une capacité d'initiative qu'on ne trouvait pas ailleurs.

JCN : Le général Le Page ne venait pas des forces spéciales. Cela a-t-il fait partie de vos critères pour le choisir ?

Amiral Jacques Lanxade : La technique des opérations spéciales, on la connaissait, on disposait des gens

4. Le 29 août 1991.

compétents. Par ailleurs, au sein des troupes de marine, je dois avouer que je me méfiais du 1er RPIMa. Pour l'avoir moi-même constaté lorsque j'étais à l'Élysée, il était quasiment aux ordres du ministre de la Coopération. C'était un État dans l'État. Il fallait donc le ramener dans le giron des armées, ce qui rendait impossible d'en prendre un représentant, quelque très grandes fussent ses qualités. Par ailleurs, venant de la marine, le choix d'un commando marine aurait été sujet à polémique…

Général Maurice Le Page : C'est vrai que je ne venais pas des forces spéciales, mais j'étais para, instructeur commando et les domaines tant aérien que maritime étaient loin de m'être inconnus, car ils faisaient partie de mes passions et de mes pratiques sportives… Je n'étais pas plus mauvais qu'un autre[5] ! [*Rires.*] Peut-être le fait que l'on s'était côtoyés avec l'amiral, en particulier dans la cellule de crise des Affaires étrangères, alors que j'étais au cabinet du Premier ministre, a-t-il joué aussi ? En tout cas, j'ai pu compter sur son soutien constant. C'est un homme rare, l'un des plus passionnants que j'aie jamais rencontrés, avec une vision géostratégique à long terme, celle des marins qui regardent toujours au loin. Ce fut vraiment un plaisir de servir sous ses ordres. Je tiens aussi à lui associer le major général des armées de l'époque, le général Jean-Philippe Douin, avec lequel j'avais fait l'IHEDN[6]. D'ailleurs, c'est lui qui a le « coin » numéro 2.

5. C'est le moins que l'on puisse dire : né en 1939, Maurice Le Page, saint-cyrien, a participé à plusieurs opérations en Afrique, pris le commandement du 8e RPIMa en 1983 et du groupement aéroporté d'Albi en 1989. Nommé général en février 1990, il est passé à l'état-major de la 11e division parachutiste en juin.
6. Institut des hautes études de défense nationale.

JCN : Que vous a-t-on fixé comme feuille de route ?

Général Maurice Le Page : Commandant alors l'opération Libage[7] à la frontière irako-turque, je reçois un message par Inmarsat : « Maurice SAS. » C'était laconique et je dois dire que sur le coup j'ai pensé au bouquin SAS de De Villiers ! J'étais à cent lieues de penser au COS ! Je rentre en juillet 1991 et suis reçu par le sous-chef Opérations, puis par l'amiral. Première décision : je suis nommé chargé de mission à l'état-major des armées. Ma feuille de route : réaliser une étude concernant la possibilité de créer un commandement fédérant les forces spéciales. Je pouvais voir qui je voulais, dans les armées, à la DRM (Direction du renseignement militaire), au GIGN, au Service Action de la DGSE… *Valeurs actuelles* m'avait désigné à l'époque comme « un général au feu », sous-entendu ma mission était impossible. Pas faux !

JCN : Que teniez-vous comme discours à vos interlocuteurs ?

Général Maurice Le Page : Prenez les parachutistes. Ils étaient fiers, ils avaient les CRAP. Il fallait leur faire admettre qu'on pouvait faire encore mieux. Il a fallu tout définir : qu'est-ce qu'une opération spéciale ? Qui la commanderait ? Ça, ce fut le plus difficile à faire admettre parce que tout le monde tenait dur comme fer à ses prérogatives. Quelles normes d'entraînement accepterait-on ? Partout il y avait des habitudes de

7. Versant français de l'opération « Provide Comfort » américaine, elle a été décidée en avril 1991 pour venir au secours des Kurdes fuyant leur territoire du nord de l'Irak, suite aux mesures de répression décidées par le régime de Saddam Hussein après sa défaite face à la coalition internationale.

fonctionnement, d'organigramme, de hiérarchie... Le 1er RPIMa par exemple dépendait de la 11e division parachutiste, laquelle dépendait de deux commandements dont la FAR, la force d'action rapide. C'était pareil pour les hélicoptères avec la brigade aéromobile. Mais les grippages n'étaient pas qu'à l'intérieur des armées. Rapidement, j'ai aussi senti que je gênais au niveau du cabinet de certains ministères... À la Coopération, j'avais ainsi découvert qu'une salle ops avait été montée avec liaisons radio et autres, pour piloter à distance les DAMI[8], ces détachements envoyés en Afrique, et qui échappaient presque totalement au contrôle de l'état-major des armées...

Amiral Jacques Lanxade : Pour ce qui est de la Coopération, j'ai annoncé au chef de la mission militaire qui était auprès du ministre, Michel Roussin, que désormais le CEMA était le seul responsable des opérations extérieures et donc que le 1er RPIMa ne pourrait plus mener sa propre politique. Il a compris. Et de toute façon il pensait sans doute ne pas avoir le choix. Comme j'avais été son chef d'état-major particulier, les gens étaient persuadés en effet que j'avais l'onction du président de la République... Or je n'avais strictement aucune instruction ! J'avais juste réfléchi de longue date à tout cela.

JCN : Avez-vous jamais été tenté de créer une 4e armée qui soit entièrement forces spéciales ?

Amiral Jacques Lanxade : Non, jamais. Le chantier que nous avons mené à partir de 1991, qui faisait du CEMA le vrai responsable opérationnel, était déjà suffisamment considérable.

8. Détachement d'assistance militaire et d'instruction.

Colonel Cerbère : Une 4e armée, c'est un vrai-faux débat. Le COS marche très bien comme ça ; notre liberté, nous l'avons ailleurs, notamment sur le type de missions que nous sommes les seuls à pouvoir accomplir.

Général Éric Vidaud (GCOS) : Mon commandement est complètement dépendant des armées. Ce sont elles qui recrutent, sélectionnent, forment, entraînent, qualifient et équipent les unités que j'emploie sur les théâtres. Sans leurs efforts, je n'existerais pas. Les succès du COS sont donc collectifs et rejaillissent largement sur les armées.

Lieutenant-colonel Gaspard : Une 4e armée serait une mauvaise idée. Car ce qui fait la fragilité du modèle forces spéciales en fait aussi sa force. Chaque armée a intérêt, à la fois pour sa renommée et pour le succès des armes de la France, de jouer le jeu. En améliorant sans cesse sa composante forces spéciales, elle contribue au succès du COS, et, par ricochet, à entretenir sa propre image. Si on créait une 4e armée, il y aurait une première impression de confort immédiat pour le COS, mais cela mettrait d'emblée les forces spéciales en situation de rivalité avec les armées ; la répartition des crédits budgétaires serait conflictuelle et kafkaïenne…

JCN : Pourquoi les Américains y sont-ils venus alors ?

Lieutenant-colonel Gaspard : La taille du budget américain est telle que la course à la ressource budgétaire est beaucoup moins violente. Quand le gâteau est plus large, vous pouvez vous payer un peu tout. Pour autant, je ne suis pas sûr que le patron d'USSOCOM[9] soit plus puissant, car les commandants des task forces sur les théâtres reçoivent beaucoup de délégations. Le

9. United States Special Operations Command, basé à Tampa.

temps qu'il s'épargne donc à négocier avec les chefs d'état-major des trois armées, il le gaspille sans doute en interne…

Général Frédéric Beth : Cela alourdirait considérablement l'outil que de donner au COS toutes les responsabilités organiques, fonctionnelles, etc. Pour l'instant, les hélicoptères du 4e RHFS et ses équipages sont soutenus et formés par l'armée de terre. *Idem* pour les C-130 et C-160 avec l'armée de l'air. Et c'est très bien comme cela. Pour s'en occuper lui-même, le COS devrait doubler ou tripler son effectif. Le GCOS ne serait plus le GCOS, mais le GCFS[10], qui passerait une partie de son temps à régler des problématiques organiques et se concentrerait donc moins sur les « opérations ». L'avantage de la situation aujourd'hui, c'est que, sur 4 000 hommes, il y a 3 000 combattants. Pour une 4e armée, le ratio serait divisé par 2 ou 3. Ce serait en outre beaucoup plus coûteux… N'est-ce pas l'une des raisons pour lesquelles les Américains ont créé à l'intérieur d'USSOCOM un JSOC[11] ?

Général Éric Vidaud (GCOS) : Les forces spéciales américaines sont dix fois plus volumineuses, mais un bon nombre sont davantage destinées à la formation, à l'accompagnement de partenaires étrangers, etc. Nous, COS, nous correspondons à leur élite, celle qui s'occupe de contre-terrorisme, en capacité de neutraliser al-Baghdadi ou Ben Laden. C'est d'ailleurs ce que l'on s'emploie à leur rappeler sur chaque théâtre, comme au

10. Général commandant les forces spéciales.
11. Joint Special Operations Command : créé en 1980, c'est le véritable équivalent américain du COS français, c'est-à-dire un état-major, tandis qu'USSOCOM pourrait être considéré comme l'« armée forces spéciales » américaine.

Levant dernièrement, afin d'obtenir des capacités qu'ils n'octroient pas à des forces spéciales dites conventionnelles…

JCN : Comment ont été choisies les unités destinées à rejoindre le COS ?

Général Maurice Le Page : Avec l'amiral Lanxade, nous étions convaincus qu'il fallait que ce soit interarmées, c'était la seule façon de faire passer les choses. Nous devions donc choisir des hommes capables d'opérer depuis les trois dimensions et ce, dans tous les domaines d'action, que ce soit dans les airs, sur terre ou en mer (surface et/ou profondeurs).

Amiral Jacques Lanxade : Ce qu'il faut bien voir, c'est qu'on n'a pas vraiment eu à créer d'unités sauf dans l'armée de l'air. Elles existaient déjà.

Général Maurice Le Page : Je dois avouer que le 1er RPIMa – alors que certains parlaient à l'époque de le dissoudre – s'est imposé d'emblée dans mon esprit, bien entendu en raison du groupement opérationnel qui lui donnait une expérience, des capacités très intéressantes et sans équivalent. Les autres régiments parachutistes d'infanterie de marine étaient d'excellent niveau, ils avaient les CRAP, qui sont devenus les GCP[12], mais ce sont surtout des unités d'attaque, de choc.

JCN : La disparition des commandos marine était aussi évoquée…

Général Maurice Le Page : Oui ! J'ai dû jouer une partition extrêmement délicate là également. Leur état-major était ravi qu'on apprécie leur performance, mais il avait peur qu'on interfère dans ses missions en mer,

12. Groupement des commandos parachutistes.

au service de l'État. Il a fallu plancher sur la chaîne de commandement, mais en fait, notre solution miracle était de dire *in fine* : les unités suivantes vont être placées sous le commandement opérationnel du CEMA en personne. Ça nous a beaucoup simplifié la tâche… Autre exemple : il n'y avait pas à l'époque dans l'armée de l'air, en dehors du GAM 56, d'unité capable d'aller au-delà du classique « poser d'assaut », de guider des frappes laser, de permettre des ravitaillements en plein désert, ou encore de remettre en état des installations aéroportuaires… Dans ce cadre, j'ai découvert le CPA-10, à Nîmes chez les commandos de l'air, unité qui était commandée par un jeune capitaine, avec une super pêche, qui a tout de suite retenu mon attention.

JCN : En revanche, vous n'avez pas réussi à l'époque à intégrer le 13e RDP au sein du COS...

Général Maurice Le Page : N'oubliez pas que j'ai dû faire très vite ! J'ai dû être officiellement désigné en novembre 1991 à l'état-major des armées et j'ai rendu mes conclusions au ministre en personne le 8 juin 1992. Le 13e RDP a fait l'objet d'une vive discussion avec le général Heinrich qui venait de créer la DRM et ne voulait pas s'en séparer. J'ai préféré signer un protocole d'accord, en me disant que ce n'était que partie remise…

JCN : Le 13e RDP a finalement rejoint le COS en 2002. Pourquoi avez-vous tant insisté du temps de votre commandement ?

Général Maurice Le Page : Pour une raison de synergie et de coordination des moyens. La question centrale était celle du renseignement à fin d'action : pour nos opérations, il nous fallait du renseignement actualisé, recueilli par des équipes sur zone, observant les lieux de l'action future, puis du combat. Tout ce qui précède l'opération, c'est la DRM, la DGSE et d'autres services. Mais au moment où on va donner le coup de bistouri final, il fallait que ce soit le COS et personne d'autre.

Colonel Laurent : À l'origine, le 13, c'est une cache et des jumelles pour compter des chars sur une route, ainsi que des procédés hérités des groupements de commandos d'Indochine. Nous avons capitalisé ensuite sur l'expérience de la MMFL[13] où des équipiers pistaient des convois russes. Tout cela a permis au régiment de développer de nouveaux savoir-faire : photo, dossiers d'objectif, mais aussi traitement de sources humaines. Puis les progrès technologiques nous ont conduits à développer de nouveaux procédés de captation du renseignement, par des voies déportées, qu'il s'agisse d'image, de son ou de flux informatiques. Le 13 est un peu le couteau suisse du renseignement au profit du COS pour préparer, accompagner et exploiter ses opérations.

JCN : A-t-il été envisagé à la création du COS un rapprochement, voire une intégration du Service Action de la DGSE ?

Général Maurice Le Page : La ligne de frontière fut tracée par l'amiral Lanxade : la clandestinité à la DGSE, l'action en uniforme au COS. En aucun cas on ne devait se mettre en civil, c'était net, clair et carré, pour éviter qu'un jour on nous reproche de vouloir jouer aux agents secrets.

13. Mission militaire française de liaison : créée en 1947, elle avait pour but officiel, comme son nom l'indique, de faire la liaison entre l'état-major des troupes françaises d'occupation en Allemagne et son équivalent soviétique. Officieusement, elle remplit un important rôle de renseignement sur les troupes du bloc de l'Est.

JCN : Quid alors des éléments des forces spéciales qui, aujourd'hui, évoluent en civil dans les ambassades, sous passeport diplomatique... ?

Général Frédéric Beth : Tout dépend de leur mission... Si l'action se joue sur un théâtre d'opérations, ou un futur théâtre d'opérations selon la planification établie par le groupe d'anticipation stratégique des armées[14], qu'on y envoie un bureau d'études pour faire du renseignement militaire ou paramilitaire, pourquoi pas. En revanche, dans d'autres situations, cela ne me semble pas avisé... Il y a un outil qui est militaire – la DRM, le COS – et un outil qui n'est pas « que » militaire, qui ne fait pas « que » du militaire, et même normalement très peu, qui peut agir de manière encore plus discrète, voire clandestine : la DGSE.

Colonel Laurent : Le sujet n'est pas vraiment celui de la tenue qui doit être la plus adaptée à la mission : civile ou militaire. Le point clé est celui de la raison sociale qui nous place dans telle ou telle situation. Lorsqu'un équipier du 13e RDP évolue à l'autre bout du monde en civil pour recueillir du renseignement d'intérêt militaire *in situ*, il reste un militaire français. Il n'est pas clandestin.

JCN : Mais sur les théâtres d'opérations aussi, il arrive que les forces spéciales ne portent pas leur uniforme. Ce fut le cas en ex-Yougoslavie, en Libye en 2011 et actuellement, au Levant...

Colonel Diego : Dans ces cas-là, la tenue civile est une forme de camouflage.

14. Sous l'égide du chef d'état-major des armées, il détermine deux fois par an les zones potentielles de crise ou de conflit sur lesquelles le renseignement militaire est amené à réfléchir.

Colonel Ludovic : Pour des missions de renseignement, on peut ne pas opérer en uniforme. Ce fut le cas pour la traque des criminels de guerre en ex-Yougoslavie. À Sarajevo, par exemple, nous avions un contact, la fille de 18 ans d'un ancien ministre yougoslave. Elle craignait pour sa sécurité et n'acceptait de nous parler qu'à condition que nous soyons en civil. J'y allais donc sans uniforme, mais discrètement armé. Sans doute si j'avais été pris, cela m'aurait valu un « vol bleu[15] » ! Je ne saurais dire maintenant si le risque en valait le coût.

Capitaine de vaisseau Bertrand : Plus récemment, en Irak, ce sont les Kurdes qui ont demandé à ce que l'on ne porte pas de tenues militaires afin que notre soutien reste à bas bruit.

Général Éric Vidaud (GCOS) : En revanche, au Sahel, toutes nos opérations sont en treillis et en tenues militaires. De toute façon, les opérations du COS restent chaque fois des opérations militaires, qu'elles soient en uniforme ou en civil.

JCN : Comment, vous qui avez été à la création du COS, appréciez-vous le fait que les forces spéciales puissent dorénavant opérer en civil ?

Général Maurice Le Page : Très franchement, j'apprécie cette évolution. À l'époque de la création du COS, j'étais obligé de marcher sur des œufs…

Amiral Jacques Lanxade : Pour ma part, je suis assez contre. Cela ne peut nous amener que des problèmes… Je me souviens ainsi d'avoir eu un cas difficile à gérer quand j'ai été président de l'association Solidarité Défense qui vient en aide aux soldats blessés

15. Expression militaire pour désigner un retour en France précipité et la perspective de sanctions.

en opération : un sous-officier des forces spéciales avait été blessé en Libye, à terre, à un endroit où, officiellement, la France n'avait pas de troupes… Par conséquent, il n'obtenait aucun remboursement, aucun dédommagement pour sa blessure… J'ai été obligé d'intervenir au plus haut niveau des armées pour que cela soit corrigé. Le COS n'a pas été créé pour mener des actions secrètes. En revanche, il faut peut-être aller plus loin en matière de coopération avec la DGSE, que celle-ci se dote de moyens – avec des militaires en civil ça ne me gêne pas, mais qui sont alors clairement sous son autorité. Autrement dit, et même s'il est vrai que je suis loin des affaires désormais, c'est la DGSE qui doit agir en civil et pas les forces spéciales. Cela me paraîtrait assez sage.

Général Éric Vidaud (GCOS) : Là où cela devient compliqué cependant, c'est lorsque certains militaires de la DGSE se font repérer sur un théâtre d'opérations et qu'ils peuvent parfois être tentés de dire qu'ils appartiennent aux forces spéciales[16]…

Général Thibault : Fondamentalement, la confusion conceptuelle est issue d'un héritage de la Seconde Guerre mondiale. Si la France était restée en guerre, les commandos que le BCRA[17] a envoyés derrière les lignes, c'est l'armée française qui s'en serait occupée. La DGSE a ainsi gardé un fonds de militarité autour du Service Action quand, dans la plupart des armées étrangères, ces capacités sont plutôt gérées par les armées. Ce partage dû à l'Histoire mériterait peut-être d'être rebattu.

16. Ils jouent sur le fait que l'un des trois centres du Service Action, le CPIS situé à Perpignan, est souvent désigné comme la « force spéciale » du service.
17. Bureau central de renseignements et d'action créé en 1940 à Londres.

La vraie frontière est entre le clandestin non assumé et l'action armée assumable. Pour ma part, je n'ai pas de doute sur le fait que ce qui est armé et assumable relève du CEMA et que tout ce qui est clandestin, non assumé, relève d'une logique de services secrets.

JCN : Certains avancent que plus rien ne pouvant être gardé secret aujourd'hui, la clandestinité de toute façon n'aurait plus d'avenir ?

Général Frédéric Beth : Ce n'est pas comme ça qu'il faut prendre les choses. Il faut plutôt se dire que, puisqu'il est de plus en plus difficile de garder les choses secrètes aujourd'hui, il faut être encore plus pointu pour le faire ! Et il faut absolument en conserver la capacité et les savoir-faire. Ce n'est pas parce que c'est difficile que l'on ne doit pas essayer ; c'est souvent parce qu'on n'essaie pas suffisamment que c'est difficile. Heureusement, quantité de choses sont faites dont on ne sait rigoureusement rien !

JCN : Pour vous, il est donc évident que le centre de Perpignan doit rester au Service Action[18] *et non être récupéré par le COS comme les mêmes l'affirment ?*

Général Frédéric Beth : Que le SA soit à 600, à 900 ou à 1 000 hommes, on peut toujours en discuter. *Idem* pour le COS… Mais à ceux qui disent que le COS pourrait récupérer Perpignan, je leur dirais simplement que les deux sont fondamentalement différents, que les missions, les savoir-faire et les environnements des

18. Le SA dispose de trois centres : le centre d'instruction spécialisée (Cercottes), le centre d'entraînement aux opérations maritimes (Quélern) et le centre parachutiste d'instruction spécialisée (Perpignan).

missions n'ont souvent rien à voir ! La clandestinité est un vrai métier, à part entière. Ça s'apprend, ça se vit. Le clandestin qui se prépare à Perpignan, avec une identité fictive, n'a rien à voir avec l'opérateur du COS. Ce n'est pas une question d'être meilleur, c'est juste différent. Ayant eu à connaître les deux maisons, et nous sommes peu nombreux dans ce cas, je puis affirmer avec vigueur que Perpignan a toute sa légitimité au sein du SA. N'opposons surtout pas les deux. Au contraire, tels que, ils sont complémentaires et le cloisonnement entre les deux est important.

JCN : Vous savez que d'aucuns reprochent au SA d'avoir voulu mener une opération typique des forces spéciales en tentant de libérer Denis Allex en Somalie dans la nuit du 10 au 11 janvier 2013...

Général Frédéric Beth : Ce fut exceptionnel, et dans des circonstances exceptionnelles qui justifiaient pleinement le recours au SA.

JCN : Le 24 juin 1992, le COS est donc créé et vous en êtes le premier chef. À quoi ressemblait-il alors ?

Général Maurice Le Page : C'était un petit état-major, une douzaine de personnes, avec deux ordinateurs et un budget modeste. Au bout de quelques mois, on s'est installés dans les anciens locaux du PC du général de Gaulle sur la base de Taverny afin de disposer des moyens adéquats en transmission et logistique divers. Et au fur et à mesure de la découverte des domaines où nous devions opérer, nous avons recruté au sein des trois armées, essentiellement des paras, du personnel navigant, des commandos, mais aussi des spécialistes dont nous pouvions avoir besoin, ainsi que des anciens de la

DGSE et du GSIGN[19]. Nous avons aussi très vite mis sur pied la CIEPCOS[20], un groupe mixte de créativité et d'anticipation, avec lequel on a réfléchi sur beaucoup de choses (drones, chute à haute altitude sous oxy, armement, véhicules, capteurs, avitailleurs, transmissions de données, etc.) qui sont aujourd'hui mises en pratique. Nous nous intéressions par exemple aux futurs A400M, NH-90 et Tigre. Dans les sous-marins, il fallait que la nouvelle génération puisse mettre à l'eau nos plongeurs et les récupérer. On a développé et généralisé l'emploi du GPS sous toutes ses formes. Le maître mot était : l'innovation. Toujours repousser les limites dans les techniques de combat, les vols d'approche, l'acquisition du renseignement… Nous devions être en pointe, la pointe de diamant – expression que j'utilisais souvent.

JCN : Vous avez également choisi de doter le COS d'un volet aérien très complet…

Général Maurice Le Page : Cela faisait une grosse différence par rapport à nos homologues britanniques, qui, eux, ne disposent pas de leurs propres vecteurs. Avec la bonne volonté des uns et des autres, armées de terre et de l'air, on a pu commencer à imaginer des unités forces spéciales d'avions et d'hélicoptères, réalisant des choses que les autres ne savaient pas faire. Cela a nécessité de faire évoluer les normes, car les équipages devaient logiquement prendre plus de risques. J'ai signé un protocole d'accord concernant l'emploi des hélicoptères avec le général commandant la force d'action rapide, et, petit

19. Groupement de sécurité et d'intervention de la gendarmerie nationale, dissous en 2007, dont faisait partie le GIGN.
20. Commission interarmées d'études pratiques concernant les opérations spéciales.

à petit, on a reçu des machines, une escadrille, qui a grossi ; on a eu des locaux, un centre d'entraînement... Et maintenant le 4e RHFS jouxte le 5e RHC à Pau. Mais on n'avait pas d'hélicoptères armés, sauf les Gazelle qui n'étaient guère efficaces avec leur canon de 20 au regard des hélicoptères d'attaque américains Apache que j'avais côtoyés au Kurdistan... C'est pourquoi on a entamé la réflexion pour récupérer des Tigre et que l'on a fait équiper nos Puma de mitrailleuses en sabord[21].

JCN : En revanche, vous avez échoué pour doter le COS de moyens conséquents dans le domaine des affaires civilo-militaires...

Général Maurice Le Page : Échouer n'est pas le terme exact. Il fallait pouvoir traiter tout le spectre d'évolution d'une crise. Quand elle éclate, on envoie des troupes, mais ensuite, pour éviter qu'elle ne recommence, il faut agir sur la société locale, tout d'abord en l'aidant à redémarrer, d'où l'appel à des spécialistes civils, et ensuite en l'informant – ce qui n'est pas de l'action psychologique –, le but étant d'atténuer la tension *via* la distribution de tracts, la création d'une radio, etc. Mon idée était de récupérer au COS le 6e RPIMa, qui était en voie de dissolution, et de le dédier aux affaires civilo-militaires, en le dotant de tous les moyens nécessaires en matière de sécurité civile et d'actions sur l'environnement comme on dit plus généralement, c'est-à-dire non seulement l'aide directe aux populations, mais aussi des actions d'influence. Malheureusement, cela n'a pas été fait et le CIAE[22] a été créé à Lyon.

21. Appelé le « Puma Pirate ».
22. Centre interarmées des actions sur l'environnement.

JCN : Mais le COS opère tout de même aujourd'hui dans tous ces champs.

Général Maurice Le Page : Bien sûr ! On n'a pas pu créer d'unité *ad hoc*, mais avec mes adjoints d'active et de réserve, on a mené une réflexion sur tous les domaines économique, culturel, administratif, religieux, humanitaire, susceptibles d'avoir des répercussions sur la conduite des opérations. En ex-Yougoslavie et au Rwanda, on a fait appel à des réservistes pour remettre en route des usines, des points d'eau, des routes, etc. On ne peut donc parler d'échec bien au contraire.

JCN : Quelles furent les premières opérations du COS ?

Général Maurice Le Page : La première vraie grosse opération, ce fut en Somalie, du 13 décembre 1992 au 12 janvier 1993. Avant, nous avions réalisé un certain nombre de missions très variées : en Arabie saoudite, au Gabon (sommet franco-africain), en Bosnie-Herzégovine avec le GIGN, aux Comores ou encore au Cambodge… Dans la plupart de ces opérations, il arrivait que des gens puissent dire : « Le COS ? Qu'est-ce qu'il fait là ? » Il est vrai que quand vous commandez sur le terrain à un certain niveau, vous n'avez pas envie d'avoir dans votre secteur une troupe un peu bizarre qui ne dépend pas toujours de vous. C'est là où la dénomination OTAN avait toute son importance. Dans les directives du CEMA, il est bien précisé : « Je garde le commandement opérationnel de cette troupe dont je vous délègue le contrôle opérationnel. » Les débuts du COS furent loin d'être un long fleuve tranquille, car il est clair que nous gênions certains ! Mais avec l'amiral Lanxade, nous avons continué notre chemin en ignorant les grincheux…

JCN : Ou les envieux…

Général Maurice Le Page : En effet. Par exemple, quand nous avons lancé la chute à haute altitude, tout le monde a voulu en faire. Nous avons dû nous y opposer, car cette « vulgarisation » d'une technique de pointe allait à l'encontre du bon sens. Il faut voir comment cela se passe dans un avion à 8 000 mètres d'altitude, avec les trois ou quatre paras qui vont partir sous oxy. C'est comme un paddock de Formule 1, avec les médecins, les mécaniciens, etc., qui s'affairent. Tout à coup, la porte s'ouvre et ça part. On a l'impression que c'est simple, mais ce n'est pas simple du tout ! C'est onéreux, il faut s'entraîner, et toute l'armée française n'a pas besoin de savoir le faire.

JCN : Quand diriez-vous que le COS a vraiment commencé à être accepté comme un acteur à part entière des opérations ?

Général Maurice Le Page : À partir du Rwanda, donc en 1994. Le COS avait reçu la mission d'ouvrir la porte à l'opération Turquoise. Notre détachement commandé par le chef Ops du COS est parti en précurseur, complètement à l'aventure : on ne savait pas du tout ce qui nous attendait sur place ! J'insiste sur le rôle essentiel qu'il a joué d'entrée de jeu en communiquant des renseignements d'ambiance et en envoyant en temps réel des photos dont nous étions les seuls à disposer boulevard Saint-Germain à Paris[23]. On a ainsi pu faire remonter l'information selon laquelle les troupes françaises recevaient un excellent accueil. Toute la mise en place des forces en a découlé, et leur chef, le général

23. Siège à l'époque du commandement opérationnel interarmées, qu'a remplacé le CPCO.

Lafourcade, a pu être parfaitement briefé avant son départ, avec un ensemble de photos, rapports, points de situation… Le temps où j'étais parti au Kurdistan avec une simple photocopie de carte était bien loin ! Dans toute cette opération, il fallait faire vite et la France n'a certainement pas à rougir de ce qu'elle a fait au Rwanda. Face aux horreurs, nos hommes ont montré un courage admirable et une totale maîtrise des situations les plus dures que l'on puisse rencontrer. Certains en ont été très marqués et je rappellerai qu'à l'époque, il n'y avait pas de soutien psychologique…

7
Anticipation

Né en 1992, le commandement des opérations spéciales (COS) a eu besoin de temps pour s'affirmer. Les opérations de la décennie suivante, au Rwanda, en ex-Yougoslavie, aux Comores, furent autant de bancs d'essai où il put roder ses procédures, mais aussi, et presque surtout, habituer à sa présence tous ses interlocuteurs, à l'intérieur comme à l'extérieur des armées. Car l'arme la plus sophistiquée au monde ne restera jamais qu'une pièce de curiosité si elle ne peut faire la démonstration de ses avantages. Les premiers successeurs du général Le Page furent tels des évangélistes qui, à chaque ouverture de théâtre, eurent à s'employer pour rappeler l'existence du COS, alors enfoui dans les sous-sols de Taverny, et proposer ses services dont beaucoup se seraient sans peine passés. D'autant que, d'ores et déjà, les GCOS ne se contentèrent pas de réagir à des opérations en cours, mais qu'ils essayèrent de mettre en œuvre cette capacité d'anticipation voulue par les pères fondateurs en attirant l'attention des autorités sur les régions du monde où la probabilité d'une crise leur paraissait la plus élevée. C'est ce travail de conviction, et de persuasion, long de plusieurs années, qui permettra à François Hollande de faire tomber la foudre en quelques heures, le 11 janvier 2013, sur les pick-up des djihadistes fonçant vers le Sud malien.

*

JCN : Les années 1990 ont offert un certain nombre d'opportunités au COS...

Général Maurice Le Page : En Afrique, en Asie, en Adriatique, dans les Balkans, les Caraïbes et l'océan Indien, le COS a mené des opérations très diverses dans leur finalité, consistant bien souvent à s'interposer entre belligérants pour éviter des massacres de population ou extraire des ressortissants. Il a permis au chef d'état-major des armées de disposer d'un outil efficace, rapide, grâce à des équipes passionnées, résolues, qui souvent ont dû vaincre la conformité et le scepticisme.

Général Frédéric Beth : En 2009, le COS était un outil qui avait été peu employé dans les dernières années, et donc qui était impatient de l'être. Il voulait pouvoir réaliser les missions pour lesquelles il s'entraînait tous les jours durement et rendre des services aux armées. Le rythme allait considérablement augmenter en deux ans.

JCN : En raison d'un changement de donne géopolitique ou de votre force de proposition à la tête du COS... ?

Général Frédéric Beth : Les deux, je pense. À mon arrivée, en 2009, mes directives initiales comportèrent plusieurs axes. Je voulais que l'on puisse proposer, en fonction des théâtres, de nouvelles options en action directe, en OMLT[1], en mission d'évaluation ou

1. Operational Liaison Mentoring Team – équipe de liaison et de tutorat opérationnel : d'un effectif de quelques dizaines

d'influence, etc. Par ailleurs, il m'importait de décloisonner le COS en amplifiant le rapprochement avec le CPCO[2], la DRM et la DGSE afin d'expliquer ce que le COS pouvait apporter, et qu'il ne soit pas cantonné dans sa bulle. Se décloisonner n'était pas évident pour un outil dont une partie de l'essence est le cloisonnement ! Certains ont été circonspects au début, mais les gains sont rapidement apparus…

JCN : Que ressentiez-vous chez vos interlocuteurs : de l'intérêt, de l'ignorance, de l'adversité ?

Général Frédéric Beth : Cela dépendait… Chez certains, c'était une question de principe : hors des forces conventionnelles, point de salut ! D'autres, la plupart, étaient beaucoup plus ouverts.

Général Éric Vidaud (GCOS) : Pendant ses dix premières années, le COS était perçu comme une QRF[3], capable d'intervenir très vite en Afrique, sur un petit conflit, contre une menace soudaine. Puis, il est devenu une force d'anticipation. Ça a donné Sabre.

Capitaine de vaisseau Augustin : Depuis les années 1990, la région sahélo-saharienne était secouée par des troubles qui inquiétaient également les Américains et les Anglais. Nous craignions l'émergence de problèmes que, de plus, nous ne saurions traiter. Ainsi, en 2007, le juge Bruguière était-il venu faire une conférence au COS, sans rapport avec le Sahel, sauf qu'au cours de son discours, il nous a expliqué qu'une bonne partie

d'individus, elle conseillait et accompagnait les unités de l'armée afghane, de l'instruction au combat.

2. Centre de planification et de conduite des opérations de l'état-major des armées.

3. Quick Reaction Force.

de ses dossiers comme juge antiterroriste avait une ramification dans le Sahel : armes, immigration clandestine, terrorisme, drogue. Il nous a dit que tout n'avait pas sa source au Sahel, mais que la région était utilisée par les terroristes comme une base, un lieu de passage, de financement, et que personne sur place n'était capable d'y remédier. « Moi juge, disait-il, je ne peux rien faire, la police ne peut pas intervenir, les armées non plus car il n'y a pas d'intérêt direct de la France en jeu, le ministère des Affaires étrangères est démuni. On assiste sans rien faire et on joue en défense. » Nous avions donc appelé l'attention du GCOS, alors l'amiral Martinez, en lui disant que c'était typiquement un point d'application des opérations spéciales. Et on est allés voir sur place.

Général Frédéric Beth : Quand je prends mon poste de GCOS en septembre 2009, l'amiral Martinez a déjà proposé la première version d'un plan. Je m'empare du sujet car il me semble important. La qualité du travail réalisé auparavant, l'adaptation de ce plan aux circonstances, les conditions sans doute meilleures en septembre qu'en mai ont permis d'aboutir. Le plan Sabre fut lancé.

JCN : Vous-même, mais comme la plupart des GCOS depuis le général Le Page, vous n'étiez pourtant pas issu des forces spéciales…

Général Frédéric Beth : Pour le CEMA, le GCOS est avant tout un homme de confiance, qui doit savoir faire face à la difficulté et à la sensibilité des crises. C'est un fait que je n'avais jamais servi directement dans les forces spéciales, mais j'avais depuis quelques années un parcours très opérationnel, interarmées : le commandement des forces françaises au Gabon, de nombreuses opérations dont certaines réalisées avec les FS, deux passages au CPCO, chargé d'abord des opérations en Afrique, puis de la conduite des opérations sur le globe… Cette expérience en conduite des opérations, doublée d'une connaissance de ce qui se faisait en termes d'opérations spéciales, a fait que le CEMA a pensé que je pourrais faire le job.

JCN : Vous avez tout de suite accepté ?

Général Frédéric Beth : D'abord, une telle chose ne se refuse pas ! C'était un commandement sortant de l'ordinaire, opérationnel, qui me permettait enfin de découvrir un autre milieu. Or je suis un homme curieux…

JCN : Quels étaient donc les grands principes du plan Sahel ?

Général Frédéric Beth : Il nous est apparu, au COS, à la DRM, que la situation au Sahel ne pouvait que dégénérer, qu'elle ne pourrait être réglée militairement par les seules forces françaises, que cela devait être le travail des armées locales, soutenues éventuellement par les armées françaises. Le président de la République ne souhaitait pas intervenir dans cette région. Nous avons donc proposé que les forces spéciales, plus discrètes, soutiennent chacune des armées de la Mauritanie, du Mali et du Niger et forment des unités aptes à mener des actions stratégiques, ponctuelles, loin de leurs bases. Elles nous semblaient plus adéquates pour aller « escadronner » contre al-Qaida au Maghreb islamique (AQMI).

Capitaine de vaisseau Augustin : Le plan Sabre consistait à aider les pays à créer les anticorps au virus djihadiste en formant leurs soldats. Et si la situation s'envenimait, on aurait testé nos matériels sur place et pris pied dans le désert, on connaîtrait nos partenaires, on pourrait donc intervenir plus facilement.

JCN : Le volet militaire s'accompagnait-il d'un volet politique auprès des autorités de la région ?

Général Frédéric Beth : Quand les forces spéciales interviennent, c'est discret, mais pas secret, donc assumé par le pouvoir. Politiquement, la France avait compris qu'il fallait faire quelque chose. Tout le monde y pensait face à la gangrène grandissante. Peut-être les armées ont-elles été une force d'impulsion ? Mais oui, il y avait un volet politique essentiel. Pour inciter les pays à prendre leur part dans ce combat : faire quelque chose, pour éviter que cela dégénère.

JCN : Pensez-vous que la crainte des militaires et de la DGSE quant à l'expansion du djihadisme au Sahel était appréciée de la même façon par les autres ministères ?

Général Frédéric Beth : Le commun des mortels ne connaissait pas AQMI ou son ancêtre le GSPC[4], sauf peut-être au moment où il a fallu annuler le Paris-Dakar en raison de menaces d'attentat. Mais les services de renseignement, les diplomates s'en alarmaient. Il y avait eu des prises d'otages en Mauritanie. Le péril montait. Nous n'avions pas de légitimité pour intervenir de manière conventionnelle, aucun des pouvoirs locaux ne le demandait. Le plan Sabre entrait donc exactement dans le cadre d'emploi des forces spéciales : œuvrer en amont de manière discrète pour éviter la montée aux extrêmes, avec à la fois la recherche de renseignement, la formation et l'appui à l'action. C'est le seau d'eau pour éviter l'appel aux pompiers. Cela a parfaitement fonctionné en Mauritanie, car le président Aziz a compris le caractère essentiel de ce combat contre le

4. Groupe salafiste pour la prédication et le combat, lui-même issu du GIA, qui fut l'auteur de nombreux attentats en France.

terrorisme. Si le Mali avait fait de même, nous n'aurions peut-être pas été obligés d'intervenir en 2013.

JCN : Il y eut donc Sabre 1 en novembre 2009, avec l'envoi d'une cinquantaine d'hommes du COS en Mauritanie...

Général Frédéric Beth : C'est allé très vite. J'accompagne le chef d'état-major des armées en voyage officiel en Mauritanie. Le plan est soumis aux autorités, contactées en amont. Les Mauritaniens l'acceptent, et tout s'enchaîne : finalisation de la conception, planification, ordres d'opérations, propositions de projections et projections à partir de novembre 2009.

JCN : Puis viennent Sabre 2 au Mali, de courte durée, Sabre 3 au Niger à partir de mai 2011. Comment est venue l'idée de Sabre Whisky au Burkina ?

Général Frédéric Beth : La situation dégénérait. Il y avait des enlèvements à répétition[5]. Si nous voulions intervenir dans l'une ou l'autre de ces prises d'otages, ou faire des opérations coup de poing, il nous fallait des moyens sur place. Sabre 1 n'avait pas d'hélicoptères et était décentré géographiquement. Le Mali et le Niger ne souhaitaient pas l'installation de forces d'intervention. En octobre 2010, le Burkina a accepté. Ce fut Sabre Whisky.

JCN : Une intervention du genre de Serval était-elle déjà dans les cartons ?

Général Frédéric Beth : Il faut bien comprendre qu'*ab initio*, le plan Sahel avait pour objectif d'éviter d'avoir à

5. Pierre Camatte (novembre 2009), Michel Germaneau (avril 2010), les cinq salariés d'Areva (septembre 2010).

faire un Serval. Mais plus le temps passait, plus l'intervention devenait inéluctable. Nous avons renforcé le dispositif. Et d'un dispositif de coopération, nous sommes passés à un dispositif d'action et de projection, avec beaucoup plus de monde, 150 à 200 opérateurs. La planification par l'état-major des armées d'une opération accompagnait bien sûr ces actions.

JCN : Une tentative a eu lieu en juillet 2010 de libérer Michel Germaneau, enlevé au Niger au mois d'avril précédent, mais elle fut l'œuvre du Service Action. Y avait-il avec la DGSE un partage des rôles ou des régions ?

Général Frédéric Beth : Non. Des modes d'action ont été envisagés : l'un par le COS, un autre par le SA. Dans le premier cas, la France assumait totalement, dans le deuxième elle pouvait s'en démarquer. Le COS était prêt à agir, il avait monté toute une planification. Le président Sarkozy a opté pour la deuxième option.

JCN : Comment avez-vous accueilli la polémique autour de la tentative de libération des deux jeunes Français enlevés au Niger dans la nuit du 7 au 8 janvier 2011[6], première opération menée par Sabre Whisky ?

Général Frédéric Beth : Ce fut évidemment un échec puisque nos jeunes concitoyens ont trouvé la mort. Mais nous connaissions l'extrême difficulté de l'action, sur le plan technique comme sur le plan opérationnel. De plus, davantage dans ce type d'opérations que dans d'autres, le « brouillard de la guerre » cher à Clausewitz peut conditionner la réussite. Vous avez beau avoir étudié un maximum de cas non conformes, il suffit d'une demi-seconde pour que tout chavire. Ce fut le cas. Je n'entrerai

6. Antoine de Léocour et Vincent Delory.

bien sûr pas davantage dans les détails. Mais la surprise et la fulgurance sont essentielles dans ce type d'action. Si au dernier moment la surprise vous est ôtée, l'action devient plus complexe. Ceux qui imputent l'échec à un manque de préparation se trompent.

JCN : Vous laissez entendre que d'aucuns, au sein des armées, ont cherché à exploiter ce drame ?

Général Frédéric Beth : Toute personne objective et clairvoyante reconnaîtra combien l'opération était complexe. Et l'on peut noter que cela n'a pas altéré la confiance dans les forces spéciales puisqu'elles ont été employées densément par la suite, en Afghanistan, au démarrage de Serval, puis dans l'Adrar des Ifoghas, etc., avec la réussite que l'on sait.

8

Afghanistan

Les années 2000 sont décisives pour les forces spéciales. Avec Sabre, elles démontrent leur capacité d'anticipation stratégique dont chaque opération menée dans le Sahel depuis 2013 est comme une nouvelle validation. Mais la révolution tactique qu'elles connaissent à cette période se situe à des milliers de kilomètres de là, en Afghanistan, où elles sont engagées en trois étapes tout à fait symptomatiques de leur valeur particulière. La première consiste en l'envoi de quelques individus seulement, juste après le 11 septembre 2001, Jacques Chirac voulant limiter les *« French boots on the ground »* aux côtés des Américains qui eux-mêmes ne les désirent pas. La deuxième étape est une compensation au refus du même président de la République cette fois de participer à la guerre en Irak : pour montrer que la France reste la fidèle alliée des États-Unis, ce qui peut être perçu à l'étranger comme l'élite de son armée part s'installer dans un fort du Sud-Ouest afghan, à Spin Boldak. C'est l'opération Arès qui dure jusqu'en 2006 où, nouveau changement de portage, les forces spéciales sont rappelées à la maison. Quand elles sont réengagées en 2009, la visée n'est plus géopolitique, mais répond à un besoin ponctuel, la recherche d'otages. Toutefois, les trois années de présence qui s'ensuivent vont beaucoup plus profondément les affecter dans leurs modes opératoires. L'opération Jehol sera sur le plan tactique la révolution que Sabre a été sur le plan stratégique.

*

JCN : En quelle mesure l'Afghanistan a bouleversé une unité comme les commandos marine ?

Capitaine de vaisseau Augustin : À vrai dire, quand je suis entré à Hubert, les commandos marine ne faisaient pas grand-chose d'exaltant.

Capitaine de vaisseau Samuel : On était sur Greenpeace, les essais nucléaires, la police des pêches, ce genre de problématiques…

Capitaine de vaisseau Augustin : C'était la fin de la guerre froide, il n'y avait pas beaucoup d'opportunités pour des actions offensives. De plus, le concept des opérations spéciales n'existait pas encore. Tout ce qui était engagement auprès de forces étrangères, c'était la DGSE qui le faisait. Donc, après Ouvéa[1], il y avait eu quelques évacuations de ressortissants, l'ex-Yougoslavie…

JCN : Cela ne vous avait-il pas un peu refroidi après avoir dû beaucoup vous employer pour intégrer les commandos marine... ?

Capitaine de vaisseau Augustin : Non, le pire était même à venir : à la fin du Kosovo, on a commencé à nous expliquer que ce serait ça les conflits du futur,

1. Opération de libération d'otages détenus par les partisans de l'indépendance de la Nouvelle-Calédonie qui s'achève par l'assaut de la grotte d'Ouvéa, le 5 mai 1988.

l'imposition de la paix, sous l'égide de l'ONU, avec des mandats contraignants... À ce moment-là, les commandos marine chassaient les criminels de guerre et perdaient un peu de leur intérêt stratégique. J'ai donc imaginé basculer dans... l'humanitaire. Il y avait une place au HCR[2] pour y faire la coordination avec les forces armées, mais la marine m'a mis comme préalable de faire l'École de guerre. Et heureusement... J'ai en effet réussi le concours en 2001. Le 11 Septembre est passé par là, la marine m'a indiqué qu'elle avait autre chose à me proposer ! [*Rires.*]

JCN : On dit souvent que Jacques Chirac a refusé l'emploi des forces spéciales en Afghanistan en 2001, mais en fait, le COS y a envoyé très vite de petits détachements...

Capitaine de vaisseau Augustin : Oui, une mission à Kaboul auprès des nouvelles autorités, et une équipe dans le Nord, à Mazar-e Charif, afin que l'on ait des capteurs sur place. Mais c'est surtout en 2003, pour en quelque sorte compenser le refus de la France de participer à l'Irak, que les forces spéciales ont été envoyées. Ce qui montre leur valeur stratégique en soi. C'était l'opération Arès, quelques centaines d'hommes prenant position dans un fort désaffecté, près de Spin Boldak.

Colonel Diego : Arès n'était pas une opération spéciale au sens premier du terme. C'était un message politique adressé par le président Chirac aux Américains : on envoie en Afghanistan ce que nous avons de meilleur.

Colonel Ludovic : J'y étais en 2005. C'était pour le moins rustique ! On n'avait pas d'avions à nous, pas d'hélicos. On était éloignés des villes, dans une zone

2. Haut commissariat des Nations unies pour les réfugiés.

où personne ne voulait aller, tout près de la zone tribale du Pakistan. Un terrain de jeu immense où tout était à inventer !

Général Thibault : Ce qui est assez sidérant, c'est le quasi-blanc-seing que le général Bentégeat, chef d'état-major des armées de l'époque, a donné au commandant de notre première task force (TF) : « Vous avez liberté d'action dans l'ensemble de l'Afghanistan et vous faites toutes les missions que vous donnent les Américains. Tout ce que je vous demande c'est de m'envoyer les comptes rendus. » Je pense que pas une seule TF française ne s'est jamais retrouvée dans cette situation !

Colonel Ludovic : On a rempli notre mission en forçant l'admiration des Américains grâce à des opérations très loin de notre base qu'ils ne se seraient jamais permis de faire.

JCN : Vous infirmez cependant cette rumeur de forces spéciales françaises ayant eu Ben Laden dans leur viseur, mais ne recevant pas l'ordre de Paris de l'abattre...

Colonel Ludovic : Moi, personnellement, je n'en ai jamais entendu parler.

Major Mousse : C'est faux, archi-faux ! Ou alors le secret le mieux gardé de la République ! [*Rires.*] J'ai fait deux mandats à Arès, on a juste eu une fois l'information selon laquelle des proches de Ben Laden pouvaient passer dans notre zone, c'est tout.

Colonel Ludovic : Arès a également eu un côté fédérateur des forces spéciales françaises.

Général Thibault : Si l'Afghanistan a été un *game changer*, cela est dû d'abord à cet aspect-là, ce rassemblement de toutes les armées, terre, air, mer, au sein d'une task force unique.

Capitaine de vaisseau Pedro : Le plus souvent, en Afrique, en Bosnie, on agissait plutôt en parallèle. Du coup, on ne s'appréciait pas forcément. En Afghanistan, les détachements arrivaient en se regardant en chiens de faïence. Mais en situation compliquée, on a besoin des autres et ça facilite tout. Un peu plus tard, alors que j'étais avec mon groupe d'Hubert pour une affaire bien costaud, on nous a associés à un groupe du 1er RPIMa avec les chefs duquel je m'étais engueulé pour des bêtises… Mais au bilan, ça s'est remarquablement déroulé, parce qu'on a passé du temps ensemble et que l'on a appris à se connaître, notamment au « frigo » – pour garder un maximum de confidentialité à l'opération, les Américains nous ont fait attendre plusieurs jours sans nous dire où nous irions exactement et qui nous allions tenter de capturer. Cette ambiance spéciale et l'action qui a suivi nous ont soudés. Résultat : au retour dans notre camp de base, les deux groupes ne voulaient plus travailler qu'ensemble.

Général Thibault : Arès a aussi permis au 13e RDP de s'affirmer dans ses vraies missions. J'ai participé au tout premier mandat. Les autres armées croyaient pouvoir saupoudrer nos équipiers au sein des groupes action pour servir de transmetteurs, car nous étions les plus rigoureux et capables dans la transmission à distance. J'ai dû hausser le ton pour expliquer que notre mission, c'est le renseignement en autonomie, en équipe isolée, dans la profondeur…

JCN : Un choc des cultures !

Général Thibault : Oui. Chacun s'était enfermé dans cette logique les dix premières années du COS. Ainsi, à Arès, au bout d'un mois et demi, notre état-major n'avait pas de J2[3], pas de base de données, nos ordinateurs n'étaient pas branchés… On était dans une ambiance et un fonctionnement « guerre d'Algérie ». Nous n'avions pas un renseignement sur l'adversaire, pas un contact dans la population. Ça ne pouvait pas durer et je l'ai fait comprendre à ma hiérarchie. Le 13 permet d'avoir une chaîne du renseignement française, de l'acquisition au traitement. Il a apporté au COS une vraie logique technologique de la même manière que les commandos de l'air, qui, ayant besoin de parler aux avions, disposent d'outils très évolués.

JCN : Arès s'est terminée en 2006…

Capitaine de vaisseau Augustin : Jacques Chirac a décidé le retrait des forces spéciales parce qu'il ne voulait pas de morts français en Afghanistan.

Général Frédéric Beth : Arès est interrompue, mais il reste sur place des forces spéciales, dont beaucoup sont employées hors COS, pour faire du renseignement, participer aux OMLT, etc. Et puis arrive, fin décembre 2009, l'enlèvement des journalistes, MM. Ghesquière et Taponier. Nous avons alors abordé avec le CEMA l'idée d'un renforcement de l'effectif FS en Afghanistan. La décision a très vite été prise. Le 8 janvier 2010, nous commencions à projeter nos opérateurs.

Capitaine de vaisseau Augustin : L'occasion a fait le larron pour le COS… Ce fut l'opération Jehol.

Général Éric Vidaud (GCOS) : Jehol est vraiment lancée pour la récupération des otages. Mais il se trouve tout d'abord qu'on ne savait pas très bien où ils étaient – on avait beaucoup de renseignement, mais jamais l'opportunité de mener une action. Et puis, c'était la

3. 2e bureau d'un état-major, en charge du renseignement.

chasse gardée de la DGSE que de trouver une façon de négocier leur libération.

Général Frédéric Beth : Jehol s'est montée dans l'urgence, mais outre l'éventuelle opération de libération des otages, elle a permis de reprendre pied en Afghanistan et d'y demeurer pour d'autres missions, nombreuses et essentielles dans le cadre de la task force La Fayette ou dans celui, plus large, de l'ISAF[4].

Capitaine de vaisseau Augustin : On est arrivés pour Jehol avec l'expérience de Sabre, c'est-à-dire de forces spéciales ne servant pas qu'à entrer dans des maisons en enfonçant la porte pour récupérer les otages.

JCN : Ce fut la première fois qu'autant de forces spéciales et de forces conventionnelles se côtoyaient. Quel accueil le COS reçut-il sur place ?

Général Frédéric Beth : Le commandant de la task force La Fayette a rapidement compris ce qu'il pouvait attendre de nous en matière d'influence, d'action, de renseignement, etc. À partir du moment où vous apportez une plus-value, vous êtes adopté ! Cela aussi participe du « décloisonnement ». J'ai eu ensuite l'occasion de m'entretenir avec le général Petraeus, commandant l'ISAF, avec l'amiral McRaven, mon homologue américain. Ce que nous visions également en effet, c'était de travailler avec le JSOC, le noyau dur des forces spéciales américaines.

Colonel Michel : On considère que les forces spéciales américaines comptent 77 000 hommes, soit à peu près les deux tiers de la taille de l'armée de terre française, mais elles regroupent des troupes qui, chez

4. International Security Assistance Force (Force internationale d'assistance et de sécurité), mandatée par l'ONU.

nous, ne sont pas identifiées forces spéciales. Le cœur du cœur, c'est le JSOC, qui lui, comme le COS, ne compte que quelques milliers d'hommes avec la Delta Force, le Team 6 des *Seals*, le 75e régiment de Rangers, des avions et des hélicos. La principale différence avec nous, c'est l'abondance de moyens…

Capitaine de vaisseau Samuel : En Afghanistan, l'environnement international, plus que dans les Balkans, nous a fait découvrir le travail en coalition. Ça a été un défi car on n'était pas à ce niveau d'interopérabilité et d'aisance à l'international.

Major Mousse : La première réaction des Américains en Afghanistan, ce fut : « Les Français sont sous-équipés, mais ils ne se débrouillent pas si mal ! » Pour compenser les lacunes de notre équipement, on achetait nous-mêmes des chaussures, du Gore-Tex, des lunettes…

Capitaine de vaisseau Samuel : L'avantage technologique des forces américaines a une dimension fascinante. Dans les années 1950, nos grands-parents étaient fascinés par la Jeep. Nous, on est fascinés par le super fusil, le super hélico, les instruments numériques, les nouvelles jumelles de vision nocturne…

Capitaine de vaisseau Augustin : Le matériel de base des forces spéciales américaines est payé par leurs armées respectives. Donc, elles ont plus d'argent pour moderniser, améliorer, innover… C'est vraiment une autre planète !

JCN : Mais sur le plan humain, sont-ils différents ?

Capitaine de vaisseau Bertrand : J'ai passé plusieurs années chez les *Seals*. Ils ont le même état d'esprit. Une cohésion très forte, le sens du perfectionnisme, la passion pour le métier.

Général Thibault : Le commando de base qui aime l'aventure, le choc, l'insécurité, qu'il soit américain ou français, ou russe, c'est le même.

Capitaine de vaisseau Pedro : Des officiers français qui ont été affectés aux États-Unis et qui, pour certains, ont fait des opérations avec eux en sont rentrés en ayant l'impression que nos homologues américains étaient beaucoup plus courageux. Ils rapportaient que lorsqu'on les envoyait à l'action, ils ne se posaient pas de question… Je ne suis pas d'accord : notre histoire militaire à nous aussi est pleine d'exemples de troupes qui se sont sacrifiées.

Capitaine de vaisseau Samuel : Quand on les connaît, on sait que ce sont les mêmes hommes. Les mêmes styles de vie, les mêmes goûts, les mêmes attentes, les mêmes doutes… Avec une culture différente, mais on se ressemble beaucoup.

Adjudant-chef Mazout : En 1995, j'ai fait des exercices avec eux à Fort Bragg. Au retour en France, le colonel m'a demandé ce qu'on avait appris chez eux. Je me rappelle lui avoir répondu : « Si, eux, ils sont forces spéciales, nous on est Delta Force sans passer les tests d'entrée ! » On devait faire en effet une infiltration, recueillir du renseignement sur un objectif, trois ou quatre jours de terrain en tout, et rentrer. Les forêts de Caroline du Nord, c'est ardu. On n'y voyait rien du tout, on avait notre gros sac sur le dos, mais eux, ils en ont bavé beaucoup plus que nous ! Déjà sur le plan physique : c'étaient des malabars, plus gras que musclés. Quand ils voulaient vérifier s'ils étaient suivis, ils restaient quinze minutes sur place alors qu'on s'éloignait bien entendu… Ils se sont trompés sur la mise en place, alors qu'ils avaient un GPS et pas nous.

Pour avoir la liaison, ils grimpaient aux arbres alors que nous, nos moyens techniques plus rudimentaires passaient. Et pour la description d'objectif, nous n'avions pas la capacité à l'époque de transmettre des photos, on la faisait donc en phonie, mais avec une procédure particulière, une succession de chiffres. Le résultat les a bluffés !

Colonel Lucas : Si les Américains ont pu être critiques avec nous au début de Jehol, ça a changé quand on a commencé à combattre ensemble. Une estime mutuelle est née.

Capitaine de vaisseau Bertrand : Et en termes d'équipement, il y a eu un gros rattrapage ces dernières années grâce au développement du COS. Aujourd'hui, on est dans le top 5 des forces spéciales. On a les mêmes casques, gilets pare-balles, armes. C'est standardisé, un morphotype de l'opérateur des forces spéciales s'est installé. Je n'ai aucun complexe sur ce plan-là vis-à-vis des membres du 22e SAS, des Delta ou des *Seals*.

Colonel Lucas : L'Afghanistan fut une matrice pour l'intégration des forces spéciales françaises et américaines. Ce qui se faisait de bien ou parfois de mal chez les uns a transpiré chez les autres, en termes de savoir-faire technique, de modes de combat, de tir, de déplacement, mais également en termes de tenue et d'équipement.

Capitaine de vaisseau Pedro : Les Américains ont aussi appris de nous !

Major Mousse : Quand on travaille avec eux, ils sont souvent surpris de voir ce dont on est capables. Ils apprécient beaucoup notre côté « démerde », très *frenchy*.

Capitaine de vaisseau Pedro : Ils se sont ainsi demandé comment on faisait pour utiliser des véhicules non blindés et ne pas sauter sur une mine au premier carrefour. Au début ils se sont dit : c'est parce que les Français ne font rien. Et puis, au vu de nos résultats, ils ont compris que ça venait sans doute de nos savoir-faire acquis, pour l'essentiel, dans les pays africains.

Lieutenant-colonel Benjamin : Chez nous, on cultive le fait de travailler en milieu très dégradé : si on évolue avec des partenaires, on cherche à se fondre dans leur milieu. Ce n'est pas parce qu'on est forces spéciales, c'est spécifique à l'armée de terre, aux troupes de marine.

Capitaine de vaisseau Pedro : On s'arrête dans un village, on discute, on sert les mains, on boit le thé, on mange la galette même si on sait que la moitié de nos interlocuteurs sont des ennemis potentiels. Et on se fait ainsi quelques relations qui nous permettront d'avoir parfois le bon tuyau. Les Américains, eux, restaient tous casqués, gilets pare-balles, gants, lunettes de soleil ; ils ne serraient pas les mains et ne buvaient pas le thé. Quand l'un d'eux est venu chez nous, je lui ai dit : « Arrête de te comporter comme ça, on va se mettre tout le monde à dos à cause de ton attitude inadaptée qui les vexe et on va se prendre des IED[5]. » Et l'individu prenait des notes ! Après, je crois savoir qu'ils ont dispensé des formations à Fort Bragg sur le sujet. Je connaissais au sein de la task force 121 – l'élite des forces spéciales américaines qui ne cherchaient que les grosses pointures comme Ben Laden – un officier américain qui avait été en échange au commando Hubert. Il m'a confié : « On fait exactement comme vous ! On a demandé à ne plus avoir de véhicules blindés, on parle avec les Afghans, etc. »

5. Improvised Explosive Device – engin explosif improvisé.

JCN : Quelles furent sur le plan opérationnel les déclinaisons de la « mutation » afghane ?

Colonel Laurent : La première, qui n'est d'ailleurs pas propre au COS, fut selon moi l'endurcissement des unités. À notre arrivée en Afghanistan, nous terminions une période de dix années dans les Balkans, dont les six dernières consacrées à la traque des criminels de guerre. En quoi consistait cette traque ? Il s'agissait pour le 13e RDP et pendant des mois, voire des années, de localiser et d'identifier les cibles, puis de guider les groupes « action » jusqu'aux objectifs dont ils s'emparaient en quelques minutes. Nous étions dans une logique policière d'enquête, puis de perquisition, sur un théâtre étranger, dans un environnement hostile et face à des adversaires dangereux. L'Afghanistan nous a ramenés dans le monde de la guerre, de la contre-guérilla et des opérations militaires. Nous devions nous infiltrer, rester longtemps sur le terrain, engager le combat, guider des appuis aériens, nous coordonner avec des forces conventionnelles et alliées. Nous y avons également découvert la guerre « high-tech », appuyée par des drones pilotés depuis la Virginie. Quant à nos adversaires, ils n'avaient pas les mêmes outils, mais ils étaient nombreux et acharnés.

Capitaine de vaisseau Samuel : Entre Arès et Jehol, des steps ont été franchis dans le professionnalisme de nos unités, dans la qualité du matériel, mais aussi dans la dureté des engagements. En 2001, le taleb était déjà un combattant redoutable, mais le terrorisme international avait subi un reflux en Afghanistan. Il est revenu au fil des ans, mû par une idéologie qui les a conduits au jusqu'au-boutisme. Ils vont sur Internet pour se perfectionner, achètent du matériel par leurs propres moyens. Ils sont montés en gamme, nous obligeant à le faire nous aussi.

Capitaine de vaisseau Philippe : Je n'ai fait qu'un mandat en Afghanistan, mais ce fut une expérience professionnelle absolue. On était dans le dur, dans le rustique, avec des sorties sur le terrain qui pouvaient durer plus de vingt jours… On dansait sur le fil. Des choses fortes y ont été vécues. Je suis rentré en accompagnant un de mes frères d'armes à bord d'un avion américain médicalisé. Dans l'évolution du COS, ce fut le passage de l'enfance à l'adolescence.

Colonel Laurent : D'une certaine manière, les forces spéciales se sont remilitarisées pendant ces dix ans d'Afghanistan.

Capitaine de vaisseau Samuel : On a eu nos premiers blessés, nos premiers morts depuis longtemps. On est entrés de plain-pied dans l'ère des opérations de combat et de combat interarmes puisque, même entre forces spéciales françaises, on n'était pas intégrés les uns aux autres.

Général Éric Vidaud (GCOS) : Chaque théâtre a formaté le COS et ses unités. L'Afghanistan, c'est le creuset du contre-terrorisme.

Colonel Laurent : Lorsque nous y sommes arrivés au début des années 2000, notre combat ressemblait à celui que nos anciens avaient mené en Algérie. Nous agissions comme des commandos de chasse, dans des espaces immenses, le long des zones tribales. Quelques années plus tard, avec l'opération Jehol, le combat s'est modernisé : appui permanent des drones, guerre électronique, etc. En fait, nous avons changé de monde. Nous sommes entrés dans l'ère du ciblage moderne et des opérations basées sur le renseignement.

Général Éric Vidaud (GCOS) : On a découvert en Afghanistan cette capacité extraordinaire qu'est le drone multi-capteurs, capable de voir, d'écouter, de détecter, et pour certains de frapper. Nous, Français, nous n'en avions pas.

Colonel Michel : Je commandais au Sahel le jour où les Reapers sont arrivés. C'est un *game changer.* On peut suivre un individu pendant des semaines sans qu'il le sache.

Capitaine de vaisseau Pedro : Et encore, les Américains ne nous montraient pas tout ! Il leur arrivait de dégrader la qualité des photos des objectifs qu'on allait traiter ensemble pour qu'on ne sache pas quel genre de matériels ils utilisaient !

Général Éric Vidaud (GCOS) : Le drone est un atout essentiel. Quand vous l'intégrez dans votre dispositif, la manœuvre change radicalement parce que vous arrivez à cibler sur le personnage que vous recherchez.

Général Grégoire de Saint-Quentin : Dans la continuité des forces spéciales américaines, nous sommes devenus capables, par un ensemble de capteurs de traiter un ennemi asymétrique, fonctionnant en réseau, d'entrer dans la compréhension de son fonctionnement et de frapper ses centres de gravité.

Général Éric Vidaud (GCOS) : Autre découverte « afghane » : l'IMSI-catching, qui permet de localiser une personne à quelques centaines de mètres, et qui était très secret à l'époque. Avant, en quelque sorte, on pêchait avec de grosses mailles. Aujourd'hui, grâce à ces capacités, on peut quasiment être chirurgical dans nos opérations.

JCN : Toutes ces découvertes ont-elles également profité aux forces conventionnelles ?

Général Éric Vidaud (GCOS) : Lorsque j'arrive pour le deuxième mandat de Jehol, je me mets au service de la brigade La Fayette en proposant nos capacités d'attrition sur les responsables taliban qui nuisent à nos actions. La proposition a été acceptée ! Et donc, on a mené des actions sur les hauteurs, on a neutralisé des chefs taliban, attiré l'ennemi sur nous pour que les forces conventionnelles puissent opérer ailleurs, fait en sorte qu'ils se battent entre eux, on les a intoxiqués… Tout un tas de stratagèmes…

JCN : Votre soutien à la brigade La Fayette n'a donc pas été que de l'action pure ?

Général Éric Vidaud (GCOS) : En effet. Il fallait diminuer la cohésion au sein des taliban… Ce sont des actions que l'on mène toujours. Les forces spéciales sont un grand système capable de mener des actions cinétiques très précises simultanément à des actions de formation et d'accompagnement, des actions d'influence. On arrive aussi à faire en sorte que l'opérateur ait une capacité cyber en propre.

JCN : Que peut-il faire à son niveau dans ce domaine ?

Général Éric Vidaud (GCOS) : En Afghanistan, des appareils nous permettaient par exemple, sur une zone bien délimitée, d'empêcher toute communication téléphonique afin que notre arrivée ne soit pas éventée. Ou de les détourner en quelque sorte pour que nous puissions en capter le contenu…

Colonel Diego : En retour, nous avons pu compter sur l'appui indispensable des forces conventionnelles. Jusqu'alors en effet, nous étions essentiellement appuyés par des hélicoptères et un petit peu de chasse. En Kapisa, la zone était trop étroite, la population trop imbriquée pour espérer une intervention de l'aviation. L'emploi du Tigre s'est donc développé au point de devenir une addiction. Il est devenu décisif pour désengager une unité et parfois générer des effets. En Afghanistan, les forces spéciales ont aussi redécouvert l'artillerie avec les mortiers de 120 mm ou les canons Caesar.

JCN : L'Afghanistan a-t-il aussi transformé les forces spéciales en matière d'équipements, de procédures ?

Lieutenant-colonel Gildas : Au 1er RPIMa jusqu'alors, des groupes très spécialisés, par exemple dans la capture de criminels de guerre, n'avaient pas besoin de véhicule tactique de combat. Vu les conditions du terrain afghan (aridité, altitude, fortes élongations), la motorisation sur VLTT[6] armé est devenue une révolution ! Ensuite, en raison du danger permanent des IED, il a fallu former dans chaque groupe des dépiégeurs de combat, capables de les neutraliser et donc de prendre les risques inhérents… Comme on déplorait plus de blessés, il fallait aussi franchir un cap en matière de secourisme au combat. Par ailleurs, les transmissions n'étaient pas les mêmes, il fallait être formé sur les radios et la cryptographie américaines. Enfin, on avait recours beaucoup plus souvent à l'aviation de bombardement, aux drones armés, aux hélicoptères américains lourds et d'attaque, avec des procédures spécifiques, le tout en anglais… Sans parler de l'acquisition et du traitement du renseignement en contre-terrorisme. Tout cela a fait monter le COS en gamme, c'est très net. Si nous avons pu faire tout ce que nous avons fait ensuite, l'Afghanistan y est pour beaucoup.

Capitaine de vaisseau Samuel : Aux commandos marine, l'Afghanistan nous a poussés à développer ce

6. Véhicule léger tout terrain.

dont disposaient les Américains, mais que nous n'avions pas : des appuis spécialisés, venant autour d'un point d'application apporter des capacités de renseignement ou produire des effets différents. C'est désormais la mission des commandos Kieffer et Ponchardier, créés en 2008 et 2015. Vous y trouvez majoritairement des marins qui ne sont pas commandos, mais techniciens d'autres spécialités de la marine, formés pour opérer dans les conditions tactiques des commandos, juste derrière eux, et fournir des appuis de guerre électronique, des moyens technologiques, des chiens, des opérateurs de drones, des transmissions, des explosifs, etc. Ponchardier, lui, rassemble des pilotes d'embarcations, de véhicules, des largueurs dans les avions, etc. Toutes ces compétences expertes ne sont pas forcément détenues par le commando qui va à l'assaut. Composés de 40 hommes au début, 100 maintenant, ces commandos ont un « carnet de commandes » qui ne désemplit pas : on a besoin d'eux partout !

Capitaine de vaisseau Augustin : L'Afghanistan fut très intéressant pour développer des savoir-faire tactiques, mais du point de vue stratégique, la contre-insurrection ne pouvait se faire à coups de canon ou de combat d'infanterie. Nos alliés nous le reprochaient un peu, à nous Français : « Vous faites trop d'opérations cinétiques, pas assez de non cinétiques ! » C'est la tendance des pays en coalition : toujours privilégier le tactique au stratégique, d'autant que les visions à long terme de chacun sont rarement concourantes. Or nouer des relations de confiance avec les chefs afghans, préparer la reconstruction, c'était assez antinomique avec des actions de force… Par exemple, on avait réfléchi en Afghanistan à essayer de rétablir le soufisme pour chasser le wahhabisme.

JCN : Une idée made in *COS ?*

Capitaine de vaisseau Augustin : Oui. On étudiait aussi en Kapisa l'idée d'instaurer le salaire familial. Ce sont les humanitaires qui nous l'avaient suggérée parce que ça avait bien fonctionné dans certaines régions du Brésil. Le problème en effet était qu'on n'avait jamais autant versé d'argent à un pays en crise, mais qu'il se retrouvait immédiatement dans les banques d'Abu Dhabi, sans que personne en profite en Afghanistan. Le salaire versé directement aux familles aurait lui aussi abouti à Abu Dhabi, mais avant que les seigneurs de la guerre n'en prennent leur part, il aurait un peu bénéficié à l'économie locale. Hélas, ce projet est arrivé à maturité en 2012, lorsque le président Hollande a décidé de retirer nos troupes d'Afghanistan.

9

Targetting

Les armées n'aiment pas que les acronymes. OTAN oblige, elles emploient aussi beaucoup l'anglais. HVI Targetting ? Le ciblage des « High Value Individuals », ou comment traquer, puis empêcher de nuire un individu de haute valeur, le chef d'une katiba, son adjoint logistique, etc. Depuis 2001, les Américains ont multiplié ce genre d'opérations en l'exportant de l'Afghanistan à l'Irak et de l'Irak au Levant. Tous les présidents y ont eu recours, en estimant que le rapport coût/efficacité de ces interventions localisées, menées par des escouades de forces spéciales ou par des drones, était, sans aucune mesure, très nettement supérieur à celui de la projection de dizaines de milliers de GIs. Les Français y sont venus sur le tard, tout au moins l'armée française, car la DGSE a depuis toujours dans ses prérogatives de pouvoir procéder à des éliminations ciblées[1]. Une question de doctrine, de vision de la guerre, aussi de matériel, car ces opérations qui ne tolèrent pas l'approximation sont gourmandes en satellites, drones, interceptions

1. Ce qui est très loin de signifier qu'elle en a une pratique régulière…

diverses et éventuellement missiles. Au tournant des années 2000-2010, les Américains se montrent d'autant plus enclins à aider les Français à combler ces lacunes que ces derniers, ayant démontré leur valeur, peuvent partager avec eux la charge d'opérations de contre-terrorisme qu'ils menaient seuls jusqu'alors…

*

Général Frédéric Beth : Les Américains portaient un regard de plus en plus ouvert sur nos opérations, allant jusqu'à nous consulter sur certaines actions et certains de nos modes opératoires. Ce fut le cas entre autres sur l'opération au Niger[2].

Capitaine de vaisseau Augustin : À cette époque, sous l'impulsion de l'amiral McRaven, les Américains décident de mettre en place, entre forces spéciales, le « Global Soft Network ». C'est plus qu'un forum. C'est le constat que les forces spéciales de certains pays sont suffisamment discrètes et autonomes pour pousser assez loin des discussions sans impliquer politiquement leurs pays. Notre sous-chef Opérations à Balard par exemple ne pouvait aller voir les Américains au début des années 2010 pour leur proposer de répandre le soufisme en Afghanistan… En revanche, le GCOS pouvait très bien le suggérer à son homologue américain en ajoutant que nous aurions besoin d'argent, de mollahs, de largages de tracts. Et en cas d'accord, les états-majors moulineraient pour évaluer les avantages, les risques, les coûts, les contraintes… C'était ça, au départ, l'idée de l'amiral McRaven, patron du JSOC.

2. Tentative de libération des deux otages français Vincent Delory et Antoine de Léocour, dans la nuit du 7 au 8 janvier 2011.

JCN : C'est pour cette raison que vous avez été envoyé au Pentagone en 2013 ?

Capitaine de vaisseau Augustin : Il fallait créer un gros état-major qui permettrait de faire venir des officiers de liaison de toutes les agences de renseignement américaine et aussi de toutes les forces spéciales étrangères jugées un peu robustes par les Américains, afin de créer au sein de la capitale une sorte de pôle stratégique des forces spéciales. Mais le temps que les travaux soient lancés, le Sénat n'a pas apprécié de voir les forces spéciales se prendre pour une nouvelle agence et il y a mis un terme. J'ai donc reçu un poste plus « classique » d'officier de liaison des forces spéciales françaises aux États-Unis.

Général Thibault : La révolution a commencé en 2013, avec le Sahel, où on a été de plus en plus en interaction avec les Américains, puis le Levant où, là, on a même été mélangés avec les task forces américaines. Et ça, on le doit à McRaven, qui a voulu que les forces spéciales américaines soient beaucoup plus collaboratives et s'appuient sur leurs consœurs vraiment dignes de ce nom, et pas seulement les « Five Eyes[3] ».

Capitaine de vaisseau Augustin : Il faut savoir que désormais, les Américains comptabilisent dans leurs propres opérations de contre-terrorisme celles qui ont utilisé leur renseignement, même s'il n'y a pas eu d'Américains au sol. C'est le cas au Sahel : une opération menée par Sabre sur la base d'un renseignement américain est présentée au président Trump comme une

3. Pendant la Seconde Guerre mondiale, les États-Unis s'entendent avec la Grande-Bretagne, le Canada, l'Australie et la Nouvelle-Zélande pour partager le renseignement. Le rapprochement des « Five Eyes » s'est depuis étendu à leurs armées.

opération américaine. Cela montre leur grande confiance en la capacité opérative des forces spéciales françaises.

JCN : Ils ne le font pas avec d'autres pays ?

Capitaine de vaisseau Augustin : Uniquement avec leurs alliés très proches comme ceux des « Five Eyes ».

JCN : Qu'avons-nous donc appris des Américains depuis l'Afghanistan ?

Général Thibault : En premier lieu, les centres opérations et les modes d'action de type Targetting sur lesquels ils sont très en avance par rapport à nous. Au départ, en 2013, nous, Français, nous avons un peu bricolé à Sabre. On a inventé un drone de renseignement qui était en fait un avion de l'escadron Poitou sur lequel on a mis des caméras ; on a aussi bénéficié du premier Tigre sur le théâtre. Et on a commencé à faire du Targetting, ce dont tous ceux qui étaient passés en Afghanistan de 2003 à 2011 avaient rêvé, mais sans en avoir ni les moyens ni les ordres car il a fallu du temps pour faire émerger le modèle en France aux niveaux politique et militaire…

Général Éric Vidaud (GCOS) : En Afghanistan, le bilan d'attrition avait été limité car les moyens l'étaient, la zone d'action aussi, les savoir-faire étaient encore à l'épreuve et la chaîne de commandement trop complexe, *via* le commandement de la brigade La Fayette et les Américains. Mais le COS a beaucoup appris. Au Sahel aujourd'hui, il peut frapper loin grâce aux hélicoptères et aux plots de ravitaillement, très rapidement, et de manière large grâce à de nombreux outils de renseignement, d'interception et même de cyber, en liaison étroite avec les services de renseignement français et alliés.

JCN : Quelle est l'utilité sur le plan stratégique comme tactique de neutraliser systématiquement les chefs ennemis ?

Général Éric Vidaud (GCOS) : Prenons le cas de Droukdel[4]. À l'heure actuelle, il n'a toujours pas de successeur déclaré[5]. Or ce que nous avons trouvé dans ses ordinateurs démontre que tout remontait à lui. Certains pensaient qu'il n'était plus qu'une figure tutélaire, qu'il était retiré des affaires, mais c'était vraiment le chef.

JCN : Quel renseignement a livré le matériel saisi ?

Général Éric Vidaud (GCOS) : Les plans d'attaques de camps déjà réalisées, des vidéos de propagande, des notes, tout un ensemble assez extraordinaire qui démontre qu'il était toujours à la manœuvre en compagnie de l'autre terroriste neutralisé lors de cette intervention, Toufik Chaïb, qui faisait le relais avec les katiba djihadistes. Une photo existe où on voit tous les leaders assis autour d'une table en 2013. Il ne reste plus qu'Iyad Ag Ghali[6] en vie… Cette opération a eu un franc succès chez nos alliés, qui nous ont tous félicités, mais elle permet aussi de rappeler à nos ennemis la valeur et l'efficacité des forces spéciales…

4. Abdelmalek Droukdel, émir d'AQMI, tué dans le nord du Mali dans une opération des forces spéciales françaises, le 3 juin 2020.
5. Interview réalisée en juillet 2020. AQMI n'a annoncé le nom du successeur, Abou Obeida Youssef al-Annabi, qu'en novembre.
6. Leader historique de la contestation touareg au Mali, passé dans le camp islamiste, fondateur du mouvement Ansar Dine et désormais chef du Groupe de soutien à l'Islam et aux musulmans qui réunit les principaux groupes djihadistes de la région.

JCN : S'est-il déjà produit qu'une[7] HVI échappe à un coup de filet ?

Major Sam : Il y en a qui nous filent entre les doigts, mais dans 99 % des cas, ils n'ont pas le temps de réfléchir. Et même s'ils réagissent, nous, nous avons déjà anticipé.

Général Grégoire de Saint-Quentin : On constate que plus la cible est élevée dans la hiérarchie, plus, après une première tentative, on éprouve des difficultés à la « fixer » à nouveau car elle s'entoure de mesures de sécurité drastiques qui la rendent beaucoup moins accessible. Donc, il peut être préférable de retarder le déclenchement de quelques heures pour être sûr que c'est le meilleur moment et le meilleur endroit.

JCN : Par exemple Droukdel avait pu être repéré à d'autres moments avant d'être finalement ciblé ?

Général Grégoire de Saint-Quentin : Non, c'est la raison pour laquelle, lors de cette opération, nous avons pris toutes les mesures nécessaires pour maximiser nos chances de réussite.

JCN : Et Ag Ghali ?

Général Grégoire de Saint-Quentin : Je ne répondrai pas à cette question… Je peux juste dire que, même si une HVI n'est pas neutralisée, le fait qu'elle soit traquée et contrainte à d'infinies précautions de sécurité diminue sa capacité de nuisance.

7. Si HVI désigne « un » individu, les militaires parlent plus volontiers d'« une » HVI en pensant à une cible (confusion sans doute venue du fait qu'à l'origine l'expression HVT – *high value target* – était plus souvent employée).

Major Sam : L'ennemi essaie en permanence de s'adapter à nos moyens. Il change ses procédures radio, ses modes de déplacement, mais on trouve toujours des failles…

JCN : Quel est leur comportement au combat ?

Major Sam : Ils sont durs. Et c'est très rare qu'ils se rendent.

JCN : La finalité de vos interventions est de neutraliser l'ennemi. Les mots ont un sens, cela veut dire que leur but n'est pas forcément de lui donner la mort. Mais puisqu'il ne se rend pas, le plus souvent il est tué. À vos yeux, cela fait-il pour autant de vous un « tueur de la République » comme l'indique le titre d'un livre[8] *?*

Major Sam : Le premier mot qui me vient à l'esprit pour celui qui nous range parmi les « tueurs de la république », c'est le mépris. Nous sommes des soldats, avec le drapeau national à l'épaule.

Major Mousse : Des gens sont prêts à écrire n'importe quoi pour un peu de notoriété et d'argent.

Colonel Lucas : C'est le même sujet que lorsqu'on qualifie nos actions d'« assassinat ciblé ».

Colonel Diego : L'objectif est de mettre notre cible hors de combat. Il n'y a qu'une alternative : soit l'intéressé n'engage pas le combat, et il est fait prisonnier, soit il ne se laisse pas faire, et il encourt le risque d'être blessé ou tué. Il n'y a pas de « meurtre », d'« assassinat » de sang-froid.

Général Grégoire de Saint-Quentin : Le fait de tuer au combat ferait donc de nous des tueurs ? C'est indigne.

8. Vincent Nouzille, *Les Tueurs de la République*, Paris, Fayard, 2015.

Derrière le mot « tueur », on met « criminalité ». Or nos hommes, et les soldats en général, ne sont pas des criminels.

Général Frédéric Beth : Au Sahel, nous sommes en guerre. Quand on est en guerre, on fait la guerre. Je m'élève contre ceux qui pensent et qui disent que nous sommes allés « assassiner » des gens. Nous avons neutralisé des ennemis. C'est un acte militaire.

Colonel Cerbère : Dans le contre-terrorisme, à partir du moment où l'adversaire est militarisé, il devient un ennemi au même titre qu'un soldat dans un conflit classique.

Général Grégoire de Saint-Quentin : Comme tous les militaires, nos hommes agissent dans un cadre juridique qui leur confère le pouvoir de porter et d'employer les armes de la nation. Ce pouvoir est organisé et encadré dès le temps de paix. À la guerre, les forces spéciales agissent dans un faisceau très précis de règles d'engagement et de comportement. Ces règles leur donnent le droit de détruire un objectif légitime, mais si celui-ci lève les mains, ils cessent le feu.

Colonel Cerbère[9] : Si vous saviez le nombre de contraintes, d'impositions que nous devons appliquer pour chacun de nos engagements, qui sont extrêmement fines, millimétrées et endossées par le commandement une fois qu'elles ont été fixées ! Ici, à l'état-major du COS, j'ai un responsable juridique qui, des fois, descend avec moi à 3 heures du matin dans la « cuve[10] » pour décider si, dans telle opération en cours, on peut aller jusque-là ou pas, faire ça ou pas. On épluche les textes

9. Chef Opérations au COS au moment de l'interview.
10. Surnom du cœur opérationnel du CPCOS (Centre de planification et de conduite des opérations spéciales).

et les gens sont bien formés. À chaque opération, ils ont une liste de règles d'engagement et j'indique lesquelles je garde à mon niveau et celles que je peux déléguer à la personne sur le terrain. C'est extrêmement encadré et professionnel.

Capitaine de vaisseau Augustin : Nous présenter comme des « tueurs » est en plus dangereux car cela attire les psychopathes. Or s'il y a bien un endroit où il n'en faut pas, c'est chez nous !

Colonel Diego : Derrière ce terme de « tueurs de la République », il y a beaucoup de fantasmes en vérité. On nous confond, nous forces spéciales, avec ce que peut faire le Service Action, qui, de toute façon, agit selon le cadrage et les directives de nos plus hautes autorités politiques.

Général Éric Vidaud (GCOS) : Ce débat autour des « tueurs de la République » me révulse parce qu'il est outrancier. Notre objectif n'est pas de tuer. Il n'est pas de tuer ! J'ai rendu visite à l'hôpital militaire de Percy à bien des commandos qui ont été blessés justement parce que leur mission première était de capturer, ce qui les a amenés à prendre un maximum de risques. S'ils tuent, c'est toujours en légitime défense.

Colonel Lucas : La maîtrise du feu répond aussi souvent à un cadre de discrétion tactique. Par exemple, si le but de l'opération est de sauver les otages, il faut arriver au plus près d'eux sans être décelés. Si on élimine les gardiens un à un en approche, nous pouvons craindre que celui qui est au plus près des otages prenne peur et les élimine. Nous acceptons donc le risque élevé de ne pas ouvrir le feu tant que nous ne sommes pas au contact.

Médecin en chef Zac : J'ai toujours été frappé par la grande capacité des opérateurs à maîtriser le feu.

Dans des situations pas encore « catastrophiques », mais pas tout à fait à notre avantage, j'ai vu surgir des individus avec une force morale permettant finalement, par leur calme, d'emmener tout le reste du groupe avec eux. La peur et la panique sont extrêmement contagieuses. Je crois que le courage et la force morale le sont tout autant.

JCN : En 2017, la presse avait évoqué une chasse aux djihadistes français à Raqqa par les unités du COS ou via *ses partenaires irakiens : la confirmez-vous ?*

Général Éric Vidaud (GCOS) : Je démens ! Il n'y avait pas de ciblage spécifique des Français. Nous traquions les djihadistes. Point.

JCN : Pourquoi n'y a-t-il pas de bilan de l'attrition menée par les forces spéciales au Sahel ?

Général Grégoire de Saint-Quentin : Il se trouve englobé dans celui de l'opération Barkhane. Au Sahel, il y a deux forces : la force interarmées Barkhane pour le volet conventionnel et la task force Sabre pour les forces spéciales. Mais il n'y a qu'une seule opération, Barkhane, que commande le sous-chef Opérations de l'état-major des armées par délégation du CEMA. L'« opération Sabre » n'existe pas. Une fois encore, sur ce théâtre, forces spéciales et forces conventionnelles ne peuvent rien les unes sans les autres.

Colonel Cerbère : Quel est le but final des armées françaises au Sahel ? Créer les conditions permettant à des composantes, notamment étatiques, locales, de reprendre la main. Faut-il encore que celles-ci le fassent, c'est la question centrale aujourd'hui… Nos armées s'appuient en particulier sur les forces spéciales qui font du ciblage sur les centres de puissance ennemis, ses camps d'entraînement, ses chefs. C'est efficace, mais ça ne suffit pas pour résoudre l'équation régionale. Derrière, il faut tenir le terrain, d'où Barkhane. Derrière, il faut aussi former nos partenaires étrangers, d'où la task force Takuba, officiellement lancée en juillet 2020[11]. Tout cela est indispensable pour mailler le terrain, empêcher l'adversaire de l'utiliser, ramener du renseignement, et tout cela, nous sommes incapables de le faire, nous, COS. C'est bien la combinaison de toutes les forces qui permet d'atteindre les objectifs.

JCN : Comment qualifieriez-vous la situation actuelle au Sahel ?

Colonel Cerbère : Aujourd'hui, on atteint peut-être certaines limites, dans le sens où, nous Français, nous pouvons couper l'herbe du djihadisme, mais tant qu'on ne mettra pas en place une solution systémique, qui vienne de l'extérieur (développement, gouvernance), l'herbe repoussera…

Général Éric Vidaud (GCOS) : En attendant une solution politique, la menace évolue rapidement et s'étend. Les groupes armés terroristes ont tendance à descendre vers le sud du Mali en contournant le Burkina Faso. On s'aperçoit qu'il y a aussi des escarmouches à la frontière de la Côte d'Ivoire, au Nord-Ghana, au Nord-Bénin.

11. D'un effectif à terme de 300 personnes, elle est composée de forces spéciales françaises et européennes à raison de trois task groups de 60 personnes chacun (une moitié française, l'autre moitié estonienne, tchèque et suédoise). D'autres pays sont représentés au sein de l'état-major, de manière très comptée cependant. Takuba a pour mission de « conseiller, assister et accompagner au combat des unités conventionnelles de l'armée malienne dans la lutte contre les groupes armés terroristes ».

JCN : Diriez-vous que nous sommes dans une période semblable à celle qui a précédé Serval... ?

Général Éric Vidaud (GCOS) : Aujourd'hui – ça a été l'objet du sommet de Nouakchott[12] – nous sommes en train de permettre aux armées locales de défendre leur pays. C'est la « sahélisation » décidée au sommet de Pau, le 13 janvier 2020, puis l'internationalisation avec la mise en route de la task force Takuba pour laquelle cinq pays européens ont autorisé un déploiement de troupes et quatre autres sont inscrits dans le processus politico-militaire en cours. Nous accompagnons les forces africaines, en faisant de l'attrition, et puis, un jour, nous serons derrière elles. Mais cela reste des pays pauvres, avec de fortes tensions au sein de leurs populations. On parle de « groupes armés terroristes », mais ils ont basculé dans des combats interethniques... Toutefois, l'élimination de nombreux chefs terroristes les a fortement déstabilisés, on constate que la jeunesse n'est pas aussi bien formée et armée qu'auparavant. Par ailleurs, grâce à la prise de conscience de la communauté internationale, nous allons réussir à élever le niveau des armées locales pour qu'elles puissent s'opposer à la menace des groupes armés terroristes et nous pourrons toujours les appuyer avec nos moyens aériens. Donc, on peut être raisonnablement optimistes. Pendant encore au moins un an, nous resterons à leurs côtés, puis s'ouvrira une période de cinq ans où nous serons là, en appui... Sauf si, évidemment, survient depuis la Libye une descente des mercenaires syriens envoyés par les Turcs, avec des capacités de missiles sol-air, des JVN, du matériel bien plus sophistiqué qu'aujourd'hui. On passera alors à autre chose.

12. Réunion du G5-Sahel le 30 juin 2020.

Aujourd'hui, kalachnikov contre kalachnikov, l'affrontement est tenable.

JCN : Quels sont les objectifs à court et moyen termes ?

Général Éric Vidaud (GCOS) : À la suite du sommet de Pau, le président de la République a décidé de renforcer les capacités de Barkhane et de Sabre. Pour nous, au COS, c'est assez marginal : cela représente un groupe en plus et éventuellement un hélicoptère. Notre objectif est de maintenir les missions habituelles de Sabre et d'appuyer la montée en puissance de la task force Takuba dans le Liptako[13] où elle remplacera les forces conventionnelles de Barkhane, permettant à ces dernières de se réarticuler ailleurs au Mali.

JCN : Dans l'inconscient populaire, les forces spéciales sont des forces d'intervention de choc. En quoi sont-elles plus légitimes que des commandos du type GCP[14] pour former les armées sahéliennes ?

Lieutenant-colonel Gaspard : Tout dépend ce qu'on appelle « former ». Si c'est faire de l'entraînement initial, c'est vrai que beaucoup d'unités de l'armée française y sont parfaitement aptes. Si en revanche vous voulez accompagner des partenaires de manière décentralisée, souvent isolée, faire du conseil stratégique ou tactique, du renseignement, peut-être offrir des liaisons pour délivrer un appui aérien, là, seules les forces spéciales y ont été spécifiquement formées.

Général Éric Vidaud (GCOS) : Avec d'excellents résultats : lors de l'attaque de la plage de Grand-Bassam, le 13 mars 2016, les forces spéciales ivoiriennes que

13. Région à la frontière du Burkina, du Mali et du Niger.
14. Groupement des commandes parachutistes.

nous avions formées ont parfaitement réagi. De même les Kurdes contre Daech et, espérons, demain les Africains du G5 avec la sahélisation de Barkhane et la création de Takuba qui est symptomatique de la valeur stratégique d'un engagement de forces spéciales. Au Sahel, en dehors de la France, aucun pays ne voulait envoyer de forces conventionnelles. Mais la planification conjointe par douze commandements de forces spéciales européennes constitue un signal fort envoyé au monde puisque ces pays décident d'engager leurs meilleures troupes. C'est aussi un signal envoyé à leurs populations respectives, qui, en général, acceptent mieux les pertes dans les forces spéciales que dans les unités conventionnelles.

JCN : Vis-à-vis des populations locales, le message continue-t-il de passer ? Par exemple, n'y a-t-il pas un sentiment de lassitude au sein de la population burkinabè face à la présence pérennisée de Sabre ?

Général Éric Vidaud (GCOS) : En fait, certains Burkinabè propagent la rumeur selon laquelle nous transporterions des djihadistes d'un point à un autre du pays… C'est grotesque. Sabre aujourd'hui forme déjà les groupes d'opérations spéciales burkinabè et nous les appuyons lors de leurs interventions : nous avons mené à leur profit une vingtaine d'EVASAN[15] avec nos hélicoptères. Donc, Sabre est très utile au Burkina en assumant le *mentoring* de ses forces spéciales. Cependant, notre but n'est pas de prolonger indéfiniment la présence de Sabre. Dès que les forces locales seront prêtes à relever le flambeau de la lutte contre-terroriste, nous pourrons envisager un retrait.

15. Évacuations sanitaires.

Capitaine de vaisseau Bertrand : Une des qualités premières du COS est de pouvoir intégrer tout type de forces. Je vais parler de la dernière grosse opération que j'ai pu faire, en Irak, en 2014, au moment où le califat était en plein essor. Les Kurdes nous ont appelés au secours. Comme ils avaient réussi à verrouiller à peu près leur zone, le COS a envoyé une mission d'évaluation dont j'étais le chef. On a passé quinze jours sur place, au plus près de certains combats, à proximité de Mossoul. Cette capacité autonome d'appréciation de la situation est très précieuse.

JCN : D'autres forces spéciales étaient déjà présentes ?

Capitaine de vaisseau Bertrand : Les Américains, mais pas les Britanniques. Quand je suis revenu en France, j'ai fait un certain nombre de recommandations et imaginé des scénarios : « Voilà ce qui va probablement se passer. » Or c'est exactement ce qu'il s'est passé la semaine suivante… On est donc facilement montés en puissance, en s'appuyant sur les gens restés sur zone. Le 1er RPIMa s'est chargé du premier volet : la mise en place de mitrailleuses et de canons au profit des Kurdes, avec la formation adaptée derrière.

Général Éric Vidaud (GCOS) : Au Levant ou en Libye, on ne voulait pas que notre participation soit connue du grand public ou des médias. Elle s'est donc faite à faible empreinte et à très faible visibilité.

Capitaine de vaisseau Bertrand : Après, on a développé nos missions. Grâce à la formation dispensée par le 1er RPIMa, on a récupéré des Kurdes un grand nombre d'informations sur les terroristes, sur les combattants étrangers dont les francophones. Puis on a contribué à l'attrition directe en apportant aux Kurdes ce dont ils manquaient (tireur d'élite, liaison avec la chasse). Il se trouve par ailleurs qu'ayant passé plusieurs années aux États-Unis, je m'entendais très bien avec les Américains. J'ai envoyé un message au patron de la Delta Force qui est un très bon ami : « Je suis à Erbil. Si par hasard tu es dans le coin… » Il m'a répondu tout de suite : « J'y suis ! On se voit quand tu veux. » Notre coopération a démarré comme ça. Et elle a été excellente, car les Kurdes ne voulaient pas donner leur renseignement aux Américains. Donc, par exemple, lors d'un attentat à Erbil en 2015, nous Français, on a eu connaissance du nom du commanditaire, et ce sont les Américains qui l'ont éliminé par une frappe de drone. Nous avons aussi pu récupérer des preuves d'utilisation d'armes chimiques par Daech.

JCN : On s'éloigne beaucoup du cliché de forces spéciales ne menant que des actions offensives…

Capitaine de vaisseau Bertrand : Cette capacité d'adaptation, d'intégration, dépasse complètement l'image qu'il y a dans l'inconscient collectif.

Lieutenant-colonel Benjamin : Je pense que si on considérait l'ensemble de nos actions, on constaterait que nous nous livrons beaucoup plus souvent à des appréciations de terrain qu'à des actions coup de poing.

Lieutenant-colonel Gaspard : Ces actions, d'influence, de modelage de l'environnement comme on dit, ou de renseignement, ne sont pas plus faciles ou plus soft que les actions de CTLO ou de vive force. Quand vous menez un assaut, vous êtes bien sûr dans de la prise de risques, mais en même temps vous êtes dans la norme d'une opération planifiée et conduite avec des camarades. Vous êtes en groupe, armé, équipé, entraîné, vous êtes soutenu… Quand vous faites des actions d'influence ou de partenariat, vous êtes souvent isolé, dans des environnements compliqués. À Erbil, votre sécurité est à peu près assurée, mais pas dans le reste du territoire kurde. Il n'y a pas d'un côté des missions dures et de l'autre des plus faciles.

JCN : Mais de même que pour la formation, en quoi les forces spéciales seraient-elles plus légitimes dans ces domaines ?

Lieutenant-colonel Benjamin : D'abord, notre présence sur place diminue le risque d'être intoxiqué par un proxy. Ensuite, être force spéciale, ce n'est pas uniquement une aptitude à un certain type de combat, mais une capacité à évoluer en milieu très dégradé.

Lieutenant-colonel Gaspard : Les forces spéciales savent faire le lien entre un assaut et son contexte géopolitique, parce que quand on travaille avec des proxys, il faut connaître leur fiabilité, leurs intérêts propres – ils ne coopèrent pas pour nous faire plaisir ! –, leurs valeurs, les lignes rouges à ne pas franchir. Il y a une culture de partenariat qui est dans la culture FS.

Capitaine de vaisseau Augustin : Je me souviens d'un de nos officiers qui est arrivé parmi les premiers à Kidal fin janvier 2013. Les Affaires étrangères ont décidé qu'il lui était interdit de parler aux Touareg… Autant dire qu'il ne pouvait rien faire dans ce cas… On lui a expliqué que cela signifiait en fait qu'il ne lui fallait pas prendre de décisions impliquant la France, mais qu'évidemment il pouvait parler avec les Touareg et leur montrer qu'on n'allait pas faire la guerre contre eux.

Lieutenant-colonel Benjamin : Dans ces zones grises, on croise beaucoup de forces spéciales, mais ce sont toujours les mêmes nations. Nous sommes habitués à évoluer dans ces territoires parcourus par des terroristes, des mouvements plus politiques, des trafiquants d'armes, des mercenaires, etc. Et il y a aussi tout ce qui relève des champs immatériels, Internet et la presse. Notre engagement sur place ne donne pas toujours à la France une capacité d'action immédiate, mais c'est toujours une capacité d'évaluation.

JCN : Une capacité dont une fois encore des unités conventionnelles ne pourraient se prévaloir ?

Lieutenant-colonel Benjamin : On développe très jeune une aptitude à réfléchir et à travailler aux niveaux N+1, N+2, N+3… Sur le terrain, on peut n'être que capitaine, mais se retrouver à coordonner la première ligne des forces partenaires. C'était mon cas au lancement de Serval, je devais discuter avec des colonels maliens qui représentaient une force de plusieurs milliers d'hommes avec des chars, de l'artillerie, des hélicoptères… Il faut être crédible dans ces cas-là. À Bayonne, nous avons par exemple le stage « chef de cellule » qui dure six mois. Les caporaux-chefs ou sergents qui le suivent ont la trentaine ; ils pourront ensuite commander une cellule de plusieurs hommes agissant de manière autonome. On les désigne successivement pour jouer le rôle de l'adjudant, du lieutenant, voire du capitaine…

JCN : À votre connaissance, cela ne se fait pas dans les unités conventionnelles ?

Lieutenant-colonel Benjamin : À ce niveau-là, je pense que c'est assez spécifique aux FS. Ailleurs, c'est surtout à partir de l'École de guerre qu'on nous demande d'être capables de travailler aux niveaux du dessus. Par exemple, on est évalués sur la rédaction d'un ordre du niveau brigade. C'est exactement ce qu'on fait, nous au 1er RPIMa, mais en bas de l'échelle, avec des caporaux. C'est ce qui permet aux opérateurs, certes parce qu'ils sont d'abord capables de survivre dans ces environnements très dégradés, de livrer une appréciation fine et pondérée.

Major Mousse : Au Levant, on était à l'entrée d'une ville. Le chef kurde vient me voir et m'explique que, dans un quartier, une maison est occupée par ses hommes, à court de munitions, et que les terroristes sont juste à côté, prêts à leur faire un sort : « Qu'est-ce que vous pouvez faire pour nous ? » Je n'avais pas envie d'entrer dans la ville par manque de sécurité, mais j'avais un devoir de crédibilité à leur égard : eux, ils faisaient la guerre pour libérer leur pays… J'avais une équipe mortier avec un tube. J'ai demandé à mon adjudant s'il était capable de faire un tir ajusté. Il m'a dit oui. J'ai indiqué aux Kurdes : « Vous baissez la tête, et dès que le bombardement commence, vous vous exfiltrez. » Le premier coup est parti. Dans ma tête, je me suis dit : « Pourvu qu'il tombe bien… » Mais les deux premiers coups ont détruit la baraque occupée par Daech et je suis devenu « Mousse, le dieu du mortier » !

10

Haras

Cela fait vingt-neuf ans qu'un mariage à trois entre l'armée de terre, la marine et l'armée de l'air a été célébré sous l'égide du COS. Vingt-neuf ans d'un mariage pas forcément désiré par toutes les parties à l'origine, qui a connu de grands moments et des passages à vide. Qu'en est-il aujourd'hui : le temps a-t-il réussi à vaincre les particularismes et les petites habitudes de chacun ? Ou la recherche perpétuelle de l'excellence attise-t-elle encore les braises inévitables de l'orgueil ou de la jalousie ?

*

JCN : N'avez-vous pas eu peur, en créant le COS, de l'amalgame entre unités aux si fortes identités ?

Général Maurice Le Page : En mettant ensemble des pur-sang issus de haras différents, on savait bien qu'il y aurait des étincelles au démarrage. Il a fallu qu'ils se connaissent, qu'ils se respectent, qu'ils s'adaptent, d'abord au cours d'exercices et puis d'opérations réelles.

Capitaine de vaisseau Samuel : Il y a trente ans, on ne se connaissait pas. Donc on se concurrençait de manière brute. Il a fallu construire une culture forces spéciales.

Adjudant-chef Mazout : Au tout début, tout le monde se méfiait de tout le monde, c'était un peu la guerre des boutons, souvent alimentée par les chefs. C'était toujours à qui reviendrait l'honneur de faire les missions.

Capitaine de vaisseau Pedro : Avant l'existence du COS, c'était presque un coup de chance pour les commandos marine que l'on pense à nous pour une opération. Après sa création, petit à petit, notamment avec la Bosnie, on a commencé à être engagé. Mais on reproduisait dans les détachements la séparation entre les armées, c'est-à-dire qu'au sein de l'état-major, il y avait une cellule pour les marins, une pour les paras, etc. Le futur amiral Gillier y a mis un terme lors du tout premier mandat Arès en Afghanistan en établissant un état-major vraiment interarmées, avec mixage des unités au sein des bureaux. C'est ce qui se pratique depuis.

Général Thibault : Lorsque nous, 13e RDP, sommes arrivés au COS, tous les groupes action se regardaient en chiens de faïence. Nous, nous étions hors compétition, neutres, en quelque sorte. On peut agir avant, pendant, après l'action, mais en général plutôt à côté et on peut travailler avec tout le monde. Donc, là-dessus, on était d'emblée plus en cohésion…

Colonel Michel : La mission des opérateurs du 1er RPIMa nécessite souvent d'être capable d'une extrême concentration, d'un grand courage sur une action d'une brève durée et dans laquelle il va falloir faire preuve de réflexes exceptionnels. L'équipier du 13, lui, est là pour essayer de trouver l'information qui va changer le cours de la guerre. Où est l'ennemi ? À quelle heure fait-il ses rondes ? Pour ça, il faut beaucoup de patience et de rusticité. Ce sont des morphotypes différents.

Capitaine de vaisseau Samuel : Nous commandos marine, nous avons des rapports d'amitié, des similitudes et des différences avec tous. Avec le 1er RPIMa, on a en commun la culture du raid et de l'assaut, de la libération d'otages, du combat, de l'action coup de poing. Donc, on retrouve un peu les mêmes morphotypes et modes opératoires, des groupes de dix combattants qui vont à l'assaut. La différence majeure avec eux réside dans notre culture de marin. Le marin aime être en mer, longtemps naviguer, la rusticité. On le cultive. C'est là notre point commun avec le 13, l'endurance, la discrétion, le long cours du renseignement et finalement le rapport à l'élément. Au 13, c'est le trou au fin fond de la forêt de Poméranie orientale, nous, c'est le raid nautique qui dure des heures.

JCN : Comment la participation des commandos marine à des opérations à terre est-elle perçue par le reste des unités du COS ?

Capitaine de vaisseau Samuel : Partout où il y a des hommes, il y a de l'hommerie. L'homme est traversé de sentiments, il veut satisfaire ses désirs, il est jaloux. Donc oui, il y a pu y avoir des critiques de la part du 1er RPIMa : nous, on ne va pas en mer, alors pourquoi eux viennent-ils à terre ? Ce débat ne perdure plus vraiment car nous avons tous en tête que le COS n'existe que parce qu'il est interarmées.

Capitaine de vaisseau Bertrand : Le combat, qu'il soit sur le littoral ou à terre, cela reste du combat. Les autres grandes nations font pareil. Dans les grottes de Tora Bora en Afghanistan, pour traquer Ben Laden, les

Britanniques ont engagé des SBS[1] et les Américains des *Seals*.

JCN : Quand vous êtes entré dans les commandos marine, saviez-vous déjà que vous alliez tant opérer à terre ?

Capitaine de vaisseau Samuel : Je le savais car c'est l'histoire des commandos : Kieffer en 1944, les commandos en Indochine et en Algérie, les SBS aux Malouines. Il y a le corsaire qui part à l'assaut pour prendre le contrôle du bateau et il y a le corsaire dans le désert.

JCN : Quel est le pourcentage actuel des opérations menées à terre pour les bérets verts ?

Capitaine de vaisseau Samuel : Ça doit être 50-50.

JCN : Comment se passe l'amalgame sur le terrain entre unités d'armées différentes ?

Lieutenant-colonel Benjamin : Comme dans toutes les forces spéciales du monde, il y a cet attachement à son unité qui fait qu'on veut montrer qu'on est le meilleur. Et c'est toujours plus facile d'opérer avec sa propre unité, avec ses propres groupes que l'on côtoie au quotidien. Cependant, la réalité des opérations est différente ; on fait avec la ressource que la nation est capable de mettre à notre disposition, surtout quand les opérations en consomment beaucoup. Pour ma part, ce qui m'a toujours aidé pour répartir les missions, et pour atteindre la performance optimale, c'est de me rappeler à qui j'ai affaire. Dans quel milieu le groupe que je vais engager a-t-il baigné ? On ne passe pas tous le même temps à

1. Special Boat Service, équivalent des bérets verts français.

travailler les mêmes savoir-faire. Si c'est un savoir-faire terrestre, de combat au sol, et que j'ai un groupe dont les gens viennent de l'armée de terre, ont grandi chez les paras, avec l'expérience de l'Afghanistan, assez naturellement je vais lui donner cette mission. S'il y a le besoin d'un savoir-faire en lien avec la 3D, comme un appui feu très compliqué, nous avons des guideurs aériens dans tous les groupes, mais si celui du CPA-10 est là, ce sera pour lui.

Adjudant Bonie : Le créneau du CPA-10, ce sont les opérations spéciales bleu ciel, celles qui intègrent la 3D. C'est par exemple l'Air Land Integration, la capacité à intégrer l'arme aérienne dans la manœuvre spéciale qui est aujourd'hui indispensable pour conserver la supériorité sur l'ennemi. Les procédures ont énormément évolué depuis l'Afghanistan où l'on a réappris à employer l'arme aérienne en appui direct d'opérations dans des conditions particulièrement sensibles (imbrication, terrain accidenté…). Donc, le CPA-10 apporte au commandement la compréhension de la force aérienne, mais aussi des éléments plus concrets, telle l'expertise de la structure d'une piste – lors des premières semaines de Serval, cela fut capital pour permettre aux forces spéciales de reprendre Gao et Tessalit dans un temps record.

JCN : Peut-on dire que les groupes des trois armées sont interchangeables ?

Adjudant-chef Mazout : Une symbiose s'est créée, on travaille tous dans la même direction pour arriver au même résultat. Ceci dit, on ne peut pas demander au 1er RPIMa ce que fait le 13e RDP, de même que nous, nous ne pouvons faire ce que fait le CPA-10.

Colonel Diego : Je vais dire les choses de manière un peu caricaturale : au début du COS, les forces spéciales composaient une sorte de coupe de fruits dont, assez vite, on a voulu faire une compote – tout le monde devait faire la même chose. Car quand on crée une task force Arès ou Sabre, à un moment donné, les unités des forces spéciales terre, dont c'est le cœur de métier, ne suffisent pas, elles ont donc besoin de renfort. Mais tout le monde ne peut pas faire la même chose, c'est impossible.

Lieutenant-colonel Benjamin : C'est certain, nous ne sommes pas interchangeables. Si c'était le cas, cela voudrait dire que l'on a atteint une telle polyvalence qu'on n'est plus capables des performances maximales dans des situations complexes. Moi, terrien, je suis capable d'arriver en hélicoptère sur un bateau. Je peux ensuite progresser sur ce milieu confiné, je peux faire plein de choses. Mais à la fin, si jamais je suis en situation de commandement, je mettrai pour cette opération celui qui a passé le plus de temps dans le milieu nautique. C'est pareil pour une opération à terre.

Général Éric Vidaud (GCOS) : La patrouille profonde dans le désert, c'est davantage l'apanage des terriens. Le raid nautique, c'est les marins. Et la capacité d'appui sol-air, d'accueil d'aéronefs sur des zones non spécifiques, c'est le CPA-10. Donc, il y a des domaines de compétences, mais il y a aussi un socle commun qui permet ce brassage. Et c'est bien par ce brassage que l'on a réussi à progresser et à apprendre l'un de l'autre.

Capitaine de vaisseau Samuel : Pour les savoir-faire qui touchent à l'action en mer, nous ne sommes pas interchangeables avec le 1er RPIMa. À terre, je pense que le 1er a une prééminence sur ce milieu, notamment pour ses capacités de mobilité terrestre, l'action profonde.

Mais pour la phase de combat à pied, les savoir-faire se ressemblent.

Capitaine de vaisseau Philippe : Le combat dans le désert, sur certains fondamentaux, c'est à peu de choses près le combat en mer. On ne maîtrise pas les espaces, on ne tient pas les lignes, on ne fait que passer, l'ennemi est dilué, des civils neutres sont présents. Même techniquement, il s'est avéré en Afghanistan que nos pistolets Glock, qui sont étanches, s'avéraient meilleurs en raison d'une espèce de poussière désertique qui s'infiltrait partout.

Capitaine de vaisseau Pedro : La diversité fait la richesse du COS et la marine y contribue largement par ses moyens, son état d'esprit, sa culture. Par exemple, notre participation à l'action de l'État en mer relève en fait d'opérations de police. Ce sont parfois des actions pointues, du haut du spectre, où l'utilisation de la violence est très cadrée. Le tir sera sélectif, précis, dans l'épaule ou la jambe, pour préserver la vie humaine. Ce qu'on met en avant comme procédures, comme discipline de feu dans ces opérations-là, est bénéfique pour l'ensemble des opérations spéciales où l'emploi des armes doit être maîtrisé.

JCN : En matière de contre-terrorisme et libération d'otages par exemple, vous diriez que les commandos marine et le 1er RPIMa peuvent être engagés de la même manière ?

Capitaine de vaisseau Pedro : Les techniques sont un peu différentes. Les commandos marine, et notamment Hubert, ont des relations assez privilégiées avec le GIGN depuis longtemps, avant même l'assaut de la grotte d'Ouvéa. Nous avons des formations communes autour de méthodes qui ne se retrouvent pas tout à fait dans l'armée de terre (1er RPIMa), qui, elle, penche davantage vers les SAS et SBS britanniques. Ce n'est pas mieux, c'est différent, et donc parfois complémentaire.

JCN : En quoi consistent concrètement ces différences ?

Capitaine de vaisseau Pedro : Des tas de petits détails. Cela concerne par exemple l'approche et le traitement d'une menace. Tant qu'ils ne sont pas décelés, les commandos marine vont privilégier l'action discrète et arriver en colonne : si le premier tombe, le deuxième prend sa place, puis le troisième, etc. C'est un petit train, où chacun a son rôle. Au 1er RPIMa, ils progresseront plutôt en ligne de front. Leur avantage est alors une puissance de feu supérieure, avec en contrepartie une discrétion un peu moindre.

JCN : Avec la montée en puissance du COS, il n'y a pas eu la tentation d'homogénéiser ces procédures... ?

Capitaine de vaisseau Pedro : C'est très compliqué. Car elles sont adaptées à nos milieux d'action privilégiés. Nous, commandos marine, on ne peut arriver de front sur un bateau : ce sont des coursives, c'est étroit, on passe par des petits trous d'homme. Et on considère que ce modèle est applicable à des habitations. Mais on s'inspire aussi de ce que font les autres. Au Mali, par exemple, les commandos marine n'ont pas que leur 9 mm sur eux et, dans le désert, ils ne progressent pas en colonne...

Colonel Diego : Exemple des fragilités et des difficultés qu'on peut toujours rencontrer : dans un même avion, des chuteurs des trois armées peuvent se retrouver avec des équipements différents, ou les mêmes mais pas avec les mêmes conditions d'emploi.

JCN : Ce n'est pas préjudiciable ?

Colonel Diego : Non, car cela a été pris en compte en amont. Mais cela peut compliquer la préparation opérationnelle.

Capitaine de vaisseau Bertrand : Chacun apporte ses compétences, son fonctionnement, ses manières d'aborder les problèmes. Les marins vont choisir tel type de drone, l'armée de terre tel autre. C'est une émulation qui permet de progresser en s'enrichissant.

Colonel Ludovic : Moi, officier du 1er RPIMa, je n'ai jamais éprouvé de difficultés à commander des marins. Leur niveau pouvait varier, mais ce n'était pas dû au fait qu'ils venaient de la marine. Au démarrage de Serval par exemple, j'ai eu une escouade de marins qui s'est couverte de gloire. C'est au chef à savoir tirer le meilleur parti des uns et des autres.

Capitaine de vaisseau Bertrand : Si on voulait aller un peu plus loin, on pourrait imaginer un modèle à la britannique où la sélection est la même pour les SAS et les SBS, chacun recevant ensuite une formation propre. Mais fusionner les unités elles-mêmes serait changer un système qui ne fonctionne pas si mal. Les traditions, l'histoire d'une unité, c'est important pour les hommes. Cela participe de la cohésion. Après, au contact des autres, il faut dépasser les petites guerres de chapelle qui n'apportent rien. Au lieu de se focaliser sur ce que les autres feraient de moins bien, il faut voir ce qu'ils font mieux.

JCN : Quand on regarde la composition de Sabre à Ouagadougou, on se rend compte toutefois que les effectifs ne sont pas si mélangés que cela...

Colonel Diego : Au sein de la task force, les marins et le CPA-10, au regard des volumes mis en place par les forces spéciales terre, sont minoritaires. Le noyau des capacités de renseignement et d'action est fourni par les forces spéciales de l'armée de terre parce que, par-delà la tentation légitime de vouloir partager le gâteau en trois parts égales, les trois armées n'ont pas du tout les mêmes volumes.

Général Éric Vidaud (GCOS) : Aujourd'hui à Sabre, il y a un task group terrien et un task group qui est mixte marin-aviateur. Et par exemple, dans la nuit du 9 au 10 mai 2019, les deux ont été engagés pour la libération des otages au Burkina. Il fallait aller vite, procéder par des modes d'action particuliers, on a pris tous ceux qui étaient capables de le faire, qu'ils soient terriens ou marins. Au sol, il se trouve que le groupe de terriens est tombé sur les otages et les a libérés en douceur, et que le groupe de marins, dans son cheminement, est tombé sur les preneurs d'otages au prix de deux tués[2]. C'est la fatalité qui est en cause, pas l'origine des opérateurs.

2. Les premiers maîtres Cédric de Pierrepont et Alain Bertoncello.

11

Préparation

Parce que les forces spéciales agissent le plus souvent en petit nombre, loin de leur base, il est un ennemi qu'elles doivent affronter avant même d'avoir mis le pied dans l'hélicoptère : l'imprévu. Dans leurs conditions d'engagement, toute lacune, tout manquement, toute erreur peut en effet prendre de graves proportions mettant leurs vies, voire la position de la France en jeu. Chaque action, qui ne durera peut-être jamais que quelques minutes, appelle donc des heures, des jours, parfois des semaines de préparation. Le temps pour les opérateurs de se poser bien des questions…

*

JCN : Vous arrive-t-il avant une opération de vous poser des questions sur votre engagement dans les forces spéciales ?

Capitaine de vaisseau Philippe : Au repos, quand vous êtes seul, vous avez ce questionnement sur pourquoi vous êtes là, ce que vous faites, le sens de l'action qu'on vous demande et le poids de cette forme de légitimité qui vous offre une violence d'État à manier avec justesse et précision… On retourne alors à ce qu'on est, et il y a une forme d'introspection, parce que cette posture et ces responsabilités renvoient à des questions plus profondes, à ce à quoi vous croyez, à ce qui est important pour vous dans la vie… Le roi est nu dans sa chambre, il s'interroge donc sur les premières choses qui l'habillent avant d'aller voir les hommes qui attendent le « vert action ».

JCN : Que met-on dans la balance ?

Capitaine de vaisseau Philippe : D'un côté, on met tout : ce qu'on est intrinsèquement, ce qui vous a construit, votre expérience professionnelle, votre feeling du moment, cet art du commandement, du combat, appelons ça comme on veut, qui correspond à vingt-cinq ans d'expérience. Et de l'autre côté, on met la manière dont on vous présente l'opération à mener. On fait la balance des risques entre ce qu'on va ordonner et l'intérêt de la mission : suis-je sûr de vouloir risquer la vie de mes opérateurs pour ça ? On fait le tour de la question, on rajoute quelques éléments un peu abrasifs – le brouillard de la guerre, l'incertitude, la surprise – et puis, eh bien, on y va !

Colonel Diego : Évidemment, vous êtes toujours réveillé à 2 heures du matin par quelqu'un qui vous montre une situation et qui vous dit : « Qu'est-ce qu'on fait ? » C'est le job ! Le réflexe est souvent de se dire qu'il y a peut-être un bon coup à jouer. Mais comme cela ne doit pas être la roulette russe, on essaie d'acquérir auparavant quelques certitudes supplémentaires.

Lieutenant-colonel Benjamin : On apprend à vivre avec cette tension-là, cette possibilité de départ permanent, de tasking latent, partir n'importe quand, même si on est crevés, qu'on a le dos bloqué… Moi, en tant que chef de détachement, ce qui me mettait le plus la pression, c'était qu'à tout moment je pouvais avoir ce coup de fil, sans savoir ce qu'on allait me demander. Ensuite, il y a ce décalage entre celui qui a des informations et celui qui ne les a pas, celui qui est au sol et celui qui est au PC. Il faut faire coïncider la réalité avec les ordres, cela doit être une obsession.

Capitaine de vaisseau Augustin : Une fois, j'ai refusé d'obéir à un ordre parce que j'estimais que c'était trop dangereux pour ce qu'on allait en tirer. Cela m'a été reproché puisque c'était un ordre du CEMA et que le GCOS a dû aller dire qu'il y avait une tête dure sur le terrain qui ne voulait pas y aller… Mais tout s'est apaisé après que j'ai pu tout expliquer au GCOS, au calme, avec cartes et dessins…

Capitaine de vaisseau Bertrand : Il est arrivé de refuser des opérations parce qu'à la question de leur utilité, je n'ai pas obtenu de réponse satisfaisante. On va me dire que j'ai refusé d'aller au combat : non, j'ai refusé de voir des gens prendre des risques pour rien.

JCN : Cela n'a pas porté à conséquence ?

Capitaine de vaisseau Bertrand : En Afghanistan, le fait d'être commando marine, donc issu de la marine nationale, me donnait, face à un chef issu de l'armée de terre, une liberté de ton supérieure à certains de mes camarades puisque je ne figurais pas complètement dans la chaîne de notation… Et nous contribuions aussi largement à sa manœuvre.

JCN : Lorsqu'on refuse une mission, on ne met donc pas sa carrière en péril... ?

Capitaine de vaisseau Augustin : Pas du tout ! Quand je l'ai fait, je me suis dit que c'était ma responsabilité :

eux, ils étaient à Paris, moi j'étais sur le terrain. Je venais de rater trois opérations de suite du même style, heureusement sans pertes, mais où on s'était fait détecter. J'ai expliqué que je perdrais des hommes alors qu'on aurait un meilleur renseignement avec les drones. C'était mon rôle d'officier. S'il faut dire oui à tout, autant mettre des sous-officiers partout !

Colonel Diego : Une fois, on m'a réveillé au milieu de la nuit, j'étais crevé. On était à une semaine de quitter le théâtre. On avait de beaux succès dans la poche. J'ai dit qu'on ne prendrait pas la mission. Et je suis reparti me coucher. Mais l'obstination est indispensable dans ce genre d'opération. Un opérateur qui suivait la situation sur un écran s'est dit : « Oui… Mais non. Il faut à nouveau solliciter le patron parce que je pense qu'il y a quelque chose qui n'est pas normal. » Donc, une heure après, on m'a réveillé à nouveau, je suis revenu au PC et j'ai réuni quelques hommes autour de moi. Je crois beaucoup à la discussion en petit comité, avec quelques vieux sages. Cela m'a permis de consolider mon appréciation et puis, à un moment, il a fallu arrêter de tergiverser : « On y va ou pas ? » J'ai pris le parti de dire : « On engage tout », soit trois hélicoptères, avec une prise de risques puisque je savais que les appareils n'auraient pas assez d'autonomie pour revenir. Cela signifie que trois hélicoptères de dernière génération devaient se poser au milieu de nulle part, chaque machine valant plus de 30 millions d'euros… On n'a eu qu'un gros quart d'heure pour prévoir le plot de ravitaillement nécessaire à plus de 300 kilomètres. Autant dire qu'on n'était pas hyper sereins !

Major Mousse : Dans l'armée conventionnelle, quand il y a une opération à faire, quelques officiers réfléchissent et donnent des ordres à 200. Nous, c'est différent. On nous donne une mission et on l'étudie.

Colonel Diego : Pendant cette phase, on va écouter tout le monde y compris le petit jeune qui vient d'arriver. Il aura peut-être la bonne idée, il verra peut-être le truc qui ne va pas bien ou qui sera intéressant. C'est interactif, comme des brainstormings en petit groupe.

Général Éric Vidaud (GCOS) : La hiérarchie est moins formalisée, mais du coup elle permet de faire éclore des idées. Un chef dictatorial a toujours raison et empêche les autres de parler. Chez nous, avant chaque action, cet instant de partage permet de comprendre l'esprit de la mission, d'en savoir les limites, de faire naître des idées pour le mode d'action et ensuite de décider.

Major Mousse : On soumet au chef plusieurs façons d'opérer – on parle de MA, « mode d'action ». C'est lui qui décide laquelle sera employée. Une fois sa décision prise, on ne discute plus et on se prépare au combat.

Lieutenant-colonel Benjamin : À chaque niveau, il y a des gens prudents, tendance « allons-y demain, attendons les renforts » et il y en a d'autres qui seraient plutôt « c'est bon, il ne manque rien, je suis à 100 %, on y va ». Au milieu, le chef arbitre : un coup, c'est le prudent qui a raison, un coup c'est l'autre. C'est très marqué dans un groupe : la plupart du temps, on sait dans un tour de table qui va dire oui ou non. Et c'est au chef de soupeser qui, pour ce coup-ci, a raison ou tort. C'est très dur car non seulement il faut aller vite, mais le plus souvent c'est du 50/50 : « Ce soir, faire ça c'est impossible, mais si on ne le fait pas, les risques seront supérieurs encore. » Chaque assaut est dans cette configuration-là pour les unités de choc.

JCN : Il n'y a jamais de confort ?

Lieutenant-colonel Benjamin : Non, très rarement. Cela met une pression terrible, surtout si on ne rentre pas tous. Ça crée alors un précédent : le lendemain, malgré tout, on repart, mais il en manque un…

JCN : Pour justifier un refus, pouvez-vous avancer la fatigue ?

Lieutenant-colonel Gildas : Une de nos forces est que nous savons travailler en équipe jusqu'aux limites, tout en sachant où celles-ci se trouvent. Chacun doit savoir où il en est personnellement et être capable de dire : « Là, je risque de remettre la mission en cause parce que je suis fatigué, je n'y crois plus, etc. » Ça, c'est de l'honnêteté et du professionnalisme. Après, si l'ordre tombe malgré tout, il faut tout faire pour remplir la mission.

Colonel Diego : Il faut une confiance énorme entre le chef sur le terrain et ses supérieurs. Cela se construit dans la durée, pendant un ou plusieurs mandats, voire avant.

Colonel Cerbère : Mon travail de chef Opérations au COS est de bien synchroniser ce qu'on décide à Paris et ce que la task force fait. Il ne faut pas de décalage de points de vue. Et j'ai pour cela à disposition quatre ordinateurs, soit quatre réseaux, et sept téléphones ! Je suis en permanence à leur contact, tous les jours.

Lieutenant-colonel Benjamin : La constante des opérations, c'est que chaque niveau a sa vision, tactique, opératif, stratégique. À la fin, toutes les visions doivent être synchronisées pour que la mission soit réaliste et faisable. C'est la difficulté majeure pour le chef sur le terrain, son dilemme. Mais en réalité, l'équipe n'est jamais à 100 %, il y a toujours un blessé, un malade, un matériel majeur qui vient de casser, un appui aérien défaillant… Quand la mission tombe, si le chef sent qu'il ne faut pas y aller, il doit le faire remonter. Moi-même, je l'ai fait régulièrement. Ensuite, c'est au niveau au-dessus d'apprécier l'urgence. C'est à lui de prendre la décision. Ce qui est alors compliqué, c'est si on ne se comprend pas. Cela arrive. C'est même la fonction du chef : comment faire pour que ça marche malgré les contraintes qui n'ont pas été prises en compte ? Le « non » sans arguments, c'est le joker qu'on garde en dernier recours. En général, la discussion est plutôt du genre :

« Je n'ai plus de batterie radio, j'ai consommé la moitié de mes munitions et j'ai un mec perfusé.

– Ouais, mais alors, là, il faut absolument que tu fasses ça…

– *A priori*, je ne suis pas capable et de ce que je sens de la situation, il ne faut pas y aller ce soir.

– Oui, mais ce que tu ne sais pas c'est qu'il y a ça…

– O.K., bon, j'ai compris, il y a un impératif stratégique ce soir, on ne peut pas laisser les djihadistes aller plus loin. »

À ce moment-là, le chef sur le terrain réfléchit à comment faire quand même : « Pour faire ça, dans cette situation-là, je ne vais peut-être pas faire un assaut vertical de force, je vais poser plus loin, je vais essayer une manœuvre moins frontale. » En fait, on s'adapte en permanence.

Major Sam : Jusqu'en 2013 par exemple, il n'y avait jamais eu d'infiltration sous voile en opération alors qu'on s'y entraînait depuis 1998. Les groupes spécialisés en saut opérationnel à grande ou très grande hauteur étaient employés en véhicule, en hélico, à pied, mais jamais en saut. Il avait même été envisagé de supprimer ce mode d'action. Je m'étais donc fixé comme contrat d'en obtenir la première mise en œuvre en opération.

JCN : Quel avantage procure-t-il ?

Major Sam : L'audace et la discrétion parce que c'est quasi impossible de détecter un chuteur opérationnel alors qu'une approche en hélicoptère l'est plus. La discrétion amène l'ascendant et l'ascendant amène la victoire à 99 %. C'est une garantie de réussite. En plus, la technique d'infiltration sous voile, que ce soit à très grande hauteur ou non, est typiquement française.

JCN : Pourquoi cela ne s'était-il encore jamais fait ?

Major Sam : On proposait, mais les chefs estimaient qu'aucune situation ne s'y prêtait.

JCN : Même en Afghanistan ?

Major Sam : Il y a eu des opportunités, mais la situation du terrain était complexe, les moyens matériels pas au niveau actuel. La première fois, ce furent donc le CPA-10 et le 1er RPIMa à Tombouctou, en février 2013. Puis nous sommes allés neutraliser un chef djihadiste, et enfin nous avons arrêté Le Guen[1] grâce à ce mode opératoire. Depuis, cela s'est démocratisé. À chaque mandat de Sabre à Ouagadougou, les équipes font un ou deux sauts à grande ou très grande hauteur.

JCN : Sur quels critères se base-t-on pour décider du lancement d'une opération ?

Lieutenant-colonel Benjamin : Pour toute opération, il faut avant tout accepter de se dire qu'on ne sera jamais

1. Gilles Le Guen, un djihadiste français qui s'était rendu célèbre à la fin de l'année 2012 par sa propagande sur Internet. Il a été arrêté le 28 avril 2013.

vraiment prêts. En formation, on nous apprend à changer de mode d'action en cours de route, en innovant. L'imprévu, ça se travaille en réalité.

Adjudant Bonie : Nous Français, nous sommes culturellement très bons dans la conduite des opérations. Je me souviens que les Américains nous admiraient en Afghanistan pour cela. En revanche, l'aspect « planification » est moins ancré dans notre ADN alors qu'il est indispensable. Mais depuis l'Afghanistan, nous nous sommes approprié certaines procédures des Américains. Aujourd'hui, la planification et la préparation de mission, qui font partie intégrante de la mission, sont formalisées. On n'ira pas au fin fond du Mali avec des hélicoptères sans un process de validation, validé au niveau du GCOS, *a minima*.

Colonel Cerbère : Dans la préparation, on essaie de réduire au maximum la phase du chaos, c'est-à-dire, en fait, ces dernières secondes où les commandos entrent dans la maison et récupèrent l'otage… Il faut tout prévoir : la QRF[2], les groupes action, le service médical en soutien…

Lieutenant-colonel Benjamin : C'est la théorie du cygne noir. Le cygne noir, c'est un événement que l'on ne peut expliquer qu'*a posteriori*, rare, et avec des conséquences extrêmes, disons stratégiques. On y est d'autant plus sensibles si l'on reproduit des schémas rigides sur une réalité mouvante. Par exemple, si je prends l'habitude de recourir à un assaut héliporté vertical, je m'expose tôt ou tard à perdre un hélicoptère, ses passagers, peut-être aussi les opérateurs déjà au sol ou des otages. Notre obsession est de recourir à des

2. Quick Reaction Force – force qui vient à la rescousse d'unités en péril.

modes d'action auxquels l'ennemi ne s'attend pas. Le plus risqué, c'est parfois de ne pas prendre de risques. Un soir donc, plutôt que d'héliporter un grand nombre d'hommes, je vais en infiltrer une poignée en chute.

Capitaine de vaisseau Bertrand : Il n'y a pas de manuel pour une opération spéciale. C'est du sur-mesure. À chaque fois, on taille le format du détachement en fonction de ce que l'on a à faire.

Colonel Diego : Au 1er RPIMa, le groupe évolue en général à 10, les marins plutôt à 12. En fonction de la situation, de la capacité d'emport dans les véhicules, on réduit à 8, 7 ou 6.

JCN : Cela veut-il dire que des compétences sont partagées au sein du groupe ?

Colonel Diego : On s'assure qu'il y a toujours au moins l'auxiliaire sanitaire, le radio, puis les qualifications indispensables à l'engagement en question (tireur d'élite, patrouille motorisée...). Après, tout dépend de ce qu'on demande à ce groupe et dans quel contexte on va l'engager.

JCN : Le radio et l'auxiliaire médical, ce sont les deux pièces incontournables ?

Colonel Diego : Il y a toujours un radio. Pas de transmission, pas d'opération. Je ne parle pas des moyens radio internes, mais de cette aptitude à communiquer, à transmettre et à recevoir de l'information, souvent par des moyens satellitaires, en liaison avec le commandement ou éventuellement directement avec la métropole – c'est rare, mais ça peut arriver. Pour le personnel médical, dans la plupart des opérations avec risque de contact, il y a un médecin. C'est pour ça qu'on a des médecins et des infirmiers aptes à suivre les groupes action dans tous les milieux, quelles que soient les techniques de mise en place. Au 1er RPIMa, on a des médecins chuteurs opérationnels à très grande hauteur ; pour la partie maritime, j'imagine qu'il y a des médecins nageurs de combat. Ce sont des toubibs retaillés, comme on dit…

JCN : Ces personnels médicaux suivent les mêmes entraînements que les commandos ?

Colonel Diego : J'ai le souvenir de médecins faisant le stage de formation CTLO, très pointu, et qui passaient donc de nombreuses semaines, tous les jours, à rentrer dans des pièces et à tirer sur des cibles. Sur le plan psychologique, ça requiert un petit déclic…

Médecin en chef Zac : On fait en sorte que les équipes médicales soient intimement liées aux unités projetées afin que la phase parfois un peu longue où il faut établir la confiance entre les unes et les autres soit la plus réduite possible. Le soutien médical des opérations spéciales est un élément essentiel. La formation tactique, la formation médicale et l'entraînement des équipes médicales lui permettent d'être ce qu'il est aujourd'hui.

JCN : Quel est l'effectif médical mobilisable par le COS en opération ?

Médecin en chef Zac : Une vingtaine de médecins, une quarantaine d'infirmiers et autant d'auxiliaires sanitaires. Vu l'intensité de l'engagement actuel du COS, ils ont un gros rythme opérationnel. Si je prends mon exemple : une opération par an pendant mes années au 13e RDP. Pour ce qui est du matériel médical courant, les équipes sont dotées comme n'importe quel poste de secours déployé dans les forces conventionnelles. On réfléchit cependant en permanence à des adaptations : quel matériel ou concept développer qui permettrait que l'opération soit soutenue du mieux possible ? C'est un défi, car les opérations spéciales se déroulent dans un cadre espace-temps parfois en contradiction avec les règles de survie d'un blessé de guerre… Si on veut la garantir, il faut des moyens lourds dès le début de sa prise en charge et que le chirurgien soit en capacité d'opérer dans un délai extrêmement contraint. Or l'espace-temps de ces opérations n'est souvent pas celui-là : nous sommes souvent éloignés de nos bases par exemple.

JCN : Comment arbitre-t-on entre efficacité de l'opération et sécurité de la santé des opérateurs ?

Médecin en chef Zac : C'est un sujet passionnant. L'autorité militaire, en l'occurrence le GCOS, juge opportun de faire ou non une opération sur une multitude de critères. Le soutien médical en est un. À l'évidence, il cristallise parfois l'attention. Il revient au GCOS de décider s'il assume une opération avec un concept de soutien médical dégradé. C'est un dialogue permanent avec lui car il y a un partage de responsabilités.

JCN : Avec le Service de santé des armées ?

Médecin en chef Zac : Oui. C'est inscrit au Code de la défense, c'est ce qu'on appelle l'autorité technique. Comment fait-on alors ? On commence par analyser les risques d'une opération : on sait qu'on n'est pas dans les normes, mais est-ce qu'on prend beaucoup de risques à les dépasser ? En fonction de la cotation de ce risque, on plaque le soutien médical adéquat. Si on est sur des opérations extrêmement risquées, pour lesquelles on est quasiment certains de l'ouverture du feu, et que le risque de survenue de blessure chez un opérateur est loin d'être nul, ou que la sensibilité politique de l'opération pourrait faire que la blessure d'un commando ou d'un otage serait nocive à la réussite finale, on va avoir tendance à mettre sur pied un concept de soutien permettant de réaliser le geste chirurgical dans le délai le plus court. À l'inverse, pour des opérations où l'on estime que le risque de survenue est faible ou qu'on pourra assumer ce risque-là, on va étudier, en toute responsabilité, des concepts de soutien plus légers.

JCN : Qui décide de ce volet-là des opérations ?

Médecin en chef Zac : Cela part des équipes médicales sur le terrain, c'est décortiqué ici, au COS, et ça se traite entre le GCOS, ou le chef Opérations et moi-même[3].

JCN : L'OTAN norme précisément la distance et le temps devant séparer la première ligne et les moyens de secours. Les opérations spéciales bénéficient-elles de normes plus lâches ?

Médecin en chef Zac : Aucunement. Quelles sont les normes de soutien pour qu'on puisse garantir la survie d'un blessé ? Dans les dix premières minutes, il faut que son camarade de combat ait fait des gestes de sauvetage essentiels – c'est un pilier majeur de la prise en charge du blessé de guerre. Par la suite,

3. Le médecin en chef Zac est le conseiller santé du commandement des opérations spéciales.

une équipe médicale doit, en une heure, avoir réalisé les gestes de réanimation pré-hospitalière et être en mesure de les poursuivre durant l'évacuation. Et en deux heures, le chirurgien et le réanimateur doivent avoir fait ce qu'on appelle aujourd'hui le « Damage Control Surgery » ou chirurgie vitale. Ça, ce sont les normes. Mais si on les regarde à la lumière du cadre espace-temps, du niveau de risque des opérations et de leur sensibilité, les choses changent. En effet, respecter ces normes sans prendre en compte le reste pourrait les alourdir considérablement. Le tout est donc de trouver l'équilibre entre ce qui est du domaine de l'absolument nécessaire et ce qui est du domaine du « on estime que cette opération circonscrite dans le temps ne représente pas un risque majeur et qu'on peut alléger son soutien ». Et à la fin, on dit que le soutien est conforme aux règles, qu'il est acceptable, ou qu'il est dégradé. Et le GCOS l'assume ou pas…

JCN : À votre connaissance, les forces spéciales américaines sont dans la même configuration ?

Médecin en chef Zac : Non, car elles n'ont pas les mêmes concepts de soutien ni les mêmes capacités logistiques. Mais je pense que le système français n'a pas à les jalouser. Il offre beaucoup de liberté de manœuvre et la souplesse à l'autorité militaire. Quand le GCOS dit : « On y va », il assume un risque. Et il en assume tous les jours et moi, dans mon domaine, aussi.

JCN : Quelle est la concrétisation sur le terrain de la volonté de contenir les risques sur le plan médical ?

Médecin en chef Zac : La guerre fera toujours des morts. Malgré tout, on réfléchit en permanence à de nouveaux dispositifs qui n'alourdiront pas une opération. Depuis l'Afghanistan, chaque opérateur est formé à des gestes de base comme l'installation d'un garrot ou de pansements. Au sein de chaque groupe, un ou deux ont également suivi des stages pour des gestes plus techniques qui permettront d'attendre l'intervention d'une équipe médicale. Je l'ai vécu moi-même. Lors d'un accrochage qui s'est déroulé à 50 mètres de moi, un opérateur radio a sauvé son chef de groupe qui venait d'être blessé en mettant très rapidement son garrot en place. S'il ne l'avait pas fait, comme je ne pouvais intervenir, son chef y serait passé. Il y aussi le « Module de chirurgie vitale » : de toutes petites structures chirurgicales, 4 ou 5 personnes, avec une très faible empreinte logistique (quelques mètres cubes), faciles à déployer. Reste à déterminer où… Cela peut être à une centaine de kilomètres d'une zone d'action ; c'est parfois suffisant. Dans un tout autre domaine, on a mis en place depuis 2010 un système de communication adapté à la télémédecine qui permet de répondre à 99 % des sollicitations des petits détachements dispatchés aux quatre coins de la planète sans que l'on ait pu y intégrer de médecin. Par vidéo, y compris depuis le COS, ici, à Balard, nous pouvons discuter avec eux et un auxiliaire médical, spécialement formé, peut leur administrer les médicaments que je prescris. Et si c'est trop grave, si cela sort de la médecine générale, soit on peut demander son avis à distance à un spécialiste, soit en planification on a déjà prévu qu'un avion puisse les récupérer en un temps donné. Le plus important est que les opérateurs, sélectionnés pour leur sang-froid et leur courage, aient l'assurance qu'à tout moment ils peuvent être en contact avec un médecin.

JCN : La question médicale peut-elle être un point bloquant dans le déclenchement d'une mission ?

Médecin en chef Zac : Il ne le faut pas. Le dialogue doit permettre de trouver une solution acceptable. Mais il est certain que, pour les opérations du haut du spectre, c'est toujours sensible car les pertes humaines peuvent transformer une réussite tactique en un échec stratégique.

JCN : Cela donne-t-il un pouvoir de blocage aux médecins ?

Médecin en chef Zac : Non. Ce ne sont pas les médecins qui décident. Le Service de santé est là pour mettre en œuvre une chaîne de soutien qui permette de garantir la survie d'un blessé. Il est là aussi pour s'adapter aux opérations. Un panel de possibilités s'offre à lui pour faire du sur-mesure. Outre la télémédecine et la chirurgie vitale, il y a par exemple la transfusion sanguine. On ne s'en rend pas compte, mais apporter du sang au plus près du soldat est un défi logistique inimaginable : il faut que la poche soit conservée à bonne température, avec une certaine durée de vie… Or des études récentes prouvent le bénéfice d'une transfusion sanguine précoce par rapport à ce qui se pratiquait habituellement, plus en arrière. Donc, nous nous sommes dotés de glacières permettant de conserver le sang pendant plusieurs dizaines d'heures. On n'imaginait pas cela il y a cinq ans. Et c'est un gros *game changer* dans la survie d'un blessé. Nous réfléchissons aussi à quel produit sanguin utiliser. Il y a quinze ans a été développé le plasma frais cryo-desséché, très facile à déployer et à utiliser sur le terrain. Le Service de santé des armées est capable de générer une banque de sang, qu'il faut approvisionner depuis la France tous les vingt-huit jours, ce qui est très lourd logistiquement. La réflexion actuelle se porte également sur l'utilisation du sang total[4]. Ce sont chaque fois des défis techniques, logistiques, humains.

4. À la différence des concentrés de globules rouges habituellement utilisés en transfusion sanguine, le sang total regroupe l'ensemble des éléments constituant le sang.

12

Mission

Une ligne sur le bandeau défilant d'une chaîne d'information continue. C'est en général ce à quoi se résume la recension d'une opération des forces spéciales, qui n'y voient pas forcément à redire. Seuls un drame, comme la mort d'opérateurs, ou l'élimination d'un ennemi notoire font s'arrêter quelques jours le train des JT. L'occasion alors pour tous de s'interroger sur ce que ces missions demandent à ceux qui les mènent à bien…

*

JCN : Après que tous les paramètres d'une opération ont été étudiés, comment le groupe se prépare-t-il à passer à l'action ?

Colonel Diego : Quand tout est à peu près figé, on répète. Cela peut aller jusqu'à la construction d'un bâtiment à l'identique si on en a le temps. J'ai eu le cas dans les Balkans. Comme on avait les plans de la maison où on devait capturer un criminel de guerre, on avait reconstitué l'étage qui nous intéressait, dans une piscine olympique désaffectée. Et donc, avant même d'investir les lieux, on avait évolué dedans mentalement. Mais d'autres fois, on a trente minutes pour décoller parce qu'il faut tomber sur l'adversaire qui est à 800 kilomètres de là et arriver avant son réveil à 4 heures du matin. Le dernier briefing se déroule alors moteur tournant !

Lieutenant-colonel Benjamin : Lorsque l'opération tombe « top down », le chef peut exceptionnellement l'accepter parce qu'il a cette confiance en ses subordonnés, parce qu'il y a eu tout le travail préalable, la formation, les entraînements.

Colonel Diego : À partir du moment où on donne les ordres, derrière, ça déroule sans se poser de questions. Les hommes savent que cela peut taper durement ou ne rien donner. Ce n'est pas de l'obéissance aveugle, c'est de l'obéissance reposant sur de la confiance car ils savent que le commandement a pesé l'intérêt d'y aller.

Colonel Ludovic : Si on ne comprend pas la mission, mais que la décision est prise, il n'y a plus qu'à appliquer. Nous sommes des militaires. Un militaire est obéissant et discipliné. Quand le chef dit qu'il faut y aller, même si on a peur, notre sacrifice sera peut-être plus utile que la sauvegarde de notre vie.

Lieutenant-colonel Gaspard : Dans les forces spéciales, il n'y a pas simplement la solidité dans le groupe – qui est assez naturelle pour un groupe soudé montant à l'assaut après un long vécu commun –, il y a aussi la solidité dans la relation hiérarchique. C'est-à-dire que, les anciens formant les jeunes, celui qui donne l'ordre connaît celui qui va l'exécuter, celui qui va planifier la mission connaît celui qui va la conduire.

Lieutenant-colonel Benjamin : À Bayonne, le stage chef de cellule est un moment de partage très fort entre celui qui le dirige et les sous-officiers qui seront les cadres de demain. Nombre d'opérations ont été réussies parce que le chef connaissait ses subordonnés de longue date. On sait rien qu'à la tonalité de sa voix à la radio dans quel état il se trouve.

Lieutenant-colonel Gaspard : Cette filiation donne pas mal de confiance et de solidité ; il n'y a pas l'anonymat d'une action ordonnée par quelqu'un qu'on ne connaît pas et qui est un facteur de stress. Cette dynamique de « cooptation », de formation et de transmission de savoirs forme une colonne vertébrale. Il y a ainsi de la solidité horizontale, au sein du groupe, et de la solidité verticale, faite de la confiance entre les chefs et les subordonnés.

JCN : Quelle est la part d'improvisation dans le déroulement d'une mission ?

Lieutenant-colonel Benjamin : Quand j'étais en exercice, avant d'être déployé, je me disais toujours : le jour J, ce sera très différent. Et finalement, non. Par exemple, pour 50 % de nos opérations au Mali, on a mis en œuvre presque l'ensemble des modes d'action qu'on préparait encore un mois avant le déclenchement de Serval – pas spécifiquement pour le Mali, dans des zones imaginaires qui s'y prêtaient. Dans mon ordinateur, j'avais je ne sais combien de modes d'action qu'on disait innovants à cette époque-là et qu'on nous a demandés un mois après ! Jusqu'alors, on se disait qu'ils ne se joueraient pas, que les politiques n'assumeraient pas la prise de risques correspondante. Donc, quand en janvier 2013 on nous a dit : « Il faut aller loin derrière le dispositif ennemi, en faisant à la fois de la libération d'otages, de la saisie de points clés et de l'attrition », on y était prêts. Ensuite, il y a, je dirais, 30 % de culture régimentaire. Par exemple, au début du Mali, nous nous sommes infiltrés en véhicule très profondément derrière le dispositif djihadiste[1]. Nous trouvions cela osé, très loin des appuis aériens. Je me suis dit alors : « Bon, que faisaient les SAS en Afrique pendant la Seconde Guerre mondiale ? » Dans ces moments-là, on se rappelle aussi la salle d'honneur du régiment. On se dit qu'il y a des gens qui ont fait ces choses-là et donc que ce n'est pas si impossible que ça, qu'on va le faire. 50 % + 30 %, cela fait 80 % d'opérations sur lesquelles on avait plus ou moins réfléchi. Il reste les 20 % d'impondérables, liés au contexte.

Major Mousse : Le meilleur plan de bataille peut voler en éclats au premier coup de feu. C'est là que la préparation et l'étude des cas non conformes qu'on a réalisées avant de partir sont importantes : « Si ça ça ne marche pas, qu'est-ce qu'on fait ? » Si nous faisons face à une situation totalement imprévue, alors nous improvisons, en sachant que la mission doit être menée à bien, que le chrono tourne, et puis que le drone qui nous appuie, et qui nous donne le renseignement vital, arrive en limite de potentiel… Parfois, vous vous foutez le feu au cerveau !

Adjudant Bonie : Les Français ont une capacité assez naturelle d'adaptation. Vous pouvez mettre des groupes américains du même niveau dans les mêmes cas non conformes, ils auront plus de mal à se réadapter.

Major Sam : La part d'improvisation cependant reste très faible. En général, on déroule. Parce que souvent, dans nos opérations, on a l'ascendant, la surprise. En

1. Le lieutenant-colonel Benjamin commandait le détachement de forces spéciales qui assaillit et prit Gao le 26 janvier 2013 après un raid motorisé de plusieurs centaines de kilomètres depuis l'aéroport de Sévaré.

fait, c'est comme si on déroulait notre plan d'attaque et qu'en face ils n'étaient que spectateurs.

Colonel Diego : Très peu de choses sont dites à la radio par exemple car tout est mémorisé. C'est comme le champion de ski qui, avant de s'élancer, répète dans sa tête ses virages à gauche, à droite, toute sa trajectoire en descente. On connaît à la fois sa propre gestuelle et le positionnement des autres. Tout cela évite de parler et tout se fait de manière fluide.

JCN : Maintenant que les forces spéciales ont été popularisées, l'ennemi ne s'est-il pas adapté à leurs modes d'action ?

Colonel Diego : Restent très confidentielles les procédures d'insertion, d'infiltration, comment amener un certain nombre d'individus, parfois par des chemins et des moyens différents – terre, air, mer, fleuve –, de manière coordonnée jusqu'à l'objectif. Après, effectivement, quand on arrive face au bâtiment, on passe par la porte ou par le mur, on aboutit devant une pièce, et il va bien falloir entrer dedans…

Major Sam : On ne commence à improviser que lorsque l'ennemi devient acteur, c'est-à-dire quand on rencontre un problème dans le déroulement. Mais c'est toujours une part infime et c'est extrêmement rapide parce que les opérateurs s'adaptent. Et le chef de stick qui est derrière s'adapte encore plus vite car il a déjà anticipé.

JCN : Le concept central d'une action spéciale est d'infliger un choc à l'adversaire.

Major Sam : Oui. La personne en face est complètement déstabilisée.

Général Grégoire de Saint-Quentin : Le cœur de l'effet majeur des forces spéciales est basé sur la surprise qui repose sur la capacité de petites équipes à s'infiltrer, à passer en dessous des radars et, tout à coup, à surgir, en créant un rapport de force qui nous est favorable de manière temporaire, à mener à bien la mission, et à re-disparaître instantanément avant qu'un système conventionnel ne nous rattrape.

Colonel Diego : Si le but est d'aller neutraliser quelqu'un, de récupérer des otages ou des prisonniers, il faut rester le moins de temps possible sur zone. Car passé le premier choc, l'adversaire se reconfigure, ses renforts peuvent arriver. La contrepartie de la discrétion et des faibles effectifs généralement engagés sur une opération est la vulnérabilité : les forces spéciales ne peuvent pas tenir dans la durée. Le timing est souvent essentiel parce que, la plupart du temps, on opère avec des moyens aériens, qui nous amènent, qui nous récupèrent ou nous appuient, or ils ont ce que l'on appelle un *play time*, c'est-à-dire une durée de vol maximale sur zone. Le timing d'une opération spéciale tient du château de cartes. Le moindre cas non conforme peut le faire s'effondrer. C'est pour cela que l'on privilégiera la simplicité dans le montage d'une opération.

Lieutenant-colonel Gildas : En fait, il s'agit pour nous d'avoir une supériorité tactique, technologique, de commandement, de force et de renseignement, juste à un endroit précis, pendant un court moment qui peut aller de quinze minutes à quelques jours. C'est tout. Après, nous ne l'avons plus parce que nous ne sommes pas assez nombreux alors que dans les unités conventionnelles, ils avancent et doivent tenir le terrain pendant des mois, voire des années. Ce ne sont pas les mêmes objectifs, et donc pas la même organisation. Le COS, c'est vraiment « faire autrement » et « sur mesure ».

JCN : Et pas forcément « faire mieux »...

Lieutenant-colonel Gildas : Non. Le COS est à la fois un tournevis cruciforme et un couteau suisse. Pour résoudre tous les problèmes sécuritaires, la France dispose d'une boîte à outils avec l'armée, les services, etc. Quand on a affaire à une vis cruciforme, on peut essayer avec un autre tournevis, mais avec un cruciforme, on est sûrs que ça marchera très bien. En revanche, le COS n'est pas un marteau…

Général Grégoire de Saint-Quentin : Plus que d'être un couteau suisse, je dirais que l'avantage d'un détachement de forces spéciales, c'est sa capacité à se désilhouetter, à rester discret, et puis cette flexibilité d'emploi et de projection.

Lieutenant-colonel Gaspard : Quand je suis entré au COS comme réserviste, j'avais l'image d'une organisation commando efficace et complète, capable de monter des opérations ponctuelles et audacieuses – il n'y avait pas encore Sabre. J'ai découvert progressivement que l'action du COS, c'est bien plus que des gens au pied de l'hélicoptère ou de l'avion en l'attente du signal pour aller libérer des otages. C'est un long travail, minutieux, avec de la planification et de la doctrine. Derrière une action coup de poing, il y a toute une architecture.

Général Éric Vidaud (GCOS) : Pour que le commando puisse aller neutraliser ou capturer un djihadiste, il faut derrière une machine capable de l'emmener dans le nord du Mali, à des milliers de kilomètres de la base principale, au bon moment, pour taper la bonne cible et récupérer le matériel qui s'y trouve. C'est cette structure qui nous différencie des GCP ou des GCM[2] et qu'on ne voit jamais dans les films : des capacités de renseignement, des plots de ravitaillement en carburant, des modules chirurgicaux vitaux…

Lieutenant-colonel Gildas : Sur le théâtre d'opérations, le chef du commando du GCP qui est largué en Afrique ne sera relié par radio qu'à son chef. Le chef tactique du COS, quant à lui, pourra, dans des cas très rares, avoir une liaison quasi directe avec le président de la République, mais sinon, de manière usuelle, avec l'état-major du COS à Balard, et donc avec la DRM, la DGSE, avec des forces spéciales étrangères aussi. Il pourra demander un appui de chasseurs qui au besoin décolleront alors de France ou d'une base plus proche, avec un armement spécifique, déterminé avec le COS. Il disposera si nécessaire de bateaux, d'engins sous-marins, d'hélicoptères spécifiques, de spécialistes du désert, du grand froid et de la jungle…

Adjudant Bonie : Des opérations telles que celles qui sont menées aujourd'hui au Sahel, il n'y a que quatre ou cinq pays capables de les faire dans le monde. On est sur le très haut du spectre FS. Ça vient de la valeur du combattant, mais aussi du système autour. Et c'est arrivé à maturation grâce à tous les engagements précédents, l'intégration de nouveaux moyens. Des pays avec lesquels on a des relations de coopération comme l'Australie nous disent régulièrement : « Ce que vous avez fait ce jour-là, chapeau ! » Il y aura toujours des soldats pour faire le commando de base – c'est d'ailleurs ce qui m'a fait entrer dans l'armée, cela attire les jeunes –, mais il y a en plus au COS tout ce qui concerne la traque, le travail interservices, la fusion du renseignement, etc.

2. Groupement de commandos de montagne.

JCN : Quelle est votre marge de manœuvre en opération ? Par exemple, lors de la ruée vers Gao, vous avez laissé des djihadistes sur vos arrières. Est-ce le commandement qui vous l'a demandé ou vous qui avez réussi à l'en convaincre ?

Lieutenant-colonel Benjamin : Sur ce genre de décision, je pense qu'il faut une proposition bien amenée du terrain, parce que la perception de l'opposition, ce sont les gens en première ligne qui l'ont… Au Mali, on a mené la réflexion en interne. On n'était pas d'accord au début. Mais comme c'était une décision très importante et que la mission n'était pas « time sensitive », on a pris le temps de discuter. On a consenti une prise de risques. Mais effectivement, durant ces premiers mois, il y a eu une désinhibition dans l'emploi des modes d'action. On se demandait souvent jusqu'où on allait nous imposer d'aller, avec quels moyens, quel rapport de force… On sentait que tous les choix étaient possibles. C'était un défi.

JCN : Autant pour vous que pour vos supérieurs…

Lieutenant-colonel Benjamin : Tout cela n'a été possible que parce que la chaîne de responsables maîtrisait l'ensemble du spectre des opérations. Plus on monte dans la hiérarchie, plus il faut capitaliser sur ce qu'on a vécu jeune sur le terrain afin d'être capable de détecter à distance les signaux faibles et sentir si une opération pourra se faire ou non. Finalement, j'ai de l'admiration pour toute la chaîne de commandement durant les trois premiers mois de Serval.

Major Sam : En fait, les cadres qui nous ont formés avaient beaucoup moins l'expérience du feu que nous désormais après l'Afghanistan et le Mali…

Lieutenant-colonel Benjamin : Ceux qui ont décidé lors de Serval n'avaient pas vécu ce que nous faisions. C'est encore plus fort. Mais d'où aussi l'importance capitale de la connaissance que nous avons des uns et des autres grâce à la taille réduite de nos effectifs. Le chef ne doit pas mettre son subordonné dans une position où il ne peut répondre que oui ou non. Il faut plutôt qu'il lui donne un effet à obtenir – comme ce fut mon cas avec le chef de Sabre au Mali ; il ne m'a jamais dit : « Tu vas faire ça, à telle heure, avec tel volume de forces », mais : « Dans x jours, il faut qu'on contrôle tel endroit, en coordination avec tels partenaires et l'action des forces françaises. » Après il me laissait travailler mon sujet. Ça, je pense que c'est un schéma qui doit se reproduire à tous les niveaux.

Major Mousse : Lors de ma dernière mission, nous avons subi un gros, gros coup sur le bord de l'Euphrate. Moi, j'étais chef de mission et le chef de groupe était un lieutenant. Cela faisait deux ans qu'il était au régiment, c'était notre deuxième mission ensemble. J'étais à la radio, 100 mètres derrière, en appui de nos partenaires qui combattaient les terroristes. À un moment, le lieutenant nous dit : « Je reçois des coups dans le dos. » Je lui ai demandé s'il était en mesure de décrocher en sécurité, et comme il m'a dit oui, je lui ai dit : « Décroche, c'est un ordre. » Il ne m'a pas répondu : « Oui, mais, non, c'est moi le supérieur hiérarchique… » Il a décroché pour être à un endroit où, même si les éclats d'obus tombaient sur sa voiture, il était en mesure de mieux réfléchir…

Colonel Cerbère : Comme les unités des forces spéciales sont petites, la cohésion est très forte. Il y a une confiance dans le système, dans les chefs, dans les pilotes d'hélicoptères. Tous les équipages du 4e RHFS connaissent le nom de la plupart des commandos des groupes action.

Lieutenant-colonel Gildas : Pendant la guerre du Golfe, on s'était rendus compte que juxtaposer des marins, des paras et des aviateurs qui n'avaient jamais travaillé ensemble était improductif. Il fallait donc les mettre dans un même creuset, avec les mêmes procédures. L'exemple clé, c'est la 3e dimension. Au quotidien, aviateurs, marins et terriens des forces spéciales travaillent sur ce sujet ensemble, ils se connaissent personnellement. Cela permet d'aller beaucoup plus loin. Quand le pilote de Transall dit : « Je ne peux pas vous larguer, ce n'est pas possible parce que... », on lui fait confiance. Et quand les commandos disent : « Si on ne saute pas là, on ne pourra pas remplir notre mission », le pilote cherche une autre solution plutôt que de rentrer à la base. Ça, c'est impensable dans les unités conventionnelles. Car les gens ne se connaissent pas, ils changent très souvent d'interlocuteurs. Les forces spéciales constituent un système intégré (avec le commandement, le renseignement, l'action, les partenariats), capable de travailler aux limites car tous se connaissent. Au-delà d'entraînements très poussés, ils partagent des expériences opérationnelles communes souvent intenses et parfois extraordinaires. L'esprit d'équipe y est très fort.

Général Éric Vidaud (GCOS) : Ce fut d'ailleurs l'origine du COS américain, l'opération Eagle Claw de récupération des otages américains en Iran, qui fut un fiasco[3], en particulier parce que leurs forces spéciales terre ne parlaient pas à leurs forces spéciales air.

3. Les 24 et 25 avril 1980. Huit hommes y trouvèrent la mort.

Lieutenant-colonel Benjamin : En mission, il nous arrive de dormir avec les équipages. Donc, quand ils surgissent dans notre zone d'opération, on peut s'identifier rien qu'à la voix. Quand un Tigre arrive alors que vous êtes en situation délicate, que le pilote vous reconnaît et utilise votre pseudo plutôt que l'indicatif fonctionnel pour vous dire qu'il va vous sortir de là, ça vous met du baume au cœur !

Colonel Cerbère : Il y a une confiance absolue, qui permet aux commandos de savoir que si l'hélico ne peut pas venir les récupérer, c'est d'une part qu'il y a une excellente raison et d'autre part qu'un plan B sera appliqué. Il y en a toujours un de prévu. Quand un équipage va chercher un commando sous le feu, une amitié pour la vie se crée. C'est un aspect essentiel du système d'hommes que forme le COS avec les forces spéciales.

JCN : Mais a contrario, *cette confiance, cette amitié pour les hommes au sol ne peut-elle pousser les pilotes à prendre des risques inconsidérés ?*

Colonel Cerbère : L'appréciation et la gestion du risque font partie de la formation. On demande aux pilotes d'avoir l'appréciation la plus juste. Car si on perd l'hélico, on perd tout… L'armée de terre a accepté qu'un de ses quatre régiments d'hélicoptères soit dédié aux forces spéciales. Une cinquantaine d'appareils mettent en œuvre l'aérocombat. Pas une opération ne se fait sans eux[4]. Dans la demi-sphère où ils évoluent, ils permettent d'aller plus vite, de renseigner, de débusquer l'ennemi invisible au sol, de le traiter. Au Mali, le Tigre est le vecteur d'attrition le plus important, pour les forces

4. « Nulle part sans nous » est la devise du 4e RHFS.

spéciales comme conventionnelles. C'est la machine qui, combinée aux autres, permet à notre outil de combat en vol et au sol d'opérer avec un rapport de force moins favorable.

JCN : Certaines des techniques employées par les hélicoptères datent du Groupe interarmées hélicoptères que vous aviez rejoint au début de votre carrière.

Colonel Cerbère : Oui. On en était au début des affaires de terrorisme, on devait pouvoir protéger les centrales nucléaires, les centres vitaux, intervenir lors de prises d'otages de masse. Il fallait de l'hélicoptère stratégique, à Paris, pour intervenir très rapidement – nous étions à quatre minutes de vol de la tour Eiffel. Avec le GIGN, on a mis en œuvre des techniques de forces spéciales : aérocordage, transport particulier, tout un volet de missions extrêmement intéressantes, liées à la protection de sanctuaires du territoire national, d'actions contre le grand banditisme. Par exemple, l'interception d'un véhicule en mouvement grâce à un tireur embarqué à bord d'un hélicoptère, que l'on utilise fréquemment au Sahel, est née là, avec le GIGN.

JCN : Cette fraternité d'armes se retrouve avec les équipages de l'escadron Poitou...

Colonel Jules : De 2007 à 2009, la piraterie dans l'océan Indien nous a bien occupés. Il y eut les prises d'otages du *Ponant*, du *Carré d'as* et du *Tanit*. À chaque fois, je suis à Orléans et on m'annonce que je dois décoller en urgence. Je pars de chez moi à 23 heures sans pouvoir dire ni où je vais ni quand je reviendrai. On commence par aller chercher les commandos marine à Hyères, direction la base arrière de Djibouti. Sur place, on décharge l'avion, pas très frais, pas rasés, pas lavés, et on se prépare pour la suite des opérations : larguer les commandos discrètement, très loin, très bas, au plus près de la zone d'action… On revient à Djibouti après plusieurs heures de vol et on nous demande d'y retourner pour récupérer un agent d'un autre service. On l'équipe et on repart le larguer dans les mêmes conditions ! Retour à la base, on dort enfin un peu, mais dès le lever, on doit aller se mettre en stand-by sur l'île de Socotra… Je regarde sur une carte et j'apprends qu'elle appartient au Yémen. Une équipe du CPA-10 – nos frères d'armée ! – embarque pour assurer la sécurité sur place, les transmissions et un éventuel marquage de piste. Là-bas, on attend… longtemps. À la tombée de la nuit, la radio commence à grésiller : « C'est pour dans une heure, deux hélicos arrivent, espacés d'un quart d'heure. Dans le premier, la famille des otages, dans l'autre les terros. » Moi : « Comment ça, les terros ? » On me dit : « Tu charges tout le monde et tu les ramènes à Djibouti. » Moi : « Je vais ramener dans la même soute otages et preneurs d'otages ? » On installe rapidement tendeurs et couvertures pour faire une sorte de sas à l'arrière, on charge tout le monde et retour à Djibouti. Deux jours plus tard, on nous informe que nous devons ramener les commandos marine et les trois terroristes à Lorient pour 6 heures pétantes !

JCN : Ce fut toutefois au Mali, en 2013, que le Poitou fit étalage de toutes ses capacités…

Colonel Jules : Le Mali restera l'apothéose de mon commandement pour deux raisons. La première est qu'il n'y eut aucune perte pour l'unité. La seconde est que ce fut l'aboutissement d'années d'entraînement avec l'emploi de la quasi-totalité de l'escadron : mécaniciens, navigateurs, pilotes, renseignement… C'était le début d'année 2013, j'étais à Paris en déplacement et j'ai reçu un appel de l'état-major pour préparer l'envoi d'un ou deux appareils à Ouagadougou, suite à la descente de rebelles vers la capitale malienne. Je suis rentré à Orléans pour préparer mon paquetage. En moins de quelques heures, un C-130 et un C-160 partirent pour Ouaga. Le commandant de la task force[5] nous briefa sur les missions : « Reprendre les différents terrains du pays : Mopti, Gao, Kidal et Tessalit au nord. » Rien que cela !

JCN : Quelles furent pour vous les opérations les plus réussies ?

Colonel Jules : À Gao fut conduite une opération aéro-terrestre avec appui de la chasse et de drones. Un C-130 ISR[6] resta en « mission commander » pendant pas moins de quatorze heures pour coordonner la manœuvre des chasseurs et des hélicoptères, les posers d'assaut des C-130 et C-160, sur une piste de moins de 900 mètres, bloquée par des chars ! La dernière opération, à Tessalit, déploya, elle, les principales capacités FS air avec un aérolargage à haute altitude de plusieurs équipes de chuteurs ops, dont une du CPA-10 pour la création d'une piste et le « marquage spé[7] », puis des posers d'assaut espacés de quelques minutes et l'infiltration de véhicules FS, le tout encore sous la surveillance d'un C-130 ISR. Des merveilles de manœuvres très osées, mais très calculées aussi !

5. Le colonel Ludovic.
6. C'est-à-dire un C-130 sur lequel furent installés de multiples capteurs pour le renseignement.
7. Marquage d'une piste pour l'atterrissage d'aéronefs du COS.

JCN : S'adapter, repousser les limites, toujours se remettre en cause, c'est la patte des forces spéciales.

Colonel Michel : En Bosnie, le 13e RDP participait à la recherche des criminels de guerre. Quand vous cherchez Monsieur un tel, vous mettez une pastille sous la voiture de son fils, un boîtier téléphonique chez sa femme, vous allez faire une cache en face de la maison de son enfant, vous parlez à des sources, etc. Quand vous voulez vous renseigner sur des gens qui se réunissent dans un bois, vous n'allez pas y aller en véhicule militaire. Vous apprenez que le laitier y passe tous les jours, et vous montez dans sa voiture… En Bosnie, j'ai pu ainsi passer onze jours dans une cache…

JCN : Onze jours enterré ?

Colonel Michel : Oui. C'était la période où l'OTAN avait pris la relève de l'ONU. On devait s'assurer que les accords de Dayton étaient respectés. On avait eu des informations selon lesquelles des armes étaient cachées dans une usine en zone montagneuse. On s'est approchés en hélico, puis en marchant sur le versant d'en face, à 2 kilomètres à vol d'oiseau. On s'est mis dans une cache et heureusement, car des chasseurs patrouillaient régulièrement. Il neigeait, on a commencé à observer l'usine. Au bout d'un moment, on connaissait toutes les plaques d'immatriculation des véhicules, l'horaire des ouvriers, etc. Mon capitaine s'était arrangé pour que les militaires britanniques qui tenaient la zone interceptent précisément telle voiture à un barrage. On a eu les papiers du conducteur, donc on savait où il habitait. On a envoyé un sous-officier boire des coups au bar du village en question, il a fait copain-copain avec l'individu, qui l'a invité à visiter l'usine, donc on savait exactement à quoi ressemblait l'intérieur. Une nuit, on a vu les camions arriver à une heure inhabituelle. On a compris qu'ils apportaient quelque chose. Le lendemain, les Anglais ont déclenché une fouille et découvert une montagne d'armements. Et la nuit d'après, nous, on est sortis de notre cache, et on s'est fait récupérer par un capitaine anglais. J'ai une belle photo où on est tous barbus, sales, devant l'armement ainsi récupéré !

JCN : Je suppose qu'au Sahel, ce genre de méthode est plus difficile à appliquer...

Colonel Michel : Le savoir-faire classique du 13, c'est aller se cacher dans le paysage face à nos cibles. C'est évidemment très compliqué à faire au Sahel… Mais on a appris à utiliser les capacités techniques, drones, renseignement électromagnétique, réseaux sociaux, capteurs abandonnés… Le Sahel est un théâtre qui présente une surface numérique peu dense, mais il y a du bruit, des réseaux sociaux qu'on peut écouter…

Général Éric Vidaud (GCOS) : On peut mener une opération spéciale sans tirer un coup de feu. J'étais ainsi en Bosnie avec une équipe du 1er RPIMa pour vérifier le respect des accords de Dayton. J'avais l'équivalent de deux brigades serbes à gérer, parmi les plus déterminées. Pendant de longues heures, j'allais donc discuter avec le chef de la première pour me faire accepter par le clan. Un jour, le colonel me lance un défi : « Si vous me battez au tir, je retire ma division » ! J'ai accepté. Trois jours plus tard, un de ses hommes entre, un spécialiste en tir : « Ce sera lui, mon tireur. Acceptez-vous toujours le défi ? » Je dis oui. On sort dans le jardin, le Serbe rate la bouteille alors que moi je la touche. Je lui propose de recommencer : cette fois, il vise juste. Je dis : « Match nul ! » Il n'y avait pas eu d'humiliation et trois jours après, la division s'était repliée. Pour la deuxième brigade, ce fut une autre approche. Son chef me dit : « Moi, ma mère est dans un hôpital à Sarajevo, je ne partirai jamais sans elle. » Alors je lui ai répondu : « Si je vous ramène votre mère, vous quitterez la zone ? » Il me dit oui. La femme en question était amnésique. On l'a retrouvée, je l'ai ramenée à son fils et la brigade est partie à son tour…

JCN : La singularité des opérations spéciales se retrouve aussi dans leur chaîne de commandement.

Colonel Michel : Quand vous présentez une opération spéciale à des autorités politiques, vous dites : voilà l'objectif, les risques que vous prenez, la chronologie sera la suivante et vous pourrez dire non jusqu'à tel moment. Ce sera le point de non-retour. Au-delà, l'opération ne sera plus arrêtable. La chaîne de décision doit donc être extrêmement courte afin que le rouge action puisse être donné jusqu'au dernier moment.

Major Mousse : Dans une opération, on a eu un rouge qui venait du chef de l'État alors qu'on était à trois minutes de faire sauter la porte !

JCN : Comment réagit-on alors que le stress, je suppose, est à son paroxysme ?

Major Mousse : Vous râlez parce que vous n'avez pas dormi, vous avez pris l'hélico, vous avez sauté, vous avez marché pendant des heures, vous êtes fatigués, et on vous dit « non » ? Mais la frustration fait partie du métier.

Général Éric Vidaud (GCOS) : De mon expérience des opérations, les seules fois où il y a intervention politique sont liées à des prises d'otages. Le CEMA présente la manœuvre au président, qui est capable de dire « go » ou « no go » jusqu'au dernier moment, c'est sa prérogative. Sinon, je n'ai jamais noté d'interventionnisme du fait de cette courte chaîne de commandement.

JCN : Le chef de l'état-major particulier (CEMP) du président de la République n'appelle plus directement les troupes au sol comme cela a pu arriver dans un temps pas si éloigné... ?

Général Éric Vidaud (GCOS) : Cela ne doit pas être le cas. Et si cela arrive, c'est qu'il y a un conflit entre le CEMA et le CEMP. Ceci dit, comme chaque autorité politique a un conseiller militaire, des coups de téléphone sont donnés tous les jours pour être au courant de ce qui se passe sur les théâtres d'opérations et se coordonner. Il y a aussi des courts-circuits tout à fait normaux. La chaîne santé par exemple est parfois plus rapide que la chaîne opérations. Dès qu'il y a un blessé ou un mort quelque part, tout un processus se met en route, qui remonte directement à Paris sans attendre que le chef militaire sur place ait pu caractériser la gravité de l'événement. La prévôté fonctionne un peu de la même façon. Au chef sur le terrain, donc, à veiller à toujours savoir ce qu'il se passe chez lui.

Capitaine de vaisseau Pedro : Je me souviens d'une mission avec Hubert, en océan Indien, où le GCOS m'a appelé du bureau du CEMA, lequel m'a passé un message : « Je ne veux aucun mort chez nous. Même par morsure de requin ! » Cela m'avait fait sourire !

JCN : Est-ce grisant de se sentir ainsi le fer de lance de l'action française dans une partie du monde ?

Colonel Laurent : Pas de passion dans les opérations ! La griserie conduit au sentiment de surpuissance et de manière immanquable à des erreurs, voire à des fautes. C'est bien le rôle du commandement, à tous les échelons, que de remettre les choses à leur place et de relativiser tout ça. C'est essentiel, quelle que soit l'intensité de la crise et quelle que soit la pression exercée par les échelons supérieurs.

Colonel Diego : Les gens savent que, parfois, sur des opérations très sensibles, l'impulsion vient de très haut. La validation aussi. Mais que ce soit pour libérer des otages ou pour faire cesser une tuerie de masse, les hommes reçoivent leurs ordres de leur chef qui est avec eux sur le terrain, lequel reçoit son ordre de l'échelon du dessus, etc. Et puis, ils sont concentrés sur leur mission. Ce qui les préoccupe, c'est la meilleure manière de la réaliser, dans les meilleures conditions possibles. Pas de place pour autre chose.

Major Sam : On a conscience de l'intérêt stratégique parce que ce n'est pas tout le monde qui reçoit la mission de libérer un otage dans un milieu non sécurisé – nous ne sommes pas en France –, de capturer des terroristes avec une famille et des enfants, où ça peut vite devenir l'enfer s'il y a des dommages collatéraux… Et puis, on sent la pression du chef quand il nous présente la mission, celle du chef de stick, mais aussi celle qui pèse sur les épaules du commandant de la task force dont les interlocuteurs sont le GCOS ou le SCOPS[8]. On sait que ça a une autre dimension…

JCN : Y a-t-il jamais de la contestation sur le but d'une mission ?

Colonel Ludovic : Je ne l'ai en tout cas jamais constaté.

Colonel Diego : Quel état d'âme cela provoque-t-il chez les opérateurs d'aller retrouver, puis libérer des

8. Sous-chef Opérations de l'état-major des armées.

individus qui ont pris des risques inconsidérés, qui n'ont pas écouté ce qu'on leur a dit, qui ont méprisé tous les conseils et qui ont finalement été pris en otages ? Aucun. On ne se pose pas ces questions. La mission, c'est de les trouver et d'essayer de les sortir, pas d'affect là-dessus.

Capitaine de vaisseau Bertrand : Par exemple, pour les prises d'otages récentes qui ont pu susciter des débats : la République s'occupe de ses ressortissants, c'est une de ses grandeurs. Quoi qu'il arrive, on essaiera toujours d'aller les chercher et de les récupérer sains et saufs.

Colonel Laurent : Nous sommes des soldats, nous sommes l'armée. Si le président de la République dit : « Les éléments m'ont été présentés, en avant ! », notre métier de chef et d'officier, c'est de dire aux équipiers : « On va le faire parce que c'est notre job et qu'on s'y est engagés. » Et dans les faits, personne ne remet cette subordination en question, ni les raisons qui ont poussé à la décision. Notre métier, c'est aussi d'élaborer un mode d'action tenant compte de la part de risque acceptée par l'autorité politique. Car l'équipier qui part en opération doit être habité par deux certitudes : d'une part, celle qu'il fait son métier, rien que son métier, tout son métier, d'autre part, celle que ses chefs ont bien fait le leur.

Colonel Ludovic : En revanche, une mission mal réalisée peut susciter d'âpres discussions en interne. Là, ça râle, fort. Mais ça ne sort ni dans les médias ni dans une cour de justice. Cela reste chez nous.

Adjudant Bonie : Le groupe est un élément très exclusif où le linge sale est lavé en interne. Même les chefs n'en ont pas forcément connaissance.

Colonel Ludovic : Il peut arriver que des erreurs soient commises et que les modes opératoires s'avèrent inadaptés. Il est alors de la responsabilité des chefs de mettre tout en œuvre pour que cela ne se reproduise pas.

Mais les hommes, ou même les chefs intermédiaires qui auront fait remonter cette information, ne sauront probablement pas les mesures prises. Cela ne doit pas les décourager de faire des retours d'expérience sans complaisance, quand c'est nécessaire.

JCN : Que ressent-on après une action de vive force ?

Major Mousse : Après les combats, quand on se pose à un endroit, on est vidés. Et le soir, on dort bien !

JCN : Pas de nervosité ?

Major Mousse : Non. En fonction des situations, vous pouvez bien sûr vous poser des questions. Nous, c'est une de nos qualités, on fait toujours un débrief. On regarde ce qui n'a pas marché de la manière la plus objective. On est humain, on peut se tromper. Parfois c'est l'opérateur qui dit : « Là, O.K., j'ai merdé. » Le ton peut alors monter un peu, c'est normal. Le général de Saint-Quentin dit toujours : « On demande aux hommes d'être durs, ils ne peuvent pas être des poussins entre eux. » Mais ça retombe vite. Avant, on ne faisait pas ces débriefs et c'est dommage parce qu'il y a toujours des choses perfectibles. Le geste parfait peut exister à l'instant *t*, mais dans l'intégralité d'une mission, tout ne peut pas être parfait. On essaie d'avoir l'intelligence et l'honnêteté de se le dire. Par exemple, au Levant, on avait fait une mission très dure, face à de vrais méchants, durant laquelle on n'avait pas dormi. À la fin, j'ai débriefé les hommes, des jeunes, dont c'était l'une des premières missions. Ils venaient de faire la guerre pour la première fois, ils avaient les yeux qui brillaient comme des gamins… Je leur ai dit : « C'était très bien, mais gardez à l'esprit qu'un jour ça peut mal se passer. » On s'est reposés et on a re-décliné toute la mission, du début jusqu'à la fin.

JCN : De toute façon vous avez alors un certain nombre de rapports à rendre...

Major Mousse : Déjà, en préparation de la mission, nous faisons un PowerPoint avec des diapos que nous envoyons à l'échelon supérieur pour validation. Cela nous revient avec des pastilles de couleur en fonction de ce qui a été validé par le GCOS. Après la mission, souvent, on nous demande de faire des *storyboards*. Ce n'est pas toujours commode car cela nous demande de regarder souvent la montre pendant la mission et de prendre des notes de temps à autre, sinon, raconter une semaine de combat après, ce n'est pas facile... Donc, dès que j'ai cinq minutes, je marque les grandes lignes pour que le chef sache ce qu'on a fait sur le terrain. Cela nous permet aussi de nous prémunir en cas d'accusations, comme au Rwanda ou lors de la tentative de libération des deux jeunes au Niger. Un compte rendu, c'est une protection. On fait donc beaucoup de photos, des fonds de cartes. Parfois, on est plus des champions du PowerPoint que de la guerre ! [*Rires.*]

Adjudant Bonie : Par rapport à nos camarades anglo-saxons, nous Français, nous éprouvions une réticence à l'égard du retex[9]. On était dans l'action et assez peu dans les phases postérieures. Mais cela évolue, notamment depuis notre retour au sein de l'OTAN. Des équipes du COS centralisent les retex et les comptes rendus. Après une opération, les chefs de task force doivent s'y plier très rapidement. Le retex fait partie de l'opération. C'est ainsi qu'après s'être rendu compte que l'emploi d'un

9. Retour d'expérience.

chien dans certaines conditions permettait d'éviter le pire, nous l'avons réintégré dans certains de nos dispositifs. Cette flexibilité perpétuelle est très appréciable car on sait qu'on n'endurera pas les mêmes problèmes pendant des années.

13

Peur

Si les forces spéciales étaient ce qu'elles sont au cinéma, il serait presque sacrilège de leur demander si elles ont jamais peur. Comme elles ne le sont pas, la question s'impose et pourtant elle n'est que rarement soulevée. De fait, la société a besoin de héros sur lesquels reporter ses propres angoisses. Les citoyens français en particulier peuvent avoir le confort de penser que, à peu près où qu'ils soient en danger dans le monde, des compatriotes feront tout pour venir les secourir – puissent-ils d'ailleurs mesurer cette chance que ne partagent qu'une poignée de pays. Mais un sauveur a-t-il le droit d'avoir peur ? La mission en elle-même lui en laisse-t-elle le loisir ? L'as des as français de la Seconde Guerre mondiale, Pierre Clostermann, racontait que la peur, réelle, intense, ne le tenaillait qu'au moment de monter dans son chasseur, qu'ensuite les automatismes du pilotage prenaient immanquablement le dessus. Un caractère fort, une formation intensive, la répétition des missions blindent-ils les forces spéciales de la même manière ?

*

JCN : Peut-on dire que les forces spéciales prennent plus de risques que les unités conventionnelles ?

Médecin en chef Zac : Est-ce que c'est plus difficile pour un commando de mener des actions de combat très répétées que des opérations peut-être moins cinétiques, mais avec une empreinte au sol très lourde, donc très exposée, des milliers de kilomètres sur la route à se confronter tous les jours au danger des IED… ?

Général Thibault : Dans un de mes métiers précédents, j'ai vu un officiel polonais expliquer à l'OTAN ou à l'UE qu'il allait engager ses forces spéciales, et pas ses forces conventionnelles, parce que c'était moins risqué… La réalité est que le modèle forces spéciales aujourd'hui est « anti-clausewitzien » : la logique est d'imposer sa volonté à l'adversaire. Les pertes sont bien inférieures dans ces cas-là à celles enregistrées quand c'est vous qui subissez la vague, ce qui est la situation des troupes de l'ONU, qui sont dans des garnisons statiques, et parfois de l'armée de terre française lorsqu'on leur demande de faire des missions de logistique bien plus à risques que ce que font les forces spéciales.

Médecin en chef Zac : On peut imaginer qu'intérieurement, le pilote d'engin blindé servant dans les forces conventionnelles soit soumis à un niveau de stress tout à fait comparable, à mon avis, à celui que subit un commando engagé en opération. Le danger de la guerre, c'est le même pour tout le monde. L'horreur de la guerre, c'est la même. Il fera nuit, il fera froid, vous n'y verrez rien, vous n'entendrez pas ce que vous avez envie d'entendre, ça sentira mauvais…

Adjudant Bonie : J'en parle régulièrement avec mon frère qui sert dans l'arme du train. Je le trouve bien plus exposé au risque dans un convoi de quinze véhicules entre Gao et Tessalit que nous quand on nous transporte en hélico, de nuit, qu'on se pose en toute discrétion, qu'on s'infiltre à pied, avec JVN, et qu'on prend l'ennemi par surprise. Le risque est présent, mais maîtrisé. Notre action n'est que l'aboutissement d'heures de travail, avec tout le renseignement à disposition : écoutes, satellite, etc. Mon frère, lui, dans son camion, il n'a pas cette chance…

Général Thibault : Si les FS sont bien employées, la plupart du temps, elles suivent des scénarii où le niveau de risque est moindre que pour l'unité conventionnelle qui ne choisit pas ce qu'elle fait. Ce n'est pas la nature des opérations menées par les FS qui leur occasionnent plus de morts, c'est le fait qu'elles soient beaucoup plus employées qu'il y a vingt ans.

Adjudant Bonie : Mon frère a moins de chance de TICer[1] par rapport à un groupe action du COS dont c'est le métier. Mais nous, on sait qu'on aura l'ascendant et qu'on ne sera pas surpris dans 95 % des cas. Pour lui, c'est l'inverse. Ce qui d'ailleurs peut alimenter la rancœur de certaines unités conventionnelles, car elles ont l'impression de prendre plus de risques, mais avec moins de moyens que nous…

Général Frédéric Beth : J'ai fait des opérations avec des unités conventionnelles. Quand ça chauffe, il y a la même réaction que chez les forces spéciales. Évidemment, au COS, les missions peuvent être plus sensibles et plus fréquentes ; il faut s'y préparer, se former, mais l'expérience est la première des formations. Tant qu'on ne l'a pas vécu, on ignore quelle sera notre réaction devant la mort.

1. Jargon militaire : TIC est l'acronyme de Troops in Contact. TICé signifie donc « pris à partie » ou « sous le feu ».

JCN : Est-ce que la répétition des missions offensives s'accompagne d'une appréhension différente du risque ?

Capitaine de vaisseau Philippe : On se durcit. L'esprit de corps, de meute, de groupe constitué, convergeant vers le même objectif, crée une épaisseur, une protection.

Colonel Diego : Quand on est sous le feu ou dans des activités un peu acrobatiques, comme tomber d'un avion de nuit à des hauteurs inavouables, avec 80 kg sur le dos, plonger en oxy ou je ne sais quoi d'autre, même si on pratique tout cela quasiment quotidiennement à l'entraînement ou à forte fréquence en opération, on fait quand même face à la mort. Il y a à la fois une forme d'accoutumance aux risques parce qu'on s'y fait, on l'accepte, on se blinde, le cuir devient plus épais, mais il y a toujours ces signaux d'alarme qui sont au plus profond de nous-mêmes et qui nous mettent en garde.

Major Mousse : En 2017, j'étais en mission au bord de l'Euphrate. À un moment, j'ai regardé la date sur mon ordinateur et j'ai vu que c'était l'anniversaire de la mort de l'adjudant Gilles Polin, mort au combat au Soudan un 3 mars, quelques années plus tôt [2008]. J'étais là le jour où il a été tué et ça m'a fait un mal de chien. Ce 3 mars 2017 j'ai eu quelques secondes dans le cirage, nous étions en TIC face à une quarantaine de combattants de Daech, mais j'ai vite repris mes esprits et commandé mes hommes en me disant que je n'avais pas le droit d'en perdre un ce jour-là. Chaque 3 mars, et où que je sois dans le monde, je trouve toujours le moyen d'appeler les parents de Gilles Polin. Cela leur fait plaisir et moi, j'en ai besoin.

JCN : La répétition des missions permet de s'encalminer, mais ôte-t-elle la peur pour autant ?

Colonel Diego : Tout le monde a peur, y compris chez les forces spéciales. Mais il y a différents types de peur. Il y a la peur physique, de celui qui, à un moment donné, est aux prises avec l'ennemi. Ça, c'est la peur primaire, celle aussi qu'ont les gens qui descendent d'un hélico au contact, ou qui sautent d'un avion de nuit à 4 000 mètres. Il y a un autre type de peur, l'anxiété. C'est celle qu'a le chef quand il doit prendre la décision d'engager ses hommes. On joue parfois gros, on a des comptes à rendre et c'est normal, tout ça n'est pas un jeu.

Colonel Lucas : La peur est saine, tout le monde la ressent. Celui qui dit qu'il n'a pas peur est inconscient.

Colonel Diego : Les forces spéciales ne sont pas des brutes de guerre comme la fiction tend à les montrer. Leur force, c'est d'arriver à ne pas montrer leur peur. C'est comme le stress avant un grand oral ou une représentation de théâtre. Surmonter la peur ne veut pas dire qu'elle a disparu, elle est contrôlée.

Colonel Cerbère : Une fois qu'on s'élance, il y a de l'appréhension, mais pas de peur. S'il y a de la peur, que l'on n'est plus en état de la contrôler, c'est qu'on a mal préparé la mission, et cela, on le surveille de près.

Adjudant-chef Mazout : C'est après qu'on réalise les dangers qu'on a courus. On se dit « j'ai fait un saut dans de mauvaises conditions ; je me suis posé en catastrophe, j'aurais pu y passer » ou « j'ai été plus rapide pour rafaler ceux d'en face, mais ça aurait pu mal se passer » ou encore « je suis passé dans un endroit où il y aurait pu y avoir des mines… ». Tout ça, on y pense après coup. Sur le moment, on est concentrés sur la mission. Il peut y avoir un stress, le palpitant monte alors, mais il redescend car on constate qu'on n'est pas seul, qu'on a des appuis, que ça va bien se passer ; l'adrénaline, ça fait du bien aussi, c'est ce qui nous maintient en vie !

Colonel Michel : Ce que l'on fait, personne n'est capable de l'accomplir du jour au lendemain. L'entraînement est fait pour nous endurcir mentalement et que la peur ne soit pas le sentiment qui domine au moment où l'opération commence. On n'a pas moins peur que les autres, mais on est plus entraînés. Et on est sélectionnés sur notre stabilité morale.

Capitaine de vaisseau Pedro : Dans un groupe, celui qui va entrer le premier dans une maison ou monter le premier sur un bateau est celui qui risque le plus. On le sait tous. De l'extérieur, tous les hommes d'Hubert qui rentrent d'une action sont des héros, mais dans le groupe, on sait que celui qui était cinquième dans la colonne a moins risqué sa vie… Pendant la préparation, le chef demande : « Qui se sent d'être parmi les deux premiers à entrer ? » Il peut les désigner lui-même, mais c'est mieux quand il y a des volontaires. Donc, deux hommes font un pas en avant tandis que les autres regardent leur montre. « Toi et toi, vous y allez. » Trois jours après ça recommence. Les deux mêmes hommes gardent la tête haute, en regardant les autres ; ils disent, sans avoir besoin de le dire d'ailleurs : « Là, ça ne sera pas nous… » Deux nouveaux se portent volontaires. Celui qui, à la fin du déploiement, n'a jamais levé la tête s'exclut lui-même du groupe. La peur non maîtrisée, c'est un truc qui passe mal.

JCN : Parle-t-on de la peur au sein de l'unité ?

Capitaine de vaisseau Pedro : Bien sûr. Je prends mon propre exemple, et je ne pense pas être différent des autres. Ça m'est arrivé d'avoir peur et de ne pas arriver à dormir la veille d'une action. Dans ce cas, nos médecins nous donnent ce qu'il faut pour relâcher la pression juste un quart d'heure, mais durant lequel il faut arriver à s'endormir.

JCN : Ce sont des somnifères ?

Capitaine de vaisseau Pedro : Non. Si ça se trouve, ce n'est rien du tout (l'effet placebo), mais ça nous tranquillise, c'est déjà ça !

Colonel Diego : À vrai dire, on parle assez peu avant le déclenchement d'une opération. Il y a beaucoup de pudeur. Dans l'hélico, à part le chef de groupe qui met le casque pour avoir un lien radio avec l'équipage, on ne parle pas, sauf au final, avec des hurlements, pour annoncer la dernière minute, les trente dernières secondes. Comme on est entassés, que c'est la nuit, qu'il y a beaucoup de bruit, bien des choses passent par le regard ou des petits gestes comme une tape sur l'épaule au moment d'y aller. Tout le monde se regarde en permanence. C'est à la fois le regard qui rassure, le regard du copain, le regard de l'attention.

Major Mousse : Dans l'hélico, quand vous êtes le chef, vous regardez vos mecs, et très honnêtement, vous êtes fiers d'aller au combat avec eux. Ce sont des soldats dans le sens le plus noble, vous êtes inquiets pour eux – vous vous dites : « Un tel, je connais sa femme, je ne veux pas aller lui parler un jour de sa mort… »

Colonel Diego : C'est plein de petites choses ; c'est très tactile. Notre métier est très tactile. Par exemple, en vol, on ne cesse de se contrôler. Lorsqu'on est équipés pour aller faire la guerre, au moment de s'engager, on est toujours en train de vérifier : O.K., le chargeur est à sa place ; derrière, le binôme vérifie la connexion : « Tout est clair ! » Ce sont des petits gestes, à la fois très efficaces et très propres, et qui sont aussi des gestes tout bêtes d'amitié : on est ensemble, quoi.

Major Sam : Tous les visages sont tendus, surtout avant l'assaut. Personne n'a envie de parler. Chacun est dans son monde.

Colonel Diego : Un vol d'approche en hélico peut durer une heure et demie. Ça laisse le temps de cogiter…

Major Mousse : Au Sahel, pendant un trajet avant une opération très délicate, j'étais assis sur la corde lisse, et je réfléchissais à plein de choses : « O.K., on va faire un truc dangereux ; est-ce que j'ai tout laissé en ordre à la maison ? Est-ce qu'administrativement tout est O.K. ? » Et puis je pensais à ma femme et mes enfants. Vous ne repassez pas votre vie en détail, mais moi, ça me fait un effet positif. Je me dis que mon gamin dort et que s'il dort en paix, peut-être que ce que je fais y aide un peu… Et puis le pilote vous dit de vous préparer et il faut arriver à fermer cette porte de la famille parce qu'elle peut vous paralyser ; au moment de l'action, il faut être à 100 %.

Colonel Diego : Avant l'action, il y a une forme de peur, liée à une rafale de questions qui arrivent et qui s'entremêlent, sur le déroulé de l'opération, plus ou moins compliqué, appris par cœur : qu'est-ce que j'ai à faire ? Sur quoi on va tomber ? Quelle est la situation ? L'objectif est de rationaliser tout cela, de calmer ces questions qui génèrent une forme de peur et de stress.

Adjudant-chef Mazout : Au départ d'une mission, il y a des risques, on le sait, on fait le maximum pour les éviter. Les cas non conformes ont été épluchés les uns après les autres. On les a étudiés, on a fait des PPT[2], on a tout soumis au chef pour accord. Pour chaque

2. Fichier PowerPoint.

paramètre on dispose de voyants rouge, orange et vert. Quand il y a 80 % de vert, on part quand même rassurés. Après, ce qui nous canalise, c'est le fait de suivre des procédures, la discrétion : ne pas allumer, ne pas faire de bruit, ne pas dire exactement où l'on est à nos partenaires étrangers car ils ne sont jamais fiables à 100 %… Mais au bout du bout, on sait que le risque zéro n'existe pas. À tout moment on peut prendre un coup de mortier venu de nulle part !

Colonel Michel : La peur que l'on a à ce moment-là, c'est d'échouer. C'est de passer à côté de l'info capitale ou d'être celui qui va faire échouer la mission du groupe.

Major Sam : Vous vous dites : « J'espère que ça va bien se passer, qu'on va ramener tout le monde » – ça, c'est important dans la tête du chef de stick –, mais vous savez qu'en face, ce n'est pas *Call of Duty*, c'est pour de vrai…

Lieutenant-colonel Benjamin : Dans ces instants, la peur pure telle que les gens l'imaginent, je ne la ressens pas beaucoup en raison de la cohésion du groupe… Si j'ai peur, c'est pour mes hommes. Je me dis : « Mais dans quoi je les emmène ? » Et ça, c'est assez dur parce que j'ai acquis leur confiance grâce à mon expérience opérationnelle qui s'est accumulée, mais cette confiance peut aussi conduire certains à taire une réflexion intéressante, qui nous dirait par exemple : « Là, attention, ce n'est pas banal de donner l'assaut sur autant d'individus… » En guise de peur, j'ai plutôt eu des moments d'interrogation, qui ne durent pas longtemps, comme lors du poser de l'hélico ou quand on commence à nous tirer dessus. Dans ces cas-là, il y a d'abord l'acte réflexe : je riposte, je me poste, et une fois à l'abri, il y a un petit moment où le corps vous dit : « Dans quelle situation tu te trouves ? » Et qui vous le reproche :

« Pourquoi tu t'es encore mis dans cette situation ? » Mais ça ne dure pas parce qu'il y a des hommes avec vous et que l'on reste conscient du rôle que l'on a à jouer. Une opération fonctionne comme une chaîne : si un maillon fait défaut, c'est fini car il n'y a pas de doublon. C'est ça, pour moi, qui inhibe la peur individuelle : je ne peux avoir peur personnellement, j'ai peur pour le groupe.

Major Sam : Une fois que c'est lancé, c'est lancé. À partir du moment où vous avez le « vert action », c'est fini. La machine reprend le dessus.

Lieutenant-colonel Benjamin : On passe tellement de temps à prévoir qu'il n'y a pas de place pour la peur. On agit, et en cas d'incident, on applique ce qui a été prévu dans les cas non conformes. Il n'y a jamais le temps de s'apitoyer. C'est : « O.K., ça se complique. C'est quoi mon plan de fuite ? C'est quoi la solution de repli ? » Et je commence à construire la solution. Le combat demande une charge mentale permanente, intellectuelle, qui ne laisse guère de place à la peur.

Major Sam : Si un homme a peur, c'est plutôt avant. Ou alors, c'est qu'il n'est pas sûr de lui, et là, l'opération va foirer jusqu'au bout. Mais personnellement, je ne l'ai jamais vu.

Colonel Diego : En fait, il y a un effet tunnel et on ne pense plus qu'à la mission, à ce que l'on va réaliser, aux gestes très techniques à effectuer, parce que, bien souvent, il y a un changement de milieux, un peu technique, acrobatique, souvent de nuit et au contact. Toutes les séquences passent en boucle dans la tête de manière à se remémorer les différents gestes et les différentes attitudes. En plus, c'est généralement déclenché dans l'urgence. Donc cette mécanisation va se faire un peu en crash, au dernier moment, dans l'hélico, dans le véhicule, dans l'avion, et avec des zones d'incertitude parce que tout n'a pas pu être calé comme il faut.

JCN : Par conséquent, il n'y a pas ces scènes vues dans les films où les soldats montant à l'assaut échangent les photos de leurs familles...

Major Sam : Non, ça, ce sont des fadaises. Au combat, vous ne pensez pas aux vôtres.

Colonel Diego : Ce serait destructeur. C'est tout sauf le moment d'avoir une partie du cerveau occupée par ce genre de pensées !

Capitaine de vaisseau Pedro : À ce moment-là, je ne veux plus penser à ma famille. Je veux être concentré, ne plus être parasité par autre chose. D'abord, parce que ça ne sert à rien, et puis ça va vous enlever une partie de vos capacités.

Colonel Diego : Un certain nombre de techniques d'évolution pédestre fait que la discrétion maximale est recherchée. Ce ne sont pas des moments où l'on raconte sa vie, sa femme, ses enfants… Une fois la mission achevée, quand les gens parlent, en général c'est pour dire des âneries et décompresser…

JCN : Vous voulez dire des blagues ?

Colonel Diego : Oui. Beaucoup d'humour noir et de cynisme… C'est fou ce que l'on entend dans un véhicule ou dans un avion, même si parfois il faut gueuler ! Y compris après un coup de Trafalgar, une situation avec des cadavres qui, dans le meilleur des cas, sont ceux de l'adversaire. À cet instant-là, il y a, non dans la posture, mais dans ce qui est dit, des choses qu'une oreille extérieure trouverait choquantes. C'est comme les équipages du Samu ou des pompiers qui, au bout d'un moment, finissent par se moquer de tout. C'est une forme de soupape de sécurité. Les hommes passent leur temps à dire des conneries et tout le monde se marre. Ça ne dure pas longtemps et ça fait baisser la pression.

Colonel Laurent : Il serait prétentieux de dire qu'on est détachés de tout ça, mais on conjure le sort avec un mélange de mutisme et de dérision. Lorsque je suis parti pour la première fois en Afghanistan, le GCOS nous avait réunis et il avait lancé : « Je vous souhaite du sang, des larmes, de la souffrance, et de sauter sur des mines… » Nous étions en juillet et nous venions d'annoncer à nos familles que nos permissions d'été étaient remises à l'année suivante, sans pouvoir leur dire où nous partions… Il y a eu là matière à faire de l'humour au second degré pendant de longs mois !

Major Mousse : Notre rapport à la mort ou à la blessure est beaucoup fait d'autodérision. Les blessés par exemple n'ont pas envie qu'on s'apitoie sur leur sort, donc, quand on va les voir à Percy, on se marre.

Lieutenant-colonel Benjamin : « Humour-humilité », ce sont des valeurs que les premiers SAS anglais nous ont léguées. J'ai des photos où on revient de mission avec des camarades : ça rigole, ça sourit… C'est juste qu'on ne peut encaisser plus.

14

Mort

L'évolution du contexte géopolitique, du personnel politique, de la société, des doctrines, de l'armement a mené l'armée française vers des conflits et des situations de moins en moins meurtriers. 25 000 tués en Algérie, 153 au Tchad, 150 au Liban, 90 en Afghanistan, 50 actuellement au Sahel. Il semble donc dans l'ordre des choses que les soldats parlent peu, voire jamais, de la mort. Est-ce aussi le cas dans les forces spéciales, qui, par la répétition de leurs engagements, peuvent avoir là encore un rapport autre avec elle ?

*

JCN : Quand vous êtes au repos, par exemple au camp de Sabre à Ouagadougou, vous arrive-t-il de penser à la mort ?

Adjudant-chef Mazout : Personnellement, ça m'a effleuré le jour d'un départ en Afghanistan, quand ma femme m'a emmené au régiment avec une de mes gamines. Je les ai embrassées et après qu'elles sont parties, je me suis dit : « Est-ce que tu vas les revoir ? »

Ce genre de réflexions restent un moment, puis elles s'effacent en mission, mais ça revient quand on rentre.

Colonel Ludovic : En Afghanistan, j'en avais discuté avec le Padre à l'occasion de la perte d'un de nos camarades. Il m'avait dit : « Les hommes viennent me parler, mais personne ne vient me voir en me disant : "Si je meurs..." »

Colonel Lucas : Il y a un aspect religieux offert par les armées françaises grâce aux aumôniers, de plusieurs cultes. À leur manière, ils sont capables de s'intégrer dans une unité, d'être discrets, et d'être finalement quelqu'un à qui parler, sans appartenir à aucun cadre. Ce n'est pas un soldat ni un médecin, mais c'est un frère d'armes comme les autres. Maintenant, la religion peut aussi être présente à titre individuel.

Capitaine de vaisseau Augustin : Je me souviens d'une discussion assez intéressante avec un aumônier parti dans le premier détachement d'Arès. Il racontait qu'au départ, il se demandait ce qu'il faisait là car personne ne venait le voir. Mais à mesure que les missions se déroulaient, les gens se montraient de plus en plus attentifs au fait spirituel ; ils n'allaient pas forcément à la messe ou se confesser, mais la relation avec l'aumônier était de plus en plus profonde, intéressée, intéressante...

Major Sam : On peut aussi appeler ça la fatalité. Un blessé sur trois dans les forces spéciales est touché en dehors des protections individuelles.

JCN : Il n'y a pas moyen de les renforcer encore ?

Major Sam : On perdrait en mobilité et en efficacité, car pour épauler l'arme, ce serait dur. Et puis, par 45 degrés au soleil, ça serait intenable... C'est comme ça... Mon grand-père avait fait l'Indochine. Il me racontait qu'un jour, des hommes partaient à l'assaut. En passant devant ceux qui servaient aux mortiers, qui eux restaient 3 kilomètres derrière, ils leur ont dit : « On va tous mourir ! » Ils sont partis à l'assaut et ils n'ont trouvé personne en face. En revanche, il y avait un obus piégé dans la section de mortiers. En explosant, il a tué quatre hommes… C'est pour ça qu'il ne sert à rien de trop écouter sa peur… À l'entraînement, j'ai fait des trucs très osés, comme passer sous les lignes à haute tension en parachute… Mais ce n'était pas mon heure… Il faut rester philosophe de ce côté-là…

Général Maurice Le Page : Quand mon fils Loïc est monté à l'assaut sous le feu, un tireur d'élite du commando Montfort l'appuyait[1]. À plusieurs reprises, il a eu dans son viseur la tête du taliban qui arrosait le groupe, mais à chaque fois qu'il allait l'atteindre, ce dernier baissait la tête !… Terrible fatalité que seuls les guerriers connaissent !

Médecin en chef Zac : Au moment où la mort survient, le sujet n'est pas tant religieux que métaphysique, au minimum spirituel. C'est quoi le prix de la vie, c'est quoi le prix de la mort ? De manière native, l'armée engage à y réfléchir ; par essence, un militaire a un rapport singulier avec la violence et la mort. Mais ce serait souhaitable que ce sujet soit plus abordé. L'état d'âme n'est pas une maladie en soi. Quand un soldat se pose la question de la mort, il ne doit pas trouver ouverte que la porte du médecin. Son chef militaire a forcément quelque chose à lui apporter. Mais l'individu aura-t-il envie d'aller parler de ça avec lui ? Est-ce que ce chef aura envie d'aborder cette question-là qui

1. Le fils du général Le Page, premier commandant du COS, était commando marine. Il a été tué en mission, le 4 mars 2006, en Afghanistan.

renvoie à une vision personnelle du sujet ? En portant ce questionnement, dans notre petit périmètre du monde des forces spéciales, nous pourrions être les éclaireurs de ce que d'autres pourraient faire après.

JCN : Pourquoi les hommes parlent-ils si peu de la mort qu'ils fréquentent pourtant régulièrement ?

Colonel Ludovic : C'est juste que l'on n'a pas d'états d'âme. Si on meurt, on sait que toute une chaîne est prévue, que notre veuve sera prise en charge, que les obsèques seront dignement organisées…

Capitaine de vaisseau Pedro : Il peut arriver aux chefs sur le terrain de dire avant le départ : « Si vous le souhaitez, n'oubliez pas d'écrire une lettre pour vos proches… »

JCN : Cela vous est-il arrivé de vous voir confier l'une de ces lettres ?

Capitaine de vaisseau Pedro : Oui. Le commando Hubert se préparait pour un départ en Afghanistan. J'étais second à ce moment-là, je ne partais pas, mais le pacha si. Il est venu me voir, m'a donné ce qu'il avait écrit pour sa femme et ses enfants, en me disant : « Si je ne reviens pas, je veux que ce soit toi qui le leur dises et qui leur donnes cette lettre. »

JCN : Une sacrée responsabilité, qui témoigne aussi de la qualité de votre relation…

Capitaine de vaisseau Pedro : Ce sont des moments qui marquent… Je me souviens lui avoir dit : « Ta gueule ! Démerde-toi pour revenir… » Mais j'ai fait la même chose après, quand j'ai été pacha, avec mon second que ma femme connaissait bien. En fait, je pense qu'on a tous en horreur cette scène que l'on voit, par exemple, dans *La Ligne rouge* de Terrence Malick : l'officier qui arrive en uniforme devant la porte de notre maison ou celle de nos parents pour annoncer notre disparition… On l'a tous dans un coin de notre tête. Tous, à un moment ou un autre, on se dit : comment faire pour que cela se passe le moins mal possible ? Au commando Hubert, il y avait un major qui s'occupait du lien avec les familles. Je m'étais dit : lui, il ne doit jamais approcher de ma maison ! Je ne voulais pas, et je l'avais expressément dit, qu'il vienne chez moi quand j'étais en mission. Je donnais ma lettre à une autre personne.

Colonel Michel : Le rapport à la mort était très vague quand je suis arrivé au 13e RDP parce qu'on sortait de quarante ans de guerre froide. On avait oublié ce que c'était. Et ce fut vrai jusqu'en 2005, avec l'Afghanistan qui a tout changé. On s'est mis à tuer des gens, on s'est mis à avoir des morts aussi. On a retrouvé des choses que, moi, j'avais lues dans des livres, le réflexe des hommes lorsqu'ils sont confrontés à la mort. Quand je m'apprêtais à partir en Afghanistan avec un détachement du régiment, j'étais lieutenant-colonel, on a perdu deux hommes qui étaient partis arrêter un taliban. On a vécu la prise d'armes où on était tous en carré avec les deux cercueils au milieu. Il y avait les enfants d'un des sous-officiers qui criaient « Papa ». Et on devait rester stoïques et chanter la prière du parachutiste pour dire au revoir à nos camarades parce que c'est notre façon à nous de faire notre deuil et d'honorer nos morts… Je me souviens d'avoir dit à mes hommes : « Je ne peux pas vous promettre que je vais tous vous ramener. En revanche, je peux vous promettre que je ne prendrai jamais de risques inutiles pour vous et que, si jamais cela ne se passe pas bien, on s'occupera de vos familles. »

Général Frédéric Beth : S'il y a une acceptation de la mort plus forte chez les forces spéciales, il serait dangereux de s'accoutumer, on deviendrait un robot. Tout homme a peur de la mort et c'est humain. C'est normal et naturel. La force d'un soldat d'élite, c'est de savoir se maîtriser face à ce sentiment, plus que de s'y habituer.

JCN : Même à quelques heures d'une mission potentiellement à hauts risques, la mort n'est pas évoquée ?

Major Sam : Non. Mais pour ma part, il y a une chose que j'ai demandée au Sahel : pas de sacs mortuaires dans l'hélico ou dans les avions avec nous.

JCN : Avant, c'était de rigueur ?

Major Sam : Au début, il les mettait au fond de l'hélico. Un chef avait dû penser que cela ferait gagner du temps si jamais il y avait du grabuge…

Capitaine de vaisseau Pedro : Dans ces moments-là, on ne veut plus voir la mort. On est tous un peu superstitieux. Par exemple, quand on saute en parachute, le risque existe toujours un peu, il y a des gris-gris : un commando dit « à tout à l'heure, les gars ! » ou « bon saut ! », et ce n'est pas apprécié si l'autre ne répond pas « bon saut ! ». Ça m'a toujours amusé, mais je l'ai toujours fait moi aussi… Et ça ne m'empêche pas d'être catholique pratiquant ! Donc, la mort, pendant la mission, on ne veut plus la voir. On ne veut plus y penser. On fait le vide.

Colonel Lucas : Je ne pense pas qu'il y ait une seule personne qui ne se soit jamais interrogée sur la mort. À Bayonne, les opérateurs sont soumis à un simulacre de capture, où on va les obliger à se poser la question de leur propre mort.

JCN : En quoi cela consiste-t-il ?

Colonel Lucas : On leur fait comprendre la vulnérabilité d'un prisonnier, qui est à la merci de barbares – vu ce que Daech fait, il y a une vraie réflexion à mener.

Major Mousse : Quand on sait ce qu'ils font subir à leurs prisonniers, la plus grande crainte est de tomber vivant entre leurs mains. Je n'ai pas envie que ma femme et mes enfants me voient en photo attaché comme un chien et condamné à une mort dans d'atroces souffrances.

Major Sam : La mort peut tout aussi bien survenir lors d'un saut d'entraînement. Donc, on s'en fout. Enfin, non, on ne s'en fout pas…

JCN : Elle n'est pas un élément bloquant.

Major Sam : Exactement. On sait qu'on donne la mort. Donc, on sait qu'on peut la recevoir.

Colonel Ludovic : Et quand elle survient, il n'y a pas toute cette romance de cinéma, le blessé qui dit : « Dites à ma femme que je l'aime ! » Si quelqu'un m'avait dit ça à moi, j'aurais pris un téléphone et je lui aurais dit : « Eh bien, dis-le-lui toi-même ! »

JCN : Comment réagit le groupe en cas de pertes ?

Major Mousse : La plus belle mission que vous faites, à partir du moment où vous ne ramenez pas tout le monde, devient la plus pourrie. Je pense très souvent à Gilles Polin, le camarade que nous avons perdu au Soudan en 2008. Je l'aimais beaucoup, c'était un frère d'armes, un frère tout court…

Colonel Laurent : C'est paradoxal car je pense qu'on y pense sans y penser et que, lorsqu'elle arrive, on fait face. Comme d'autres j'ai vécu cette expérience, notamment avec un commando marine tombé au fond d'une vallée afghane. Nous étions en début de mission. Le groupe a subi le choc, il l'a encaissé et puis il est reparti avec brio jusqu'à la fin de la mission, là encore avec une forme de détachement.

Colonel Lucas : Lors d'une opération au Sahel, il y a eu un blessé au cours d'une phase d'assaut : on a bien vu grâce au drone que le groupe perdait ses moyens, en consacrant toute son énergie au blessé. C'est humain, mais il faut dominer ses émotions. Normalement le binôme doit s'occuper de lui et le groupe continuer.

Colonel Ludovic : La mort d'un des nôtres crée une déflagration, qui peut en rendre inopérationnels certains. Cela se manifeste de différentes manières. Il y en a qui disent ne plus pouvoir continuer, d'autres, il faut leur proposer de prendre du recul. Lors de la mort de Damien Boiteux[2] par exemple, on n'a pas perdu qu'un gars, on en a perdu quatre. Il y avait deux Gazelle engagées, un seul tué, mais j'ai dû mettre au vert les trois membres d'équipage restants. Ils ont pu vivre leur deuil, mais tout en se rendant utiles pour deux d'entre eux que j'ai affectés au guidage des hélicos à partir de notre avion C-130. Je leur ai dit que leurs grandes connaissances tactiques seraient profitables à tout le monde, ils en ont retiré de l'orgueil et ils s'y sont remis.

Colonel Laurent : Nous sommes des petites unités au sein desquelles les équipiers restent ensemble pendant de longues années. Ils ont donc une connaissance intime les uns des autres et tissent de solides liens de camaraderie. Dans ces conditions, les conséquences d'une perte sont fortes.

2. Lieutenant du 4e régiment d'hélicoptères des forces spéciales, tué au Mali le tout premier jour de l'opération Serval, le 11 janvier 2013.

Adjudant Bonie : La perte d'un homme a un impact énorme sur la psychologie du groupe, sur sa structure, sur l'équilibre même du combattant. Mais cela est de mieux en mieux géré, notamment sur l'aspect psychologique : les gars sont systématiquement pris en charge, ce qui n'était pas le cas pour nos aînés. Avant, ils pouvaient se renfermer sur eux-mêmes et exploser vingt ans plus tard, parfois même une fois sortis de la boutique.

Médecin en chef Zac : Heureusement qu'il y a de l'émotion après la mort d'un opérateur. Sinon on serait dans l'anesthésie la plus totale alors que nous défendons l'idée que nous sommes un système d'hommes et que la force du système est basée sur ses hommes…

Colonel Laurent : Quand on a des morts, mais je ne pense pas que ce soit propre aux forces spéciales, ni même aux militaires, il y a une espèce de trop-plein d'émotions qui se transforme vite en colère contre quelque chose. Les erreurs supposées de tel ou tel peuvent alors devenir des objets de fixation. C'est notre responsabilité de remettre les choses en perspective.

Colonel Lucas : Au cours d'un raid dans le Sahel, il y a eu un mort à cause de l'explosion d'une mine. C'était une TU[3] avec une cellule de commandement qui s'est retrouvée mise en défiance. Je me suis rendu sur place pour assumer en tant que chef la mort de notre soldat, et dire aux hommes, les yeux dans les yeux : « Voilà ce qui est arrivé, il n'est pas mort pour rien, la mission continue. » J'ai passé la nuit sur place, j'ai eu le temps de parler à tout le monde et j'ai senti que ce drame avait créé une fragilité au sein de la TU : j'ai fait évacuer les deux opérateurs qui étaient les plus proches

3. Task unit, soit plusieurs groupes de commandos.

de la victime. Par la suite, ils ont été à nouveau en difficulté. J'ai donc senti qu'il fallait les faire rentrer.

Capitaine de vaisseau Bertrand : Quand on a un tué en opération, la première question qu'on se pose, c'est : « À quoi cette opération servait-elle ? » Puis : « Est-ce que j'ai bien agi dans le déroulement de l'action ? Est-ce qu'il n'est pas mort à cause de moi ? » Ce sont des questions importantes.

Capitaine de vaisseau Pedro : Le retour à la maison après une mort dans le groupe peut s'accompagner de pressions des familles qui ne veulent plus voir les leurs repartir… Et puis, on vient dans ces unités pour vivre certaines choses. Une fois qu'on les a vécues, certains traversent une période de remise en question.

JCN : Ils ont un sentiment d'usure ?

Capitaine de vaisseau Pedro : Ou de sagesse !

Major Mousse : À la fin de la mission où l'on avait perdu Gilles Polin, j'avais envoyé un mail au général de Saint-Quentin, que j'apprécie beaucoup, en lui disant que j'en souffrais et j'avais conclu : « Je me croyais plus fort que ça. » Il m'avait répondu en donnant des exemples de morts sous son commandement : « Tu crois que s'il s'était passé ça et ça… Avec des si on mettrait Paris en bouteille. Personne n'est insensible, ça prouve qu'on reste humain. » J'ai gardé cette réponse toute ma vie.

Capitaine de vaisseau Bertrand : Le rôle du commandement est primordial. Il doit regrouper les gens qui ont participé à l'opération, faire un débriefing, non pas cinglant, mais positif, pour rappeler le sens de ce qui a été fait.

Colonel Cerbère : Le pendant de la confiance que les hommes nous confèrent, c'est d'arriver à leur expliquer le pourquoi des échecs. Donc, on débriefe, on regarde ce qui n'a pas marché. Moi, je suis assez pragmatique. La guerre, ça fait mal, ça coûte cher. On essaie toujours de gagner, mais il faut accepter qu'on ne le peut pas tout le temps, qu'on peut se tromper, ce qui permet d'apprendre davantage. Les exercices sont là pour ça. Le tout, c'est de rebondir.

Médecin en chef Zac : Le premier temps, c'est celui du chef militaire : « Voilà le sens de notre mission, voilà la réalité du prix de la vie et de la mort en opération, on le touche du doigt de façon concrète aujourd'hui. » Le temps du dialogue avec un médecin vient après, il n'est pas dans l'urgence à part pour l'opérateur qui fait une décompensation de stress aiguë, mais c'est rarissime.

Capitaine de vaisseau Bertrand : Une fois, en Afghanistan, on a eu un mort, ainsi qu'un blessé qui a été conduit au Role 3[4]. Comme la morgue n'était pas loin, on lui a demandé d'identifier le mort… C'était son pote, il a disjoncté.

Médecin en chef Zac : Les gens ne vont pas venir nous voir tout de suite et ce ne sera pas forcément en consultation. Ils vont peut-être nous croiser au gré d'une cérémonie, d'un café ou même au bar de l'unité… Et c'est là que notre métier est passionnant parce qu'il est fait de contacts humains. Vous n'entrez pas dans le psychisme, dans l'intimité des gens, sous prétexte que vous êtes médecin. Le fait qu'on se connaisse aide naturellement : « Tu sais que je suis médecin et je sais que tu es commando. » Donc, quand il voudra discuter, je lui ouvrirai ma porte et lui sans doute la sienne. Le tout alors, c'est d'être capable de l'écouter car ce n'est pas évident pour un médecin de se placer sur ce registre-là.

4. Hôpital médico-chirurgical.

On fantasme la prise en charge du blessé de guerre, mais être simplement capable d'écouter, cela peut s'avérer précieux aussi. On travaille alors main dans la main avec le commandement sur le terrain. C'est sur la base de notre appréciation commune qu'on estime qu'une task force n'a pas de difficultés à surmonter l'épreuve d'une mort au combat ou si des opérateurs ont besoin d'aide.

Colonel Cerbère : On utilise les techniques modernes d'optimisation du potentiel (TOP) : des psychologues passent dans les task forces et en mesurent l'état moral. On a pas mal d'indicateurs à notre disposition.

Capitaine de vaisseau Bertrand : Après, le rôle du groupe est essentiel pour absorber le choc.

Colonel Laurent : L'esprit d'équipe est primordial. Il ne faut pas laisser s'installer de doutes ou de remords dans l'esprit des équipiers.

Capitaine de vaisseau Bertrand : Autre chose pour faire passer la mort d'un camarade en opération : le rite. Il faut honorer les morts, cela donne du sens. Pour les commandos marine, il y a une cérémonie sur zone, puis aux Invalides, enfin à Lorient ou Toulon.

Colonel Cerbère : Lors de la mort de Damien Boiteux, il a fallu tout organiser au 4e RHFS, la cérémonie à Paris, au quartier, faire venir la famille à Pau, la recevoir… On s'en occupe vraiment, cela n'a rien d'anodin. Pendant dix jours, le régiment ne fait que ça. Ce sont des événements très forts, qui soudent la troupe – par exemple, il y a dorénavant un quartier Boiteux à Pau. Mais c'est toute l'armée de terre qui a été très soudée autour de sa mort. À Balard, un des couloirs des locaux occupés par le cabinet du chef d'état-major de l'armée de terre porte également son nom, aux côtés d'autres camarades tombés au combat.

Capitaine de vaisseau Bertrand : La reconnaissance nationale est bien sûr très importante, mais il ne faut pas trop en faire non plus…

JCN : Pour mieux faire accepter la mort dans une unité ou dans les familles, faut-il la sacraliser ?

Général Thibault : Quand on a perdu des camarades au 13e RDP, on a expliqué aux familles que les leurs avaient suivi la logique des commandos de forces spéciales, des hommes en général très équilibrés, qui s'éclatent dans leur vie, avec des loisirs, des copains, et que, dans ce trop-plein de vie qu'ils avaient, ils étaient allés au bout de leur engagement commando, au bout de ce qu'ils croyaient et que, malheureusement, ils l'avaient payé de leur vie. Ce n'est pas vécu comme quelque chose de mortifère, écrasé par le destin, du genre « il est mort pour le bien de l'unité, il a obéi aux ordres… ». On n'est pas dans cette logique-là.

Capitaine de vaisseau Bertrand : J'ai eu un tué, Benjamin Bourdet, en Afghanistan[5]. Il n'était pas marié. Je suis allé voir ses parents, sa famille, ses amis. Je leur ai tout expliqué : « C'est moi qui ai validé l'opération, voilà tout ce qui s'est passé. » Ce n'est pas évident à faire, mais on est payés pour ça aussi.

Colonel Cerbère : Le jour de la mort de Damien Boiteux, j'ai été appelé vers 18 heures par le GCOS qui m'a annoncé la nouvelle et j'ai dû informer à mon tour sa compagne en tant que chef de corps. Ça, oui, c'est un truc qu'on n'a pas envie de refaire…

Capitaine de vaisseau Bertrand : Je ne l'ai pas trop vu dans les forces spéciales, mais je sais qu'il y a des chefs qui préfèrent garder de la distance avec leurs

5. Tué le 14 juillet 2011.

subordonnés car c'est moins dur le jour où ils ont un problème. Moi, je pense que pour bien commander des gens, il faut les aimer. C'est le dilemme du chef, les envoyer au carton et les aimer.

Colonel Michel : Il faut parler aux familles, parce qu'elles ont droit à des explications, mais il ne faut jamais avoir l'ambition d'essayer de les convaincre que tout s'est passé normalement, qu'il n'y a eu aucune erreur. Ce que l'on essaie de faire passer, c'est que leur mari, père, fils est mort en faisant ce qu'il aimait et que ce qu'il faisait, c'était particulièrement valeureux, qu'ils peuvent être fiers de lui. Et qu'on est tous tristes, qu'on aurait préféré qu'il ne meure pas. Après, en général, les proches posent des questions, mais pas toujours. L'important est qu'une porte leur reste ouverte et il peut y passer n'importe quoi. Il faut ensuite leur montrer qu'on honorera toujours les morts, qu'ils ont droit à un respect absolu et eux à un soutien inextinguible : même les petits-enfants devront pouvoir revenir au régiment en disant : « Mon grand-père est mort au 13e RDP, parlez-moi de ce que vous faites. »

JCN : Que pensez-vous de la notion de « héros » souvent évoquée à l'occasion de mort au combat ?

Major Mousse : Sam a été blessé au Sahel, il a pris deux balles[6]. Un de ses équipiers, Casey, est venu le chercher sous le feu, et il a pris une balle à son tour. On est tous d'accord pour dire que ce qu'il a fait est héroïque, et on espère en être capable le jour J, mais il faut le vivre pour le vérifier…

Colonel Ludovic : Je vais faire une analogie : si je saute des Drus en base-jump et que je m'écrase, je suis

6. *Cf.* chapitre XVI, p. 246.

juste mort. Alors que si je meurs au combat, je ne suis pas que mort, je suis un « héros ».

JCN : C'est ce qu'a déclaré la mère du colonel Beltrame[7] : « Il ne pensait pas mourir. Il pensait qu'il aurait le dessus[8]. »

Colonel Ludovic : Bien sûr. Il devait se dire : si je ne réussis pas, au moins mon acte n'aura pas été égoïste.

Général Thibault : Dans le contexte contre-terroriste surtout, ce sont de vrais méchants en face, capables de s'entourer de civils, de femmes, d'enfants et l'opérateur français des forces spéciales fera tout pour éviter des dommages collatéraux. Mais vous n'êtes pas là pour vous sacrifier.

Adjudant Bonie : Quand le commando marine pénètre dans la tente pour libérer des otages, il ne se dit pas : je vais mourir. Il pense qu'il y a un risque, mais il est dans son geste professionnel. Il sait ce qu'il a à faire, il va le faire et il sait qu'il y a des impondérables. Dans l'action, avec l'adrénaline et tout ça, il n'y a aucune remise en question.

Général Thibault : Je n'ai jamais entendu au COS quelqu'un dire en opération : « Je vais me sacrifier. » C'est plutôt : « J'y vais pour leur rentrer dedans. » Le rapport à la mort n'est pas mythifié chez les commandos. Comme dans toutes les armées matures, c'est juste une réalité de l'engagement militaire qu'on ne peut pas contourner. Le bon commando, c'est quand même celui qui a réussi sa mission et qui meurt vieux dans le lit de sa chère et tendre, c'est le commando qui a gagné la guerre.

7. Tué le 24 mars 2018 lors de la prise d'otages de Trèbes.
8. Interview dans *Ouest-France* (5 avril 2018).

Colonel Ludovic : Il a conscience qu'il peut y passer, mais il y va pour réussir sa mission.

Général Frédéric Beth : À partir du moment où le militaire combat, il est prêt à donner sa vie. C'est vrai au sein des forces spéciales comme dans les forces conventionnelles. Mais aucun ne recherche la mort. Le sens du sacrifice existe dans nos armées, mais le but, c'est de réussir sa mission en ramenant tout le monde à la maison.

Lieutenant-colonel Benjamin : Il faut être honnête, quand je suis venu aux forces spéciales à 24 ans, je n'avais pas conscience de ce que représentait ce drapeau. J'étais là pour me dépasser. Mais les moments critiques s'enchaînent et un jour, il y a un mort. Et là, je commence réellement à comprendre ce que chacun projette dans ce symbole.

Général Grégoire de Saint-Quentin : Je pense que, philosophiquement, le soldat consent, dans le contrat qu'il signe, au sacrifice suprême. Aller risquer sa vie volontairement parce qu'on part au combat, c'est accepter l'idée du sacrifice. Après, il faut être très prudent avec ce terme parce qu'il peut être mal compris. Ce n'est pas l'agneau sacrificiel. J'ai en tête la phrase de Patton : « Vous n'êtes pas là pour donner votre vie pour votre pays, mais pour que le gars d'en face le fasse pour le sien. » Le message est un peu caricatural, mais clair : il faut avant tout remplir la mission et, autant que celle-ci le lui permet, le chef doit préserver ses hommes.

JCN : Les forces spéciales reçoivent la mort, mais elles la donnent aussi, et plus régulièrement que dans les autres unités. Cela a-t-il des effets néfastes ?

Major Sam : Non, parce que cela se fait dans le cadre d'un stick, d'une mission. C'est un acte de combat. Ce n'est pas comme un terroriste qui entre dans un cinéma et qui tue tout le monde. Nous, c'est notre métier. On reçoit le pouvoir de tuer, on a toutes les règles d'engagement pour cela. Après, chacun sa chance. Le terroriste en face tire, nous on tire aussi, et c'est le plus manœuvrant, le plus fin limier qui va gagner.

Médecin en chef Zac : Les hommes savent qu'il y a un cadre légal à la mission qui leur a été donnée. Ils peuvent se retrancher derrière ça pour structurer leurs pensées autour de la question de « donner la mort ».

Major Mousse : Au Nord-Mali ou au Levant, on a neutralisé des chefs de katiba ou obtenu que les Américains le fassent à notre place. On n'a pas le goût du sang, mais on n'a pas d'état d'âme non plus car ces gens, au Levant, s'ils nous attrapent, eux, ils nous torturent et c'est diffusé à la télévision. Une de nos limites absolues : ne jamais attenter à la vie d'innocents.

JCN : Au Mali en particulier, des cas de combattants enfants ont été recensés. Avez-vous eu à en affronter… ?

Major Mousse : Lors d'actions au Sahel, de nuit, un individu avec une kalach qui vous tire dessus, il n'a pas d'âge… Et le lendemain, quand vous voyez les photos, vous pouvez vous rendre compte que ce ne sont pas des enfants, mais des ados de 13-14 ans qui essaient juste de se sortir de la misère. Vous n'y êtes pour rien. C'était lui ou vous… Mais je serais, de jour, face à un enfant armé d'une kalach, j'aurais sans doute le temps de réflexion qui ferait que le gamin tirerait le premier.

Colonel Lucas : En termes d'attrition, il y a le cas particulier des équipages de Tigre qui font un travail extraordinaire, mais terrible vu leur puissance de feu. Quand je commandais à Ouagadougou, j'étais très vigilant à leurs réactions car ils donnaient la mort durant l'action, les hommes au sol prenaient des photos du résultat, et après, au PC, on remontrait tout ça aux équipages lors des débriefings post opération. En termes de traumatisme, ce n'était pas rien. Je m'étais permis d'évoquer ce sujet sensible avec le patron du 4e RHFS et celui des hélicoptères de l'armée de terre.

Colonel Michel : Le chef prend des décisions de vie et de mort. Quand ses hommes tuent des gens en face, il faut leur expliquer pourquoi, donner du sens à leur action. Au Sahel, sous mon commandement, il y avait eu une mission avec une forte attrition. Dans mon état-major, il y a eu quelques réactions déplacées, de joie morbide. J'ai tout de suite dit : « Stop. On a tué le père ou le frère de quelqu'un. Si on avait pu le capturer vivant, cela aurait été mieux. Il a choisi de mourir les armes à la main. On l'assume, mais ce n'est pas une bonne nouvelle. »

Capitaine de vaisseau Samuel : La mort que l'on donne ne doit jamais être banalisée, c'est toujours violent. Et elle peut nous choquer aussi. Il y a une mise à distance de tout ça en opération, mais après, il y a le retour à une réalité choquante avec laquelle il faut vivre. Et c'est cette digestion qui, avec le temps, devient difficile et peut faire que les gens lèvent le pied. Et c'est normal. Sinon, on est un psychopathe. Si on veut rester humain, il ne faut côtoyer cela qu'un certain temps. Ça use trop et ce n'est plus compatible avec une existence normale.

Général Frédéric Beth : Le but d'une unité de forces spéciales en opération n'est pas de tuer, il est de neutraliser. Toutefois, on n'est pas dans du maintien de l'ordre non plus… Je pense qu'un soldat FS sait mieux que d'autres comment neutraliser sans aller jusqu'à donner la mort.

Colonel Lucas : Vous avez beau avoir une réflexion éthique poussée sur le métier de soldat, ce n'est qu'une fois que vous y êtes confronté que vous voyez comment vous y réagissez. C'est très personnel. Le retex est alors essentiel : le groupe sort d'une opération, ils vont débriefer avec les équipages d'hélico, ceux qui étaient au PC, et le commando qui a été obligé de donner la mort, il va témoigner : « Je suis parti à droite, on m'a tiré dessus, j'ai réagi… »

Médecin en chef Zac : Autant recevoir la mort que la donner génère des difficultés morales. Je suis convaincu par le fait que plus on développera la réflexion personnelle des soldats sur cette question, plus on leur donnera cette espèce de densité, cette épaisseur qui permet de rebondir en cas de questionnement intime. Pour certains, c'est un sujet médical. Mais il faut qu'on ait des chefs qui s'interrogent aussi sur cette question et qui prennent à cœur d'écouter et de répondre à leurs hommes.

JCN : Comment augmenter cette épaisseur morale ?

Médecin en chef Zac : Comme le corps, l'esprit se travaille, l'âme aussi. La force morale d'une troupe s'éduque avec des chefs militaires durant la formation et l'entraînement, tout au long de la vie. Certains stages, durs, longs, permettent de développer votre vie intérieure et votre épaisseur d'âme. Les anciens ont aussi, probablement, un rôle important à jouer dans ce domaine, eux qui ont l'expérience d'autres armées, d'autres engagements opérationnels. Ils sont passés au tamis de la vie et ils ont probablement réussi à en tirer la substantifique moelle qu'ils doivent faire partager. Quelles lectures ont nos commandos ? Comment composent-ils leur bagage culturel ? C'est sûr que si ce sont les mangas, et l'immédiateté de l'accès culturel sur Internet, on va avoir plus de difficultés à les épaissir. Mais quand vous mettez dans les mains d'un jeune commando un bouquin de Primo Levi, de Schoendoerffer, de Clostermann ou de Saint-Exupéry, vous allez aiguiser son intérêt pour réfléchir à ces sujets-là.

15

Trauma

Pour certains, c'était un tabou que les armées françaises ont bien fait de briser. D'autres y voient un stigmate de la société moderne où l'individu a le pas sur la communauté. Le trouble ou le syndrome de stress post-traumatique (SPT) est vieux comme la guerre, mais il n'est véritablement pris en compte que depuis une vingtaine d'années, en tout cas sous ce nom. Sa définition est assez lâche, une poussée plus ou moins durable d'anxiété, liée à la confrontation avec des scènes de grande violence. Celles-ci peuvent être fugaces comme prolongées, uniques comme répétées. L'âge ou les circonstances ne semblent pas jouer, tout le monde pourrait y être sujet. Y compris les forces spéciales ? La réponse est évidemment non chez ceux qui les imaginent tels des *supermen*. Et puis, les commandos étant parmi ceux qui fréquentent le plus la mort, leur cuir doit s'en trouver considérablement durci… La vérité est qu'il n'est de bon soldat que celui qui n'oublie jamais le prix de la vie.

*

JCN : À contre-courant de l'imagerie populaire de Bayard intrépides, les forces spéciales sont-elles aussi sujettes au SPT ?

Capitaine de vaisseau Bertrand : Bien sûr. On n'est pas supérieurs aux autres.

Médecin en chef Zac : Il n'y a pas de distinguo entre forces spéciales et forces conventionnelles sur ce sujet-là. L'horreur de la guerre est la même pour tout le monde. Le syndrome de stress post-traumatique peut toucher n'importe qui, n'importe quand, ce qui pose des questions auxquelles on n'a pas encore de réponses. Je pense que l'état d'âme – au sens : je questionne mon âme par rapport à ce qui m'est arrivé – revient toujours au même sujet : « Je n'ai pas envie de mourir. »

Capitaine de vaisseau Samuel : Les SPT sont indissociablement liés à la mort, de soi-même, d'un camarade ou d'un ennemi.

Capitaine de vaisseau Pedro : Il y a mort et mort. Quand on la voit de près, au sens premier du terme, cela peut affecter plus durement que quand on en est loin. Et encore, voir la mort à distance peut aussi être dérangeant. Prenez les images vidéo des Tigre, à la répétition, il y a un côté très perturbant. Au CPCO, où j'ai été affecté quelques années, lorsqu'on devait les visionner, je prenais soin de ne pas garder grand monde dans la salle.

JCN : On disait qu'en Afghanistan, où l'ennemi se fondait dans le paysage comme dans la population, les forces spéciales étaient les seules à voir qui elles tuaient...

Capitaine de vaisseau Pedro : C'est vrai. Mais à l'époque, nous, après, on triait juste les cadavres, on regardait ce qu'ils avaient sur eux. Aujourd'hui...

JCN : Ils font des prélèvements ADN.

Capitaine de vaisseau Pedro : Cette dimension supplémentaire n'est pas facile à vivre.

Capitaine de vaisseau Philippe : Mais elle n'est pas spécifique aux forces spéciales. Par exemple, une frégate de surveillance de la marine nationale a dû faire le relevé des corps de l'AF 447, le Rio-Paris qui s'est écrasé dans l'océan Atlantique[1]. Ils devaient réaliser des tâches ingrates : remonter les corps à bord, mais aussi les inspecter pour relever les éléments distinctifs… Celui qui se serait montré le plus fort, entraînant les autres, aurait été un jeune matelot de 18 ans qui était le neveu d'un employé des pompes funèbres ; il faisait ce métier à 16 ans pour gagner un peu d'argent…

Adjudant Bonie : Après une opération, il faut être sûr de qui a été tué dans le camp adverse. Donc, pour exécuter une reconnaissance faciale éventuellement, on fait des photos de cadavres. Le fait de les montrer dans les stages avant déploiement prépare les opérateurs à voir ce genre de scènes sur le théâtre. Cela permet à l'esprit d'avoir cette espèce de tampon entre la dureté de la réalité et ce qu'il a pu se construire dans sa tête.

JCN : Cela se fait dans toutes les unités forces spéciales ?

Adjudant Bonie : Oui et dans toute la chaîne : en commando, sur le théâtre, au COS même. Il y a plus de pragmatisme sur cette question. Quand j'ai été déployé en Afghanistan la première fois, on ne diffusait pas certaines scènes aux états-majors en France par peur de choquer. J'étais « rens », cela me dérangeait d'un

1. Le 1er juin 2009.

point de vue professionnel. Je me disais que cela permettrait une prise de conscience collective des conditions sur place, après un engagement. Les états-majors sont faits de militaires comme nous, qui, à un moment donné, doivent se rendre compte de ce qu'on vit sur le terrain. Ce n'était en rien du voyeurisme, cela transcrivait juste la violence de nos combats. Aujourd'hui, on est sur des engagements durs où tout le monde est passé en Afghanistan ou en Irak, ça s'est donc démocratisé.

Capitaine de vaisseau Philippe : Le rapport à la mort dans nos unités a évolué de la même façon que dans la société. Maintenant, on a des jeunes plus solides sportivement, mais globalement moins résilients dans leur tête parce que jamais griffés par une société qui les a élevés dans un cocon, où la mort est absente. De manière simpliste, le commando marine d'il y a quarante ans était fils de marin-pêcheur, il faisait la veillée funèbre de sa grand-mère pendant une semaine et l'accompagnait derrière le cheval au cimetière du coin. Quand j'étais instructeur à l'École navale, je posais la question : combien d'officiers ont déjà vu, voire touché un cadavre ? Très peu.

Médecin en chef Zac : Même avec quelques années de formation, on ne rattrape pas vingt ans de société matérialiste. Nous, les médecins, on a été mis en présence de la mort dès la deuxième année de nos études. On sait à quoi elle ressemble, son odeur. Mais un jeune opérateur va le découvrir pour la première fois sur le terrain. Il faudrait que l'on puisse parler beaucoup plus facilement de la mort, qu'au moins chaque homme l'ait fait avant de partir en opération. Mais ce n'est pas le cas. Il faudrait aussi que le commandement soit ouvert à ce genre de sujets, or c'est un peu tabou…

Général Éric Vidaud (GCOS) : Je ne peux pas nier qu'il y a des syndromes post-traumatiques dans les forces spéciales. Pour diminuer ce risque, on pousse l'entraînement le plus loin possible, jusqu'à la résistance aux interrogatoires.

Colonel Diego : Je ne sais pas si le SPT est un phénomène nouveau. Peut-être qu'avant on ne le prenait pas en compte de la même manière. Je ne sais pas non plus s'il y avait plus de pudeur parce qu'à l'époque de l'Algérie ou des grands conflits, les morts et les blessés, c'était par milliers qu'on les comptait, et donc on en parlait peut-être moins.

Général Thibault : En 2013-2014, le général américain commandant le JSOC, du style bon parachutiste à l'ancienne, nous avait indiqué qu'il n'y avait pas de SPT chez lui. On était reparti un peu sceptiques… Et de fait, dès son arrivée, son successeur a fait de la détection des SPT un de ses sujets prioritaires…

Colonel Ludovic : Un sous-officier du 1er RPIMa, une grande gueule particulièrement compétente et solide, m'a avoué récemment avoir tout perdu en un an suite à un SPT, alors que c'était le premier à dire : tous des femmelettes, les mecs qui font des SPT !

Capitaine de vaisseau Pedro : Au commando Hubert, pareil : celui qui allait voir le psy était considéré comme le faible de la bande.

Colonel Ludovic : Ce sous-officier m'a dit qu'il ne dormait plus, qu'il rêvait sans arrêt d'une mission qu'on avait faite ensemble au Rwanda. Alors qu'il était rentré sans problème, c'est ressorti vingt-cinq ans après. Il remonte la pente juste maintenant.

Colonel Diego : Aujourd'hui c'est bien pris en compte ; le curseur est au bon niveau. Est-ce qu'il y en a plus ou moins dans les forces spéciales qu'ailleurs ? Je ne sais pas.

Capitaine de vaisseau Samuel : Les autres populations très touchées par les SPT sont les pompiers et les médecins, mais très souvent ils ne sont pas détectés, et donc ils ne sont pas traités. Nous, on a la chance d'être suivis et traités, car à opérations hors norme, surveillance hors norme.

Général Frédéric Beth : Notre devoir de chef, c'est de prendre en compte ce phénomène sans trop lui donner d'importance non plus, sans risquer de fragiliser nos hommes. Il faut savoir jusqu'où ne pas aller. C'est important et encore plus pour les forces spéciales. La stabilité émotionnelle recherchée à la sélection prime.

Médecin en chef Zac : Je suis assez attaché à ce qu'on pourrait faire en termes de prévention du mal-être que les gens peuvent ressentir à la guerre. Quand ils ont une forte vie intérieure, qu'ils la cultivent, ils sont assez solides dans l'esprit. Face à l'horreur de la guerre, ils disposent d'un socle consistant qui agit non pas comme un amortisseur, mais comme un rempart sur lequel ils peuvent s'appuyer. On y travaille en ce moment : comment identifier que tel commando a suffisamment d'épaisseur pour endurer des coups durs ? On ne trouvera probablement pas la réponse, il continuera à y avoir des SPT, mais ce qu'il faudrait éviter, c'est que, dans l'espèce de fourre-tout de difficultés psychologiques liées à la guerre, on y mette des gens qui ont des états d'âme assez sains, et naturels dans l'adversité, mais qui, par défaut de dialogue avec leur chef, avec leur médecin, avec leur famille, avec leurs camarades, n'ont pas trouvé la ressource autour d'eux qui leur permette de traverser cet épisode « normalement ».

JCN : Quelles mesures ont été prises pour essayer d'endiguer la survenue de SPT ?

Général Grégoire de Saint-Quentin : Ce qui nous a fait progresser, c'est ce que j'ai imposé, au début au moins, aux forces spéciales : le passage par un sas au retour de mission à l'étranger. Seules les forces conventionnelles s'y pliaient alors.

Adjudant-chef Mazout : Les Anglo-Saxons l'avaient depuis un moment. Cela a fait suite à des retex. On s'est aperçus que les pilotes de Tigre, les tireurs de précision étaient marqués…

Général Grégoire de Saint-Quentin : Quand je suis allé l'expliquer à nos hommes, ils ne l'ont pas bien vécu. Ils m'ont clairement dit : « Ce n'est pas pour nous, mon général. On n'est pas stressés, on vit très bien ce qu'on fait, on est très conscients. » Quelques années après, les mêmes me disent : « Mon général, merci ! »

Capitaine de vaisseau Samuel : Le sas, c'est pour faire une transition avec la vie normale, car la charge émotionnelle d'une mission est énorme.

Adjudant-chef Mazout : En mission, la corde est tendue. Celui qui me dit qu'il n'est pas stressé, ce n'est pas possible : vous êtes à la merci d'un sniper, vous vivez dans un endroit confiné où vous ne pouvez faire que du sport pour essayer de vous défouler. Quand vous allez un peu à l'arrière, la corde se détend, et quand vous rentrez, que vous passez par le sas, là, il y a du mou dans la corde.

Général Grégoire de Saint-Quentin : Il y a une telle différence entre ce que nos hommes vivent en opération avec des accrochages nombreux, l'adrénaline, les vols en hélicoptère, la nuit, le sable, le vent, le saut, les balles qui sifflent et une vie normale dans une ville de province française qu'il est indispensable d'avoir un sas.

Major Mousse : Pendant quatre jours, on profite d'un hôtel 5 étoiles, c'est super sympa. Les psys débriefent tout le monde.

Capitaine de vaisseau Samuel : Le sas n'a pas pour fonction de détecter les SPT. Il sert à sensibiliser aux difficultés du retour et aux signaux faibles qui pourraient marquer un début de stress post-traumatique. Après, nous, aux commandos marine, on a la chance d'avoir mis en place à Lorient un suivi longitudinal grâce à un service de psychologie dédié. Depuis une quinzaine d'années, il a développé un suivi des unités opérationnelles et des SPT. Ces médecins ont un vrai rôle d'accompagnement, de soin. Ils nous connaissent très bien. Même si cela reste incitatif pour les commandos, on cherche à y faire passer tout le monde.

Colonel Michel : Je conseille à tous les gens qui ont vécu des opérations dures d'accepter le fait qu'ils sont fragiles. J'ai donné l'ordre de tuer des gens – enfin, j'ai donné l'ordre de capturer des gens tout en sachant qu'ils avaient de grandes chances de mourir. Ce n'est pas beau, mais je pense aujourd'hui que c'était juste. Peut-être que, dans quelques années, des doutes apparaîtront et cela me posera un vrai problème, je me sais fragile. Et j'espère que tout le monde est dans cet état d'esprit.

Capitaine de vaisseau Pedro : Au cours d'un déploiement, je me souviens avoir dit à tous les participants : « Tout le monde passe chez le psy, vous n'avez pas le choix. » Après, celui qui a des choses à dire parle, celui qui n'a rien se tait. Si le psy fait bien son boulot, il détectera celui qu'il faut suivre.

Colonel Michel : Il y a eu aussi cette espèce de snobisme au 13e RDP : « On est plus forts que les autres, on n'a pas besoin de ça, on veut retrouver nos familles. » C'était en 2008-2012, au moment de l'Afghanistan. Mais à partir du Sahel, on a compris qu'on en avait besoin, quand on s'est mis à faire beaucoup de bilans en face…

Adjudant-chef Mazout : Quand on a perdu Stéphane Grenier[2], j'ai culpabilisé parce que j'étais son sous-chef Ops. Je me dis qu'il serait toujours vivant si je n'avais pas dit au commandement de le faire venir avec son équipe… Donc j'ai été suivi médicalement. Je n'ai pas honte de le dire.

Médecin en chef Zac : Je crois que cet aspect-là a changé. Les gens qui ont besoin de se confier le font. Car on ne leur envoie pas des psychologues de 25 ans qui ne connaissent rien au milieu, mais des professionnels qui en sont imprégnés, et qui, petit à petit, sont devenus légitimes à leurs yeux.

Colonel Lucas : Les médecins font partie de la famille. On a confiance en eux, ce sont des opérateurs comme les autres.

Colonel Ludovic : Le sas n'existait pas quand on a terminé notre mission au Mali mi-2013, mais à Ouagadougou, j'ai obligé tous les hommes à rencontrer un psy des armées, habitué à travailler avec les commandos marine. Notre engagement avait été soutenu, long et dur, je voyais une réelle fatigue, on avait supporté une charge de stress importante. Je m'étais dit que certains auraient besoin de vider leur chargeur avant de

2. Sous-officier du 13e RD tué le 23 septembre 2017 en « zone irako-syrienne ».

repartir. Car vous ne devez pas rentrer à la maison avec une arme chargée… Le meilleur moyen, c'est souvent de parler. Le psy prenait tous les groupes en collectif, puis les hommes en individuel, personne n'avait honte de le voir. Il m'a dit après que ça avait été bénéfique et qu'il était reparti avec quelques dossiers…

JCN : Y a-t-il un lien avéré entre un SPT et la répétition ou l'intensité des actions menées ?

Capitaine de vaisseau Augustin : Pas forcément. Aux États-Unis, il y a une surreprésentation des syndromes au sein du personnel administratif qui était en poste dans les bases en Irak.

Colonel Laurent : Il est très difficile pour nous qui ne sommes que des chefs militaires de discerner les constantes de ce mal. Certains explosent à la première occurrence, d'autres intériorisent, d'autres encore semblent intouchables. Le fait est que personne ne sort indemne de ces expériences comme personne n'est immunisé. D'où l'importance de faire attention les uns aux autres.

Général Thibault : De manière générale, les unités du COS me semblent très bien dans leur tête. Je pense même qu'à iso-engagement, de même dureté, il y aura moins de SPT chez nous.

Capitaine de vaisseau Augustin : Un psychiatre s'est penché sur le sujet aux commandos marine. Il a mis en exergue les vertus du stage commando vécu comme un rite initiatique, ainsi que du sentiment d'appartenance à une tribu au sein de laquelle les commandos se sentent à la fois membres d'une élite et responsables de la sécurité des autres membres de leur équipe. Ce sentiment de devoir « tenir son rang », d'être responsable des autres et en retour d'être protégé par les autres semble pouvoir diminuer l'effet dévastateur des traumatismes conduisant au SPT.

Colonel Laurent : Toutes les unités sont touchées. Il y a donc un défi de détection et d'accompagnement. Mais le cœur du sujet est la réduction du facteur de risque. Le profilage psychologique au recrutement permet sans doute d'éliminer les candidats fragiles d'emblée. La question de l'esprit d'équipe et de la densité de l'entraînement est plus complexe puisque l'on observe des occurrences de SPT y compris dans des groupes FS très solides et expérimentés. Dans les forces spéciales, la culture répandue du dialogue, des débriefings à chaud et de l'accompagnement est certainement importante, même si je n'en mesure pas les vertus thérapeutiques. Au bilan, et de mon point de vue de chef militaire, les SPT sont un sujet de doutes et d'inquiétudes plus que de certitudes.

Général Thibault : Il peut aussi y avoir une question de métier. Dans leurs missions de renseignement, les gens du 13ᵉ RDP peuvent bien sûr tomber dans une embuscade, mais tuer, être tué ou blessé, statistiquement, c'est moins fréquent chez eux qu'au 1ᵉʳ RPIMa. Le 13 n'est pas structuré autour d'une logique « je vais monter à l'assaut, je vais donner la mort », en revanche il a un facteur de risque majeur pour les SPT : l'isolement. Les commandos marine ou du 1ᵉʳ RPIMa sont plus exposés à la mort, mais quand ça leur arrive, ils sont en groupe, souvent entre copains. L'équipier du 13, lui, peut être seul. Ça peut être un facteur aggravant.

Capitaine de vaisseau Augustin : On sait que le groupe a une vertu préventive sur l'apparition de SPT. Un psychiatre avait constaté que ceux qui en étaient frappés dans les commandos étaient ceux qui étaient à l'écart. Par exemple, un groupe a vécu une opération qui s'est bien terminée, mais où il a eu très chaud. Celui qui ne s'en est pas bien remis et qui a eu un sale coup – à l'époque on ne parlait pas de syndrome –, c'est celui qui venait d'un autre commando parce qu'il avait fallu compléter l'équipe, et qui ne s'était jamais vraiment bien intégré ; il s'était retrouvé isolé pendant l'événement.

Capitaine de vaisseau Samuel : On peut penser que les forces spéciales sont moins sujettes aux SPT grâce à leur formation et leur expérience. Mais en proportion, je crois que c'est l'inverse car les opérations sont très dures. Les commandos ont une capacité supérieure à endurer, mais le rythme et l'abrasivité des missions sont tels qu'elles ont quand même un impact.

Colonel Diego : On a du mal à expliquer les causes d'un SPT. Normalement, cependant, ce n'est pas seulement lié à une vision macabre. Le cadavre en morceaux d'un individu tué par un obus de 30 mm, ce n'est pas beau, un opérateur peut en être choqué, il peut en faire des cauchemars, mais ce n'est pas forcément ça, un SPT. On a identifié deux causes principales aux syndromes. Soit c'est quelqu'un qui s'est vu mourir à un moment donné, de manière violente, par exemple sous le feu ou lors d'un incident en descente de l'hélico en corde lisse. Il s'est dit : là, ça y est, je vais y passer. Une décharge de je ne sais quelle substance a lieu dans le cerveau qui est touché définitivement. La deuxième cause de SPT, un peu liée, mais de nature différente, c'est l'accumulation de situations traumatisantes, pas du niveau de celles que je viens d'évoquer, mais des petites choses, et à un moment donné, l'individu s'effondre ; là, on est plus dans le cas d'opérateurs assez expérimentés.

Major Mousse : Un médecin nous a dit que le stress, c'est comme un récipient qui se remplit au goutte à goutte et qui, s'il n'y a rien pour le vider, finit par déborder.

Colonel Ludovic : Un de mes anciens soldats que j'ai formé il y a vingt-cinq ans est actuellement en prison pour avoir tiré sur quelqu'un dans un bar… C'était pourtant le meilleur de ma section, un type posé, humble, une grande carrière, adoré par tout le monde. Une bagarre a mal tourné, il a pété un câble… En fait, il avait du mal à se réadapter à la vie civile quatre ans après son départ. Il est en syndrome post-traumatique.

JCN : Un SPT peut donc toucher les très expérimentés comme les tout jeunes…

Major Mousse : Quand je suis entré dans l'armée, au début des années 1980, je suis allé au combat pour la première fois à ma dixième année de service environ. Aujourd'hui, le délai est réduit à deux ans pour les jeunes et même après avoir reçu la formation commando, ils ne sont pas forcément préparés à ce qu'ils vont voir.

Colonel Diego : Je ne suis pas persuadé que quelqu'un soit capable de répondre précisément à cette question. Je ne sais pas si, plus on est ancien, plus on a une carapace pour résister à ce genre de blessures. Ou à l'inverse, si, plus on est ancien, plus on court le risque, avec la succession d'événements, de faire le truc de trop… C'est pour ça qu'il est important que l'on se demande régulièrement : est-ce que ce n'est pas l'opération de trop ? On se le dit tous, particulièrement quand vient la dernière manip au bout d'un mandat de quatre ou six mois…

JCN : La dernière mission doit être particulièrement dure...

Colonel Diego : La première aussi, mais c'est différent. C'est bête à dire, mais on accepterait moins d'avoir des pertes sur la dernière manip qu'en milieu de mandat. C'est psychologique. Et là encore, on en revient au rôle du commandement, jusqu'au niveau chef de groupe : il faut rester dans le tunnel, concentré jusqu'à la dernière minute, tant qu'on ne s'est pas décroché de l'hélico qui nous ramène à la base...

JCN : Faudrait-il donc limiter le nombre d'opérations auxquelles un opérateur des forces spéciales serait autorisé à participer ?

Capitaine de vaisseau Pedro : C'est très compliqué. Il ne faut pas trop de missions, sinon les hommes sont usés, et il ne faut pas qu'il n'y en ait pas assez, sinon ils s'ennuient...

Capitaine de vaisseau Samuel : Il ne faut pas croire que, dans les forces conventionnelles, ils n'ont pas aussi un rythme d'opérations important. Ce qui caractérise les forces spéciales, c'est qu'elles sont engagées dans des opérations globalement abrasives. Les hommes sont confrontés à des situations stressantes, éprouvantes sur le plan psychologique, à cause de l'isolement, du stress permanent, de l'environnement rustique... Jusqu'à leur départ d'Irak, les forces spéciales américaines par exemple étaient devenues une machine de guerre, au sens d'un ensemble huilé, avec une puissance de fonctionnement, mais qui s'était déshumanisée. Les opérateurs partaient, revenaient, repartaient. Ils étaient sans cesse sous forte tension et donc ils ont fini par s'épuiser. Nous devons nous garder de ce modèle-là.

Général Éric Vidaud (GCOS) : Il n'y a pas chez nous de surchauffe actuellement. Nous avons un niveau d'emploi qui permet la régénération des troupes par un retour à l'entraînement, des permissions, etc. En général, les hommes font une mission de quatre mois par an et c'est bien, cela reste soutenable – les absences de garnison pour entraînement à l'extérieur ne sont certes pas comptées et les pilotes d'hélicoptère font peut-être plus parce que leur déploiement ne dure que deux mois. Le danger, c'est la saturation, qui engendre des problèmes familiaux, des aigreurs chez les opérateurs obligés de repartir… On essaie aussi d'alterner les théâtres, et puis les missions en elles-mêmes changent. Hier, on traquait les terroristes dans la zone sahélienne, désertique, disons au nord de Kidal, où on avait tout ce qu'il fallait en termes de renseignement, l'appui des hélicoptères. On était en zone de confort grâce à nos capacités et, quelque part, grâce au terrain. Aujourd'hui, c'est différent : on évolue dans des zones de forêts, de hautes herbes, avec donc une difficulté d'être appuyés par les drones ou par les hélicoptères. Et demain, on travaillera peut-être dans le domaine fluvial… Ce n'est jamais la même mission, cela nécessite de l'adaptation et évite l'effet répétitif.

JCN : La victime d'un SPT quitte-t-elle l'unité ?

Capitaine de vaisseau Samuel : Non, pas nécessairement. On peut vivre avec et on peut même se soigner. Nos opérationnels touchés par un SPT sont suivis psychologiquement, ils sont équilibrés. Ils sont un peu malades, mais à un seuil de maladie qui leur permet sans aucune restriction d'exercer leur métier.

JCN : Donc des SPT peuvent être réengagés en opération ?

Capitaine de vaisseau Samuel : Bien sûr. Il y a différents degrés. Certains ne sont impactés que légèrement.

Colonel Michel : Ceux qui ont fait un syndrome sont suivis médicalement, mais cela ne veut pas dire qu'ils ont dominé leurs problèmes. La preuve : j'ai vu deux hommes dont les médecins m'avaient dit qu'ils avaient guéri d'un SPT et qu'ils pouvaient être réengagés. Les deux ont fait une nouvelle crise… Aujourd'hui, vous avez 22 suicides par jour de vétérans américains de l'Afghanistan et de l'Irak, des conflits datant d'une quinzaine d'années…

JCN : De manière plus générale, leur effectif réduit y aidant sans doute beaucoup, on peut dire que les forces spéciales veillent particulièrement sur leurs blessés…

Lieutenant-colonel Gildas : On n'abandonne pas les camarades. Il y a le côté humain : c'est un copain, un camarade de combat, on ne peut pas le virer comme ça. Et il y a le côté commandement : on a investi sur lui, cela fait dix ans qu'on le forme, il est fiable et expérimenté, on ne peut pas s'en séparer au premier incident. Par exemple, en opération, un commando est grièvement blessé par une explosion, il faut l'amputer de la jambe. Je vais le voir à l'hôpital, il est effondré : il vient de recevoir sa lettre de congédiement de l'armée de terre – c'était la règle à l'époque après un temps d'inaptitude… Il avait une dizaine d'années de service, de belles compétences en tir et en contre-terrorisme (CT) notamment. Je lui ai dit : « Écoute, on va tout faire pour te garder, on va te trouver la bonne prothèse pour te permettre de courir et moi je suis prêt à t'utiliser en formation CT. Remets-toi et même, si ça marche, on pourra t'envoyer en formation d'unités étrangères » – ça, c'était histoire de lui donner une perspective. Les ressources humaines statuent : « Impossible, sinon on vous retire un poste TAP[3] au régiment. » J'ai répondu : « Retirez donc un poste, je garde le commando blessé. » Et le régiment en a fait un instructeur CT et il est parti en mission à l'étranger !

3. Troupes aéroportées.

16

Blessé

Juillet 2015. Les cheveux plus sel que poivre, le major Sam du 1er RPIMa a 43 ans, une vingtaine d'années de compagnie de combat, trois passages en Afghanistan à son actif. C'est son troisième séjour à Sabre Whisky, le camp des forces spéciales installé en bordure de Ouagadougou d'où elles mènent toutes leurs opérations de Targetting. Il commande un groupe qui pratique le saut à très grande hauteur, c'est-à-dire au-dessus du FL120, soit 4 000 mètres. Dix hommes, un seul militaire du rang, neuf sous-officiers, 37 ans de moyenne d'âge. Ce jour-là, une HVI est repérée dans le nord du Mali. Il a été l'instigateur d'une prise d'otages, il doit rendre des comptes. Le groupe est sur les starting-blocks…

*

Major Sam : Le drone se met en attente sur un campement où on identifie la HVI. À un moment donné, son véhicule part en direction de la frontière… Donc, on décide d'intervenir avant qu'il ne la franchisse. Il fait jour. On aurait préféré la nuit, mais on doit être aptes à agir en toutes circonstances. La préparation se déroule bien jusqu'à ce que la mauvaise météo arrive. Il ne nous reste qu'une petite fenêtre, mais on est sûrs de nous : il n'y a qu'un seul pick-up avec trois individus, c'est jouable. Le sous-officier opérations de mon groupe et moi-même, avec l'accord de la task force, on a dit : O.K., on prend l'opération. Et on décolle.

JCN : À bord des hélicoptères, le groupe est au complet, soit dix individus, plus le staff médical.

Major Sam : Pour le vol, rien à redire. Mais arrivés sur zone, on pose trop loin. Ça peut sembler anodin, mais dans le sable, 400 mètres, auxquels il faut rajouter les 200 mètres d'approche initialement prévus, ça fait beaucoup… Dès que je me rends compte de l'erreur, on se réarticule et on fait ce qu'on peut pour gagner l'objectif. Sauf que l'ennemi, lui aussi, s'est réarticulé… On tombe sur le véhicule avec seulement deux individus. Celui qui nous intéresse, la HVI, s'est enfui. Je laisse une équipe sur place et je décide de continuer avec la mienne pour aller le chercher. Nouvel imprévu : par rapport aux photos satellite dont on disposait, il y a beaucoup plus de petit kékés, des arbustes, qui sont autant de caches potentielles. Soudain, quelqu'un passe devant nous. J'épaule mon fusil, mais je ne tire pas parce que je ne vois pas d'arme…

JCN : Cette retenue est importante à mentionner…

Major Sam : Il n'a pas d'arme, donc ça peut être un berger qui a pris peur. Pour la même raison, l'opérateur à côté de moi ne tire pas non plus. On continue la progression. À un moment donné, je m'arrête de courir parce qu'il faut que je prenne la radio ; je ne peux pas parler correctement en courant ou en marchant vite. Donc, je prends le temps qu'il faut avec le sous-officier opérations qui est juste derrière moi. C'est là que les premiers tirs commencent. Je suis soulagé parce que je me dis qu'on va enfin savoir où il est. En plus, il nous engage, donc c'est bon, on peut riposter. Ma première idée est de rejoindre mes opérateurs pour voir où ils sont parce qu'ils ont continué de marcher, eux. Ma progression se fait sous le feu. La HVI arrose un peu tout le monde, je ne suis pas spécialement visé. Enfin, j'ai le visuel sur mes hommes. Je me mets au sol et juste au même moment, l'hélicoptère Tigre annonce : « J'ai le visuel je peux tirer. » Mais je ne savais pas s'il nous voyait. Et tout ça, ça dure quelques secondes. Donc, je lui réponds : « Négatif, pas de feu, je suis en train de manœuvrer. » Mon objectif, c'est de rejoindre mes hommes, de figer la situation et, après, de faire notre plan d'attaque. Mais en fait, en rejoignant la position de l'équipe, je prends une première balle dans la jambe.

JCN : Comment réagissez-vous ?

Major Sam : Ce n'est pas comme dans les films, on ne continue pas à marcher… J'étais à cinq mètres de mon premier binôme, Benoît, je n'ai pas pu le rejoindre. Il y a une mare de sang, et puis ça fait un putain de mal de chien ! Donc, je reste sur la position, je prends la radio et j'annonce : « Blessé. » Dans ce laps de temps très court, je pense que le terroriste me voit, sans doute à cause de l'antenne de la radio, et de nouveaux tirs partent dans ma direction et ça devient l'enfer parce qu'il tire partout. Je prends une deuxième balle qui me transperce l'épaule. Mon binôme me rejoint alors. Il essaie de me tirer. Mais là, pareil, on n'est pas au cinéma : il n'y arrive pas tout seul car les tirs l'obligent à rester accroupi. Donc, Casey arrête de tirer et tente d'aider Benoît à me mettre à l'abri. Sauf que, puisqu'il n'est plus visé, la HVI se remet à tirer et blesse Casey… On se retrouve tous les trois couchés au sol, avec la cible qui tire sans arrêt. Et une troisième balle me passe juste sur le côté…

JCN : Qu'est-ce que vous vous dites ?

Major Sam : À un moment donné, j'en ai plein la gueule, c'est le cas de le dire… Je n'en peux plus… J'ai trop mal, j'ai envie de mourir. Et ça ne me choque pas parce que, vraiment, je n'en peux plus… Chris, le sous-officier opérations, m'appelle à la radio et je n'ai pas la force de lui répondre. En termes de douleur, la blessure par balle est certainement ce que j'ai connu de pire…

JCN : Avez-vous ressenti l'impact de la seconde balle de la même façon ?

Major Sam : La première m'a choqué parce que je ne savais pas ce que c'était. J'ai cru m'être enfoncé un morceau de bois dans le pied, surtout qu'il y avait plein d'arbres. Une demi-milliseconde après, j'ai ressenti un pic de douleur énorme, le sang a commencé à couler abondamment et là j'ai compris qu'il y avait un problème. Mais pour autant, je n'ai pas lâché mon arme, j'étais énervé. Si j'avais vu la cible, je lui aurais tiré dessus. La seconde balle, elle, m'a séché. Je suis tombé, j'ai lâché l'arme et je me suis dit : « Bon, ben, dans trois secondes je meurs… »

JCN : C'est à ce point-là en termes d'intensité ?

Major Sam : Oui. Les anciens disaient que celui qui n'est pas passé par là, qui n'a pas connu le feu, il ne peut pas savoir. C'est, voilà… un truc… Je n'ai même pas de mot pour le décrire.

JCN : Comment avez-vous finalement repris le dessus ?

Major Sam : Alors que moi, je suis totalement terrassé par mes blessures, incapable de dire quoi que ce soit, juste à côté, Casey, dont une balle a fait exploser le fémur, crie de douleur. Il s'est emparé de sa seringue de morphine à son épaule, mais l'aiguille s'est cassée sur la double couture de son pantalon… Ses cris, plus les appels à la radio de Chris… Je me dis qu'à l'arrière, ils veulent un compte rendu, et que les hommes attendent les ordres du chef. Or le chef, c'est moi…

JCN : Ce sont vraiment ces cris qui vous font vous raccrocher à la vie ?

Major Sam : S'il n'y avait pas eu la radio, les cris de Casey et les hommes qui s'interrogeaient, je serais mort. Vu l'état dans lequel j'étais, à un moment donné, le corps dit adieu. Et vous partez. Sans penser à votre famille ou je ne sais quoi… Vous ne pensez à rien, vous êtes déconnecté de tout… Vous êtes mort au combat, voilà… Mais du coup, ça me fait réagir, je ne sais pas au bout de combien de temps, quelques secondes ou quelques minutes. Je me dis que je ne peux pas les abandonner ! Il faut que je leur parle ! Il me reste peut-être 10 % de mes ressources, je les utilise toutes pour prendre la radio et dire : « On a deux blessés, on est fixés. » Puis j'appelle mon adjoint, Cédric, et je lui dis : « Reviens sur moi manœuvrer parce qu'on est touchés. » En face, la HVI continue toujours de tirer. Et le Tigre revient dans le réseau et annonce : « Je suis en mesure de traiter. » À cet instant, je sais où est l'équipe, donc je lui dis : « Vas-y, chaud patate ! » Le Tigre tire, blesse l'individu et lui fait cesser le tir. Cédric peut donc revenir sur moi, je lui fais le compte rendu et là, le médecin arrive avec l'infirmier. Je me dis : « Un médecin ! Ouf, je suis sauvé ! » Pendant ce temps, l'appui du Tigre permet à Cédric de se réarticuler, de manœuvrer et de neutraliser l'individu.

JCN : Mais tout n'est pas fini pour vous…

Major Sam : Non. Il faut faire les comptes rendus, gérer la HVI et… nous évacuer ! Mais la météo est encore mauvaise. Le toubib annonce à la radio deux « alphas », c'est-à-dire deux blessés graves. Moi, je suis « alpha rouge » : j'ai la jambe et l'épaule ouvertes, une tension très basse, trop basse d'ailleurs pour qu'on puisse me donner des antidouleurs, je ne peux pas être évacué tout de suite. Je pars à un moment… Je suis récupéré. Pendant ce temps, tout le groupe se resserre autour de moi.

JCN : Combien de temps êtes-vous encore resté sur place ?

Major Sam : Je ne sais pas. D'abord je suis stabilisé. Une évacuation est demandée par le sous-off opérations, mais il y a des orages. Là, je dois saluer le courage des pilotes de Barkhane. Parce que si c'est notre détachement d'hélicoptères Sabre qui nous avait amenés, ils étaient en limite de potard et n'ont pas pu nous ramener. C'est donc Barkhane qui, malgré la tempête, est venu nous chercher et nous ramener à Gao, au Role 2[1], où nous avons été pris en charge par la chaîne médicale.

JCN : Le transport n'a pas dû être des plus agréables…

Major Sam : J'ai quelques bribes de souvenirs dans l'hélico, mais j'étais out. Ils ne m'ont pas opéré tout de suite parce que mon état ne le permettait pas. Donc, ils se sont occupés de Casey, et moi, ils m'ont pris dans la nuit.

JCN : Quand votre famille a-t-elle été prévenue ?

Major Sam : Le lendemain matin, le médecin est venu me dire que ce serait bien que j'appelle ma femme parce que le chef de corps allait le faire ; il avait attendu d'avoir le résultat des opérations pour ça. Je veux vraiment saluer le service médical du Role 2, parce qu'ils n'avaient pas de téléphone, donc tous les chirurgiens, tous les infirmiers nous ont donné leurs cartes pour que Casey et moi nous puissions appeler.

JCN : Quelle fut la réaction de votre épouse ?

Major Sam : Elle a été choquée. Quand le chef de corps vous appelle à 7 h 30… Néanmoins, je l'avais prévenue : « Si un jour quelqu'un t'appelle, c'est qu'il y a quelque chose de grave qui s'est passé, mais c'est stabilisé. En revanche, le jour où tu vois des officiers en tenue devant le portail, là… » Tout de suite les amis sont venus la voir, ça l'a beaucoup aidée.

JCN : Et à vos enfants, comment la nouvelle leur a-t-elle été communiquée ?

Major Sam : L'aîné avait 10 ans, il a compris et donc pleuré. Le dernier, qui en avait trois de moins, lui, il

1. Module de chirurgie vitale.

n'a rien dit. Je n'ai pas voulu qu'ils accompagnent ma femme la première fois où elle a été autorisée à venir me voir à l'hôpital militaire de Percy. Je ne les ai revus que quand, après quatre mois de mission et au bout d'un mois et demi d'hôpital, on a convaincu le médecin-chef de nous accorder une semaine à la maison.

JCN : Ça a dû leur faire drôle de voir leur papa blessé...

Major Sam : J'avais des bandages partout, mais ils étaient contents.

JCN : A posteriori*, avez-vous des regrets sur l'opération en elle-même ?*

Major Sam : Non. Il n'y a pas eu de faute, c'est le brouillard de la guerre, un grain de sable dans le dispositif. On s'est posés trop loin, on a perdu l'ascendant, donc on a essayé de faire au mieux ensuite…

JCN : Le djihadiste était celui qui est passé devant vous ?

Major Sam : Oui. Il avait planqué la kalachnikov sous sa djellaba. Mais on n'en était pas sûr. Et notre mission, c'était : « Capturer ou neutraliser » ; il y avait d'abord le mot capturer. Je l'ai dit aux hommes avant de monter dans l'hélico : « On va d'abord essayer de le capturer. Si on ne le peut pas, on neutralise. »

JCN : Les gens d'en face savent que vous ne tirez pas sur des gens désarmés...

Major Sam : Oui. Après, quand la HVI a vu la Gazelle tourner autour de lui, il s'est senti pris au piège et donc il a commencé à tirer. S'il n'y avait pas eu les hélicos, et si on n'avait pas poursuivi la progression… En fait, c'est nous qui avons déclenché ça parce que si on s'était arrêtés au véhicule, la HVI se serait cachée et il n'y aurait rien eu. Mais quand l'hélico a annoncé qu'il s'était enfui, j'ai relancé le dispositif…

JCN : Quelles sont les leçons que vous tirez personnellement de cette mission ?

Major Sam : C'est dans ce genre d'instants qu'on mesure l'importance du chef de stick. Parce que là, ce n'est pas le GCOS ou le président de la République qui est responsable de vos dix hommes, c'est vous. Ça change tout. Par exemple, Casey aurait été blessé par un tir du Tigre que j'aurais autorisé, je ne me le serais jamais pardonné. Ensuite, la peur, à ce moment-là, n'existe pas. Quand je parlais à la radio et que l'ennemi tirait, je n'en avais rien à faire. Ça me passait au-dessus ou à côté, mon but, c'était de parler à l'hélico, au sous-off opérations et de rejoindre mes hommes.

JCN : Vous êtes resté combien de temps à l'hôpital ?

Major Sam : De juillet à octobre.

JCN : Les blessures furent-elles seulement physiques… ?

Major Sam : À la fin de l'année 2015, je suis revenu à Bayonne en me disant que ça allait. Mais en fait non. J'ai essayé de reprendre le groupe puisqu'il me restait encore quelques mois à sa tête, jusqu'en juillet, mais je n'y arrivais pas. Donc, je l'ai rendu en janvier et ça, psychologiquement, ça a été dur. Toute l'année 2016 a été difficile parce qu'il y a eu les enchaînements rééducation-douleurs-Percy. Heureusement, le régiment veille sur nous, il y a toujours des yeux qui observent et préviennent le commandement quand ça ne va pas…

JCN : Je peux témoigner du fait que lors de mes rencontres avec les forces spéciales durant ces cinq années, on me donnait régulièrement des nouvelles de vous... Comment avez-vous réussi à reprendre le dessus ?

Major Sam : À Percy, j'avais dit que, un an jour pour jour après ma blessure, je repasserais les tests à Bayonne. Et c'est ce que j'ai fait en juillet 2016. Bon, j'ai bien serré les dents, mais c'était mon challenge. Et psychologiquement, la machine s'est remise en marche. Mais en fait, on se dit qu'on ne guérit jamais, on survit. Quasiment tous les blessés du régiment – et on en a eu beaucoup ces dernières années – sont partis… On ne peut que survivre parce que tous les jours, il y a le rappel de la douleur. Et mine de rien, vous y repensez. Surtout quand on a été chef de stick comme moi, les responsabilités sont énormes. On ne les mesure pas quand tout se passe bien mais, par exemple, tous les jours je côtoie au régiment la femme de Casey qui lui, en revanche, est parti… Je me dis : « J'espère que je n'ai pas fait d'erreur… »

JCN : Vous aviez travaillé très durement pour accéder au commandement de votre groupe et lui obtenir les missions dont vous rêviez depuis des années, vous est-il arrivé d'en vouloir à celui qui était en face ?

Major Sam : Pas du tout. C'est le job. J'ai commandé un stick, celui que je voulais, j'ai eu ma part. Il y a juste eu la frustration de l'avoir quitté comme ça. Mais je n'ai aucune haine vis-à-vis du type d'en face. Il a eu sa chance, il l'a saisie, nous, on a eu des complications, c'est donnant-donnant. Pas de haine, pas de rancœur.

JCN : Mais cinq ans plus tard, vous êtes toujours en rééducation...

Major Sam : Oui, car mon mollet fonctionne à moitié et je n'ai plus de deltoïde. L'armée de terre en général et le 1er RPIMa en particulier gèrent bien leurs blessés. Aujourd'hui, hormis la douleur quotidienne, je peux dire que ça va…

17

Patriotisme

À chaque attentat majeur, les centres de recrutement des armées voient les candidatures affluer. Ce fut le cas aux États-Unis après le 11 septembre 2001, ce fut le cas en France en novembre 2015 après les massacres du Bataclan et des cafés parisiens. Il est alors inutile de sonder les nouvelles recrues sur leurs motivations qui tiennent autant du réflexe de vengeance que d'un élan altruiste pour protéger leurs concitoyens contre de futures attaques. Ces pulsions peuvent se retrouver chez tout soldat à la lecture de l'actualité. Elles sont aussi chez les clandestins de la DGSE, qui, pour surmonter les angoisses de missions solitaires, sans armes, au fin fond de quartiers à risques, se raccrochent souvent à leur devoir de tout faire pour éviter que leurs familles ne soient détruites par l'explosion d'une bombe dans un métro français. Cette forme de dévouement au service des autres, du pays, pourrait être une définition du patriotisme, que partagent les forces spéciales, mais qu'en reste-t-il lorsqu'elles marchent vers l'hélicoptère qui va les emporter au cœur de la fournaise ?

*

Capitaine de vaisseau Samuel : Qu'est-ce qui fait qu'on va se mettre régulièrement dans cette espèce d'entre-deux, entre vie et mort ? Avant, hors opérations, la notion de service de son pays, de militarité, est forte.

Colonel Laurent : Quand on leur demande pourquoi ils se battent, les équipiers du 13e RDP répondent le plus souvent : « Je me bats pour mes enfants. Je n'ai pas envie qu'ils connaissent telle ou telle horreur. » Il y a une forme d'appropriation du combat.

Colonel Lucas : Tous nos opérateurs rêvent d'engagement opérationnel, on est sélectionnés pour ça, on s'entraîne pour ça. C'est l'aboutissement de notre engagement militaire.

Colonel Jules : Aujourd'hui, le rythme d'actions est soutenu, mais jusqu'au milieu des années 2000, les forces spéciales n'étaient pas forcément en bonne grâce. À l'escadron Poitou, on passait notre temps à s'entraîner de nuit, à faire des largages et des posers dans la Beauce… C'était compliqué pour le moral de l'escadron. Mais c'est là qu'on voit si le recrutement a été bien fait. Les hommes doivent se dire : « Ce n'est pas grave, le jour où on m'appellera au pied levé, je serai prêt. »

JCN : Et ce fut quand ?

Colonel Jules : Il a fallu dix ans pour que le Poitou soit vraiment opérationnel. Et pour cela il nous a fallu montrer à ce milieu « commando » très fermé qu'on pouvait apporter une plus-value avec deux types d'avion complémentaires : le C-160 et le C-130[1]. L'opération qui inaugura les futures missions du Poitou, ce fut

1. Il y eut ensuite le monoplan DHC-6.

l'opération Mamba en 2003. Elle consista à faire poser deux appareils partis du Gabon et de Djibouti, à cinq minutes d'intervalle, pour débarquer les groupes action et reprendre la localité. Malgré un impact de balle dans un aéronef, elle fut un succès.

JCN : Quel fut le premier engagement opérationnel correspondant vraiment à ce que vous rêviez de faire ?

Colonel Jules : Dans le cadre de l'opération Boali en Centrafrique, des troupes françaises se trouvèrent encerclées. Il fallait agir vite et discrètement. Là encore, un C-160 et un C-130 réalisèrent un poser d'assaut à Birao, sur un terrain isolé, dans des conditions hostiles hallucinantes : des troncs d'arbre ayant été déposés en vrac pour bloquer la piste, on a dû faire un créneau, comme avec une voiture, mais avec un avion de 40 mètres d'envergure, 70 tonnes, le tout à la vitesse de l'éclair car à l'extérieur ça tirait ! Les commandos du 1er RPIMa défouraillaient alors qu'ils n'étaient même pas encore sortis. Ça, ce fut la première manip du Poitou, celle qui concrétisa des années d'entraînements pénibles, à rentrer à la maison à 3 heures du mat, déchaîné, parce qu'après deux heures de JVN, vous avez des yeux de hibou et vous mettez des heures à vous endormir, à ne jamais voir sa femme et ses enfants… C'est ça les vraies contraintes des opérations spéciales aériennes. En Centrafrique, on a partagé la vie de nos camarades terriens et marins. On a déployé nos lits picot, nos douches solaires, des packs de flotte, des caisses de munitions – c'était un peu l'ambiance Pappy Boyington !

Major Sam : Pourquoi fait-on tout ça ? Parce que c'est notre métier, on est formés pour… C'est difficile à décrire en fait… On le fait parce qu'on aime ça. Parce que c'est la récompense d'années d'efforts, de sacrifices, de douleurs, de posers de nuit catastrophiques à Bayonne, de séances de tir à n'en pas finir… C'est comme si vous achetiez une moto sportive, vous avez envie de la pousser à son maximum. Et on fait ça parce qu'à un moment, en tant que chef de stick, vous commandez au feu et que commander au feu, il n'y a rien de plus brave.

Colonel Jules : C'est comme à peu près partout ailleurs. Il y a ceux qui vont explorer tous les domaines de leur boulot et ceux qui se contentent de ce qu'ils font. Personnellement, en tant que pilote, on me dit : « On peut t'apprendre de nouvelles techniques, tu vas poser sur des pistes spécialement créées pour toi dans des conditions extrêmes », je dis oui !

Colonel Ludovic : La première des motivations, c'est de faire des opérations spéciales. Cela n'a rien à voir avec le drapeau, avec le patriotisme, avec le pays, c'est juste un truc avec soi. Après, la première mission qui marque, c'est la première fois que vous êtes sous le feu car elle permet de répondre à une question qui n'avait pas encore reçu de réponse : suis-je fait pour ça ? Moi, c'était en Yougoslavie en 1994, on a failli y laisser notre peau alors que l'on raconte toujours qu'il ne s'est rien passé là-bas… Les deux boutons que je porte sur le visage ont poussé cette nuit-là ! Une fois rentré, vous vous dites : « Je jette l'éponge ou je continue ? » Moi, j'ai constaté qu'on avait bien réagi, que ça n'était pas passé loin, mais que rien ne nous avait tétanisés, et donc, j'ai compris que c'était le métier qui me plaisait.

Colonel Diego : Évidemment, quand on prend l'uniforme, c'est qu'on a une certaine conscience d'agir pour le bien commun. Mais à 18 ans, ce n'est pas le ressort premier. Quand on est jeunes, et parfois moins jeunes, c'est d'abord la recherche d'une forme d'adrénaline.

Général Thibault : Ce qui motive les hommes, c'est le goût de l'aventure, de l'exposition, du risque, du dépassement, ensuite de la vie en communauté. Donc, à l'instant *t*, c'est très tourné sur soi-même et sur le groupe. Mais en réalité, pour se mettre dans cette logique-là, qu'ils en soient conscients ou non, les commandos admettent que l'Histoire a du sens, que le collectif a du sens, qu'on n'est pas sur Terre comme des moutons, mais pour y affirmer quelque chose qu'on est prêts à défendre. Là, on rejoint le drapeau, la nation et ce genre de choses.

Capitaine de vaisseau Pedro : Il faut distinguer les phases. Pendant la préparation, il y a l'intérêt de la mission elle-même et c'est toujours exaltant. Ensuite, la nuit ou les quelques heures de repos précédant l'opération, on se recentre sur ce qu'on a à faire, le stress peut monter. Et enfin, il y a le moment où vous êtes devant la porte à franchir. Je ne crois pas avoir jamais vu quelqu'un faire demi-tour à ce moment-là. Il y a une grosse tension, mais elle s'évapore une fois la porte franchie et l'action déclenchée. Tant que les choses ne vont pas trop mal, une espèce de sérénité s'installe, on est à 150 % dans ce qu'on accomplit. Il y a tant de choses à faire : s'infiltrer, trouver un renseignement, retrouver un otage… Et ce qui fait qu'on tient le coup, je pense que ce sont les autres.

Capitaine de vaisseau Samuel : Il faut faire son job, être à la hauteur de ce à quoi on se prépare et être solidaire du groupe. Protéger comme les copains nous protègent.

Capitaine de vaisseau Augustin : C'est un peu le même genre de réflexes que ceux qui poussaient les blessés de 1914-1918 à vouloir retourner au front.

Ils ne pouvaient pas laisser les copains aller seuls au combat.

Colonel Ludovic : L'héroïsme d'une troupe est la somme des héroïsmes individuels. Sous le feu, chacun avance pour sauver non pas le pays, mais le copain d'à côté. Et ça, c'est valable pour toutes les armées en général.

Major Mousse : Il y a des hommes, pas forcément des officiers, pour lesquels vous iriez au bout du monde. Quand on vous dit : « On repart quand vous voulez avec vous », c'est la plus belle des récompenses.

Colonel Lucas : Lorsque vous êtes dans un groupe, tout le monde compte sur vous. Cela explique qu'il y en a qui, se sentant usés, sont capables de dire : « Chef, je ne ferai pas cette mission-là… »

JCN : Dans ces cas-là, comment réagissent l'encadrement et la troupe ?

Colonel Lucas : Il faut positiver : l'individu a eu suffisamment confiance dans la structure pour avouer qu'il souhaitait se mettre en retrait. On va donc le mettre en valeur en disant aux autres : « Voilà, il a évité de faire une bêtise. »

Colonel Laurent : Lorsqu'on fait une carrière dans les forces spéciales, l'envie d'opérations ne saurait, sauf cas exceptionnel, être continue car chacun a une vie à côté. La particularité du 13e RDP est que les équipiers militaires du rang et sous-officiers y font toute leur carrière pour l'essentiel d'entre eux. Ils doivent donc être gérés pendant quinze à vingt ans, trente ans pour les plus anciens. L'expérience montre que l'équipier alterne les phases au cours desquelles il est prêt à enchaîner les missions à un rythme effréné et des périodes de décompression car ce rythme est intenable dans la durée, en particulier pour ceux qui ont des familles. Les possibilités de « pause opérationnelle » existent dans des cellules d'instruction, à la formation des équipiers de recherche ou à l'état-major. Une gestion de bon père de famille doit permettre au régiment de toujours remplir les missions que lui confie le COS ou la DRM, sans altérer son potentiel humain.

Capitaine de vaisseau Augustin : Pour moi, le danger qui guette les forces spéciales, c'est la fatigue opérationnelle. La fatigue en général n'est pas physique, mais psychologique, car ces missions sont exigeantes.

Médecin en chef Zac : Les forces spéciales ne sont pas plus engagées que les autres. Un sous-officier d'un régiment conventionnel m'a raconté qu'il était projeté une fois tous les deux ans à Barkhane et qu'entre-temps, il faisait trois manœuvres en camp d'entraînement, trois Sentinelle[2]. À la fin, cela fait un rythme opérationnel très dense !

JCN : Peut-il y avoir une addiction à l'adrénaline ?

Major Mousse : On devient accro à la guerre, au combat, à l'adrénaline. C'est ce sentiment intense où tout va plus vite en vous. À la fin du combat, vous êtes vidé.

Capitaine de vaisseau Philippe : C'est une drogue dure. Ça peut flatter toutes vos pulsions de gamin. Il y a un engagement, une forme chevaleresque, un esprit de camaraderie, du sens donné à l'action...

Capitaine de vaisseau Samuel : On est venus chercher la mise à l'épreuve, on l'a trouvée, et on se rend compte qu'elle nous nourrit, qu'elle nous satisfait et donc on continue ! Jusqu'à ce que l'on vieillisse...

2. Opération décidée en janvier 2015 pour protéger le territoire national.

Général Grégoire de Saint-Quentin : Au régiment, les hommes pensent toujours que la meilleure mission, c'est la prochaine, celle qu'ils n'ont pas faite.

Lieutenant-colonel Benjamin : La recherche du danger, de l'adrénaline, c'est en général chez le jeune qui connaît sa première opération. Il a 25 ans, il est au summum de sa virilité, il y voit une épreuve de vérité individuelle : qu'est-ce que je vais donner sous le feu, qu'est-ce que je vais me prouver à moi-même… ? Mais cela, c'est intenable dans la répétition. Aujourd'hui, au 1er RPIMa, des opérateurs ont dépassé les 100 assauts. Des Américains en sont à 700 ! Si les hommes en sont à ce niveau, c'est qu'ils ont évolué et ne cherchent plus du tout ça. Au début de l'opération Serval par exemple, il y a eu une désinhibition dans l'emploi des forces spéciales et donc il a fallu déployer des modes d'action techniques à répétition : on partait, on rentrait, on repartait le lendemain… On enchaînait sans arrêt. Celui qui est dans la recherche du danger à ce moment-là, je ne lui donne pas trois jours avant d'être psychologiquement complètement *out*.

Médecin en chef Zac : À chaque fois que j'ai senti que l'addiction à l'adrénaline pouvait poindre, j'ai mis le holà chez mes patients. Le « goût du sang dans la bouche », c'est une ligne rouge, parfaitement décrite.

JCN : Les hommes avouent-ils en général cette addiction ?

Médecin en chef Zac : Le plus souvent, ils ne disent rien car ils n'ont pas forcément conscience du problème… En tout cas, ils sont suffisamment bien construits psychologiquement pour que ce ne soit pas une faille, et donc c'est à nous, et à leur chef, de les amener à la réflexion.

Général Grégoire de Saint-Quentin : Les choses se régulent. La biologie étant ce qu'elle est, l'homme qui vieillit est moins hyperactif, il prend plus de recul. Les gens se marient, ont des enfants… Ils gardent le côté extrêmement performant, concentré, et leur haut niveau d'expertise, mais ils perdent, si jamais ils l'ont eu, ce côté addiction à l'adrénaline. Quand on est chargé de famille, c'est différent de quand on n'est responsable que de soi-même…

Médecin en chef Zac : À 20 ans, on se sent invincible. On n'a pas peur de mourir, par contre on a peur d'être amputé. À 40 ans, on a moins peur d'être amputé, mais on sait maintenant qu'on est mortel…

Capitaine de vaisseau Samuel : On peut trouver alors de l'accomplissement et de la mise à l'épreuve ailleurs que dans le monde de la vie et de la mort.

Général Frédéric Beth : La soif d'opération, d'aventure, d'action peut exister, mais heureusement il n'y a pas que cela. Nous ne partons pas non plus en opération dans le seul but de nous entraîner. Le but est toujours dans la mission. L'Afghanistan, que ce soit pour les forces spéciales ou les forces conventionnelles, fut un théâtre inouï de progression de l'armée française, c'est vrai. Mais on y a perdu 90 hommes !

Capitaine de vaisseau Pedro : L'adrénaline, à un moment, ça ne suffit plus à motiver, surtout quand on s'est fait vraiment peur, qu'on a cassé un ressort (usure morale et/ou physique), ou encore que la pression familiale est devenue trop forte.

Major Sam : Seuls ceux qui n'ont pas connu le feu le recherchent ardemment.

Major Mousse : La deuxième fois que vous allez au combat, vous savez ce qui va se passer. Le vrai courage, c'est d'y retourner quand on sait que la guerre, c'est de la peur, de la merde et du sang.

Capitaine de vaisseau Pedro : Quelqu'un qui fait des missions au cours desquelles il se fait peur, où il engage et où il tue, je pense qu'il peut avoir rapidement sa dose… Je ne veux pas dramatiser les choses, mais face à Daech, voyant ce qu'ils font à leurs prisonniers, les commandos peuvent être amenés à se dire : « Je garde la dernière balle pour moi » ; voilà une décision qui peut légitimement laisser des traces et « user » les hommes, au point de les pousser à faire une pause, voire même à arrêter.

Major Mousse : Je serais incapable de vous dire si j'utiliserais la dernière balle pour moi. Et personne ne pourra vous le dire avec certitude. Mais il faut l'intégrer dans le raisonnement. C'est présent dans nos têtes, toutefois on n'y pense pas.

Capitaine de vaisseau Pedro : Au début de l'engagement, la recherche d'adrénaline est forcément un moteur très fort. Ensuite cela diminue, mais cela reste un des facteurs déterminants. Quand il n'y a plus assez de montées d'adrénaline pour compenser l'usure, la peur et la pression des familles, alors on arrête. Or les opérations ne vont pas en se simplifiant, ni en s'adoucissant, bien au contraire… Au Mali, en Libye, au Levant, les jeunes de maintenant font des missions plus dures que les nôtres, ce qui doit naturellement les amener à atteindre leurs limites et à saturer plus rapidement.

18

Privé

Il est un combat face auquel même les forces spéciales resteront à jamais désarmées. Celui de l'usure du temps et des sentiments. Partir de la maison à 23 heures, se poster quelques heures plus tard sur un piton malien, ne rentrer qu'au bout de quatre mois après avoir vaincu l'imprévu, c'est sans doute ce qui les fait vibrer le plus intensément, mais c'est aussi ce qui peut s'avérer destructeur pour leurs familles, mission après mission, irrésistiblement, comme la goutte d'eau qui finit par faire éclater la roche. La difficulté à protéger la famille de l'impact de vies si mouvementées n'est pas propre aux troupes du COS. Tous ceux qui ont la chance d'avoir une passion pour métier s'y exposent. Les forces spéciales partagent aussi avec les unités de sécurité intérieure l'exposition à des scènes potentiellement traumatisantes dont elles ne disent rien à leurs proches afin de les préserver. Mais dans combien de professions les journées consistent-elles à discuter avec l'épouse à 18 heures des devoirs des enfants et à embarquer une heure plus tard dans un hélicoptère pour aller assaillir un groupe de fanatiques qui ne rêvent que d'emporter dans la mort ceux qui rejettent leur vision de la société ?

*

JCN : Les divorces sont-ils aussi fréquents dans les forces spéciales que chez les clandestins de la DGSE ?

Colonel Lucas : Il y en a malheureusement beaucoup. À cause du rythme des opérations, de ce mode de vie très exigeant.

Capitaine de vaisseau Augustin : Au commando Hubert, le taux de divorces est élevé et très lié à la répétition des engagements. Par exemple, il fut une époque où nos tireurs d'élite cumulaient trois cents jours d'absence par an parce qu'ils ne sont pas facilement remplaçables. *Idem* pour les sous-officiers les plus capés, c'est une ressource que tout le monde veut dans son détachement… Et comme ces gens-là adorent ce qu'ils font, ils ne vont pas d'eux-mêmes décider de faire un break pendant deux ans.

Colonel Lucas : On ne demande jamais à un opérateur de sacrifier son couple. On lui demande au contraire d'avoir une vie privée la plus équilibrée possible. Et on y veille.

Colonel Michel : Quand c'est possible, on essaye de proposer un accompagnement aux familles. C'était mon choix en tout cas. Ma femme acceptait de m'aider dans cette tâche, c'est-à-dire que, quand on partait en opération, tout le monde avait son numéro pour vérifier si tout se passait bien. Elle proposait des activités, il y avait des arbres de Noël en l'absence des maris…

Major Mousse : Il n'est pas facile de faire la part des choses. Il y a ce sentiment qui vous dit qu'il ne faut surtout pas rater telle ou telle mission, mais il faut aussi savoir s'occuper de sa famille car dans ce job elle souffre énormément. Il y a les absences, les Noëls loin des enfants, les fêtes de l'école ratées, mais il y a surtout la peur des conjoints. Ma femme m'a avoué ne pas dormir quand elle sait que je ne suis pas en sécurité. Elle m'a raconté ses peurs et ses angoisses et c'est là qu'on se rend compte à quel point on peut être égoïste de partir en opération en lui laissant les soucis du quotidien. Alors, oui, pendant les permissions on laisse le téléphone allumé, et on le consulte en essayant d'être le plus discret possible, mais je crois que ça s'appelle le sens du devoir.

Capitaine de vaisseau Samuel : Chez les commandos marine, on a un suivi du facteur humain par un panel pluridisciplinaire de médecins et de psychologues afin de mesurer l'impact des missions. La vie familiale en particulier est scrutée.

JCN : Les hommes peuvent ainsi se voir suggérer une affectation temporaire en dehors de leur unité.

Colonel Lucas : Oui. À un moment donné de la carrière, il faut sortir des forces spéciales. Le cursus le prévoit pour les officiers.

Colonel Michel : Un saint-cyrien qui a le potentiel pour commander le régiment ne fera pas vingt ans d'affilée au 13e RDP. Au mieux, il fera sept ans jusqu'au grade de capitaine, et après, il ira passer le concours de l'École de guerre. S'il a la chance d'être celui qui est retenu pour commander le régiment, il reviendra d'abord comme numéro 2, chef Opérations, puis il repartira dans un état-major ou au cabinet du ministre de la Défense par exemple.

Colonel Lucas : Il est souhaitable que les sous-officiers aussi fassent un temps hors des forces spéciales. D'abord, il est toujours bon de se régénérer. Ensuite, c'est l'opportunité pour les forces spéciales de montrer à l'extérieur la qualité de leur personnel. Enfin, c'est une saine mesure de gestion pour rappeler qu'il n'y a jamais rien d'acquis car celui qui sort devra repasser les tests… C'est amusant à 20 ans, un peu moins à 30, c'est franchement ardu à 50, mais cela oblige à se maintenir au niveau.

Capitaine de vaisseau Pedro : Il y a un officier à Hubert avec lequel j'ai fait le cours nageurs : il a 52 ans ! Mais s'il est engagé sur un théâtre, il n'enfoncera pas la porte, ce n'est plus son boulot. Il n'est plus dans un groupe de combat, il s'occupe des engins sous-marins.

Adjudant-chef Mazout : Après trente-neuf ans de service au 13e RDP, j'ai pris ma retraite en 2019, avec 33 missions au compteur…

Adjudant Bonie : Avant, on faisait dix à quinze ans en groupe. Aujourd'hui on est sur un schéma à cinq, dix ans en règle générale. Il y a le durcissement de nos engagements, la perte de membres du groupe… Il y a aussi l'évolution de notre société de consommation qui favorise cela. On vient chercher quelque chose, on l'a, on s'en va.

Colonel Michel : Il y a un moment aussi où la mission peut avoir moins de sens qu'au départ. On se dit : « Tiens, pourquoi est-ce que je cours après les criminels de guerre de tel pays et pas de tel autre ? Pourquoi m'impose-t-on de telles limites, un peu comme si on me demandait de combattre avec un bras attaché dans le dos, puisque que j'ai pas le droit de me battre ? Pourquoi, là, je continue à faire ce que je fais alors que visiblement on n'est pas sûr de gagner ? » À la fin, on continue parce qu'on doit à ses camarades de ne pas avoir de doutes. Ils doivent pouvoir compter sur vous.

JCN : Que peuvent dire les hommes à leurs proches concernant leurs missions ?

Colonel Lucas : Quand on entre au régiment, il nous est dit d'emblée qu'il faut bien séparer les deux mondes.

Colonel Diego : Dans notre vie privée, on ne doit pas s'épancher sur notre métier. Il faut se contenter de dire l'essentiel.

JCN : Pourtant, maintenant que les forces spéciales sont connues, et admirées, je suppose que les sollicitations sont nombreuses, hors le premier cercle familial ?

Colonel Diego : Oui, mais c'est facile de répondre sans donner de détails. Il suffit de dire : « J'étais en Afghanistan, en Kapisa, on s'est battus contre les insurgés, il faisait – 15 degrés la nuit et 35 degrés la journée. » Des banalités, mais ne jamais parler des objectifs d'une opération, ne pas donner de lieu précis, de nom, de date, d'images qui vont compromettre la sécurité.

Major Sam : Surtout sur les réseaux sociaux, évidemment…

Lieutenant-colonel Gaspard : Peut-être parce que leur métier les pousse dans leurs retranchements, les opérateurs des forces spéciales sont en général des gens très pudiques. Ils ne racontent pas naturellement leurs actions, leurs faits d'armes. Il faut les pousser pour espérer en savoir plus et pas trop non plus parce qu'il y a une partie de ce qu'ils ont vécu qui n'appartient qu'à eux.

JCN : Il m'a fallu moi-même des années de connaissances, et souvent d'amitié, pour les convaincre de se livrer plus…

Lieutenant-colonel Gaspard : On apprend ainsi par un biais qu'un tel a été blessé, que tel autre a eu tel comportement… C'est tellement en décalage par rapport à l'image qu'on peut avoir de l'extérieur de grandes gueules s'épanchant sur leurs guerres !

Capitaine de vaisseau Philippe : Quand on me bassine trop, je dis que mon métier c'est de tuer les gens… [*Rires.*] Le plus difficile, c'est peut-être avec les enfants.

Capitaine de vaisseau Augustin : Un jour, j'ai dû partir un peu rapidement de la maison. Le lendemain, ma fille disait à son école : « Mon papa est parti à la guerre et il est mort ! » La tête de la maîtresse…

Major Mousse : Ma femme sait tout puisqu'elle est aussi au 1er RPIMa. Notre aîné, j'ai attendu qu'il ait une vingtaine d'années pour lui expliquer ce que je faisais ; avant, j'allais aider les populations miséreuses…

Colonel Laurent : Je disais à mes enfants que j'allais construire des maisons en Afrique. Ils m'ont cru jusqu'à un certain point !

Major Mousse : Le petit dernier, lui, il a 8 ans et demi, je ne lui ai évidemment rien dit et il pense que Papa, c'est Captain America !

Capitaine de vaisseau Philippe : Je ne peux pas dire à mon enfant de 7 ans de répondre lorsqu'à l'école on lui demande ma profession : « Le métier de mon père, c'est nageur de combat. » Mon aîné de 15 ans, lui, commence à comprendre. Mon père sait ce que je fais, mais encore maintenant, quand je pars à l'étranger, je ne lui dis pas dans quel pays.

Colonel Lucas : Sauf pour les missions classiques, très connues, on ne dit pas où on va. La discrétion avant tout.

Colonel Ludovic : En plus, il y a des missions où je suis monté dans l'avion sans savoir moi-même où on m'envoyait… Mais c'est rare. Cela m'est arrivé plusieurs fois en revanche de ne pas dire où j'allais, surtout les missions d'ouverture de porte comme on dit. Ma femme n'a jamais su que j'étais au Mali par exemple[1].

Colonel Laurent : Lorsque j'étais chef de corps, je faisais attention à ce que chaque famille ait un contact avec le régiment, par quelque biais que ce soit. Dès qu'un opérateur partait en mission, sa famille recevait un courrier lui indiquant la durée, mais pas la destination !

Colonel Michel : Ce qui est secret défense, vous n'avez pas le droit de le partager, même avec votre femme. Mais tout n'est pas secret défense. Est-ce que je dois cacher que je rejoins une opération où il y a 150 personnes du régiment qui partent tous les quatre mois depuis dix ans ? Moi, je pense que non.

Major Mousse : Ma dernière mission était au Levant. Quand je lui ai appris mon départ, ma femme n'était pas bien du tout. D'autant qu'initialement, je lui avais dit que je devais aller en Côte d'Ivoire… Mais quand j'ai su qu'il y avait une place de libre, je me suis porté volontaire. J'ai eu droit à la soupe à la grimace…

Capitaine de vaisseau Philippe : Je dis à ma femme que je pars en Afrique, mais elle n'est pas stupide… Pour moi, c'est la protéger. Comme ça, s'il y a un gros incident au Sahel impliquant des forces spéciales et que j'y suis, elle ne passe pas sa journée devant la télé à essayer de savoir si je suis concerné. Mais la dernière fois, j'ai commis un impair : dans mon costume, j'avais laissé la carte de visite d'un officier du pays où j'étais, elle l'a retrouvée avant d'aller le déposer au pressing…

1. Le colonel Ludovic commandait la task force Sabre au moment du déclenchement des hostilités en janvier 2013.

JCN : Quel lien les forces spéciales conservent-elles avec leurs familles en opération ?

Colonel Laurent : Au fil des années, j'ai connu des situations différentes. Lors d'une de mes premières missions, je communiquais avec ma famille par courrier postal *via* une adresse relais en Angleterre qui mettait une lettre à destination en quatre semaines. Les lettres se sont raréfiées au fur et à mesure que nous avons eu accès à nos familles par téléphone. J'ai aussi connu une période de six mois où il nous était interdit de passer un appel. Nous donnions des courriers sur disquette à un sous-officier qui se chargeait de les envoyer à nos familles et de réceptionner les leurs. Mais lorsque j'étais commandant de task force ces dernières années, il y avait du Wi-Fi et chacun pouvait passer des appels vidéo !

Colonel Ludovic : Quand je suis entré dans les forces spéciales au début des années 1990, on arrivait à téléphoner une fois tous les quinze jours et à envoyer du courrier une fois par semaine… Interdire aujourd'hui le téléphone portable est quasiment impossible d'autant que nos détachements sont souvent mélangés : il y a des forces spéciales, mais aussi des unités de soutien qui, elles, ne se privent pas d'appeler.

Colonel Laurent : On ne peut interdire ce qu'on ne peut pas contrôler.

Colonel Ludovic : Le commandant de task force peut aussi décider de couper momentanément les communications vers l'extérieur. Personnellement, ça m'est arrivé en janvier 2013 lors de la mort de Damien Boiteux parce que je voulais que sa famille soit prévenue par l'institution et qu'elle ne l'apprenne pas au détour d'une conversation avec la compagne d'un de nos hommes en poste à Sabre.

Colonel Diego : Sur le théâtre, les hommes reçoivent des directives très précises : pas un mot sur les opérations passées et à venir.

Colonel Laurent : Les cas de fuite sont d'ailleurs extrêmement rares.

Major Sam : Vous dites « bonjour », vous parlez sans trop rien dire, mais ça rassure les familles de nous avoir tous les jours.

JCN : Le déphasage avec le côté terre à terre de la vie familiale n'est-il pas dur à gérer avec ce que vous vivez, vous, en mission ?

Major Sam : Mais ça, c'est la vie ! Ce n'est pas dur à gérer, ça nous dit au contraire qu'on reste humain, mari et papa avant tout. C'est comme une piqûre de rappel et tant mieux.

Colonel Ludovic : Votre femme vous parle sur Skype de votre fils qui fait des siennes à l'école et vous, dans la minute suivante, vous montez dans l'hélico. Je l'ai vécu personnellement et dans les minutes suivantes, j'ai dû ordonner des choses très graves. Après coup, je me suis dit qu'on est bien formés, parce qu'on est capables de passer de l'un à l'autre, avec une totale schizophrénie, un dédoublement de personnalité sans lequel vous ne pourriez faire votre job. Mais du coup, oui, ce maintien d'un lien quasi permanent avec le foyer rend les choses plus difficiles.

JCN : Sur un théâtre, est-il possible de prévenir la famille d'un départ en mission sans naturellement lui donner ni la destination ni le but ?

Major Sam : Normalement non… Mais on a chacun un petit mot code. Il y en a qui disent au téléphone qu'ils vont « marcher », d'autres qu'ils « sortent ».

Major Mousse : Moi, j'allais faire un match de foot !

Major Sam : Pour ma part, je disais à mon épouse : « Je vais faire des courses. » Donc elle savait que je partais, mais pas la raison. En fait, ma femme n'a compris ce en quoi consistait mon métier que quand elle a su dans quelles circonstances j'avais été blessé.

JCN : Quelle fut sa réaction ?

Major Sam : Elle a dit qu'elle comprenait enfin toutes mes absences, certaines de mes réactions.

Capitaine de vaisseau Samuel : Être femme de militaire en général, de marin en particulier, et de commando marine encore plus, c'est un vrai job et une vraie performance !

Colonel Michel : Ma femme a vécu des moments difficiles. Quand on s'est mariés, elle a dû arrêter son boulot et devenir institutrice. Nous avons déménagé treize fois. Nous avons cinq enfants et le deuxième, je ne l'ai connu que quand il avait 3 mois…

Capitaine de vaisseau Bertrand : Il y a forcément un temps de réadaptation au retour de mission. Pour ma part, les choses se sont plutôt bien passées grâce à ma femme.

Major Mousse : Au sas, les psys nous rappellent une évidence, mais qui est une réalité : « Au retour, ne soyez pas trop exigeants avec votre femme. Vous, vous idéalisez les retrouvailles, mais elle, elle a peut-être dû régler un problème de nounou ou de fuite d'eau. »

Major Sam : Un ami dans mon groupe disait : « Au retour, j'ai toujours le dernier mot avec ma femme : "Oui, ma chérie." »

Colonel Michel : C'est toujours une épreuve parce que la famille a vécu sur son propre rythme pendant des mois. Donc passées les retrouvailles qui sont en général un bon moment, il y a souvent quinze jours difficiles après.

Capitaine de vaisseau Samuel : Il faut se réhabituer à une vie normale. Nos hommes recherchent aussi le calme et la tranquillité. Et on les choisit pour ça. Ils doivent avoir une capacité à s'accomplir avec l'adrénaline, à s'en nourrir et à la supporter, mais aussi à s'en passer, à apprécier le retour à la normale.

Colonel Ludovic : Le meilleur moment de la mission pour un militaire, c'est le moment où il monte les escaliers de chez lui parce qu'il rentre avec la satisfaction du devoir accompli, qu'il retrouve sa famille qui lui a manqué. À l'inverse, quand il part, il est très content d'aller faire son travail, mais très triste de laisser les siens, c'est un crève-cœur qui lui tord les boyaux.

Adjudant Bonie : En moyenne, les commandos sont peut-être plus équilibrés que dans un contexte conventionnel. Ça ne veut pas dire qu'il n'y en a pas qui vont faire des sauts en parachute le week-end, mais généralement, l'adrénaline, ils l'ont au travail et ça leur suffit.

Major Mousse : Ce que vivent nos femmes, on n'y pense pas forcément parce que nous sommes égoïstes. Au retour du Levant, je me suis engueulé avec la mienne pour une bêtise et, pour la première fois en dix-huit ans, elle m'a lâché : « J'en ai marre de ne plus dormir, de passer des nuits blanches quand tu pars en mission… » La mort d'un des nôtres au Tchad l'avait beaucoup marquée elle aussi, c'est elle qui était partie avec le président des sous-officiers voir la veuve. En voyant ses deux petites filles, elle a pensé à elle et nos enfants…

Colonel Michel : J'ai suivi de très près une dizaine de familles du régiment ayant perdu un enfant ou un mari quand je commandais ou juste avant. Il y a celles qui réagissent de façon très rationnelle, celles qui sont dans la foi, celles qui se tiennent les coudes. Et il y en a qui ne veulent plus avoir aucun contact avec le régiment, qui vont reporter la faute sur nous.

Capitaine de vaisseau Pedro : Comme tout le monde, j'ai été marqué en 2019 par la disparition de nos camarades Pierrepont et Bertoncello. C'est moi qui ai dirigé la cérémonie aux Invalides. C'était vraiment très poignant. Il y avait une foule de nageurs de combat, actuels et anciens. À la fin, on s'est retrouvés ensemble, quasiment tout seuls dans la grande cour. On avait tellement de choses à se raconter, à partager. C'est triste à dire, mais c'était presque un beau moment. Une communion.

19

Veuve

« Risquer la mort. » L'expression est si souvent employée pour décrire la dangerosité d'un métier. Mais encore plus dans nos sociétés modernes, elle recouvre une hypothèse bien indéfinie. Qu'est-ce que risquer la mort quand on ne sait pas ce qu'elle est ? Mille heures de tuerie virtuelle dans un jeu vidéo ne prépareront jamais à la vision du cadavre d'un ami mort au combat, aux pleurs des enfants le jour de l'hommage national, à l'absence de l'être cher à la maison. Dans la nuit du 9 au 10 mai 2019, les premiers maîtres Cédric de Pierrepont et Alain Bertoncello sont morts en rendant leur liberté à deux Français pris en otages par les djihadistes alors qu'ils faisaient du tourisme dans le nord du Burkina Faso. Membres du commando Hubert basé à Saint-Mandrier, ils étaient jeunes, beaux, expérimentés, passionnés par leur métier. Ils ont laissé deux compagnes, Florence et Léa. Le témoignage de celles qui depuis sont officiellement devenues leurs épouses dit ce qu'est la mort d'un membre des forces spéciales.

*

JCN : Comment perceviez-vous ce milieu des commandos avant de rencontrer Cédric ?

Florence de Pierrepont : J'étais consciente du fait qu'ils faisaient un métier à risque, mais ce que je percevais surtout, chez ceux que je connaissais et qui étaient (et sont toujours) de véritables amis, c'étaient leurs qualités humaines. Des personnes adorables, sur qui on pouvait compter, avec de grandes valeurs.

Léa Bertoncello : Je suis militaire puisque je suis auxiliaire paramédicale sur une base aérienne. Donc, je savais qu'ils faisaient partie des forces spéciales, qu'ils opéraient sur des théâtres forcément très dangereux, qu'ils s'entraînaient beaucoup, que ce n'était pas donné à tout le monde d'y arriver. L'élite de l'élite.

JCN : Comment avez-vous rencontrés Alain et Cédric ?

Léa Bertoncello : Notre rencontre ne doit rien à l'armée. C'était lors d'une soirée entre amis à Bordeaux. Le hasard...

Florence de Pierrepont : Cédric, c'est une amie qui m'a mise en relation avec lui. Mais c'était juste avant qu'il ne parte pour quatre mois en mission... Il a pris son courage à deux mains pour m'envoyer un message deux jours avant et me dire qu'il était désolé, qu'il comprendrait très bien que je ne veuille pas l'attendre... Donc, je lui ai répondu que s'il m'en donnait l'envie, je pourrais le faire...

JCN : Quand il est parti, vous ne vous étiez encore jamais rencontrés ?

Florence de Pierrepont : Non, nous ne nous étions vus que par photos. C'est vrai que nous n'avons pas commencé de manière très banale, c'est tout ce qui fait le charme du début de notre histoire. Nous nous appelions tous les jours, pendant des heures, durant ces quatre mois de mission sauf lorsqu'ils quittaient leur base, parfois plusieurs jours durant. On se manquait, alors que nous ne nous étions jamais vus. Au bout de quinze jours, on s'appelait déjà par des petits mots d'amour : nous sommes tombés amoureux par téléphone. Nous trouvions cela complètement fou, mais nous étions heureux. J'ai même eu droit tout au début à un très joli bouquet de fleurs et moi, je lui avais fait parvenir un colis avec plein de bonnes choses.

Léa Bertoncello : Quand je l'ai rencontré, Alain non plus ne m'a pas dit qu'il était au commando Hubert... J'ai cru qu'il était infirmier puisque je l'avais rencontré avec des amis infirmiers. Je n'avais rien compris ! [*Rires.*] Il n'avait pas du tout raconté ce qu'il faisait. Il était très humble et c'est ce qui m'a plu chez lui. Je n'ai su que le lendemain qu'il était dans les forces spéciales.

JCN : De quelle manière ?

Léa Bertoncello : On a échangé. Je lui ai dit ce que je faisais dans l'armée et lui m'a dit qu'il était au « KHB[1] ». C'était agréable pour lui d'avoir en face quelqu'un qui connaissait. Je ne suis pas dans les forces spéciales, mais je travaille parfois avec eux.

JCN : En mission ?

Léa Bertoncello : Oui.

JCN : Ça a donc accéléré votre compréhension sur certains sujets ?

Léa Bertoncello : Exactement. Les termes surtout, qui ne sont pas toujours compris à l'extérieur. Entre militaires, c'est plus facile.

1. Acronyme du commando Hubert dans les armées.

Florence de Pierrepont : Cédric m'avait dit qu'il était plongeur. Je lui ai répondu : « Plongeur ou plongeur militaire ? » Quand il m'a dit : « Plongeur militaire », j'ai compris tout de suite qu'il était nageur de combat à Saint-Mandrier. Il a été surpris que je devine si rapidement, mais ce milieu ne m'était pas étranger non plus du fait que je vivais tout près de Saint-Mandrier. Je ne m'en réjouissais pas tellement, sachant ce que cela impliquerait, notamment de nombreuses absences, mais je ne comptais pas passer à côté d'une belle histoire.

JCN : Comment le sentiez-vous durant ces quatre mois d'éloignement ? Excité ? Tendu ? Fatigué ?

Florence de Pierrepont : Il était aussi heureux que moi de m'avoir au téléphone ! Au départ, j'ignorais où il était exactement, mais j'étais forcément curieuse de savoir. Il ne pouvait rien me dire, seulement de maigres indices, mais il suffisait de suivre l'actualité pour imaginer où il se trouvait, ce qu'il me confirma subtilement. Comme je savais qu'ils étaient extrêmement bien préparés et entraînés, je ne m'inquiétais pas plus que ça, je m'empêchais d'y penser… J'avais toujours entendu dire qu'il se passait plus d'accidents en entraînement que sur le terrain. Cédric s'employait aussi très bien pour que je l'imagine plus autour de barbecues ou en soirée karaoké avec son groupe ! Il ne voulait pas que je m'inquiète, donc il ne me laissait percevoir que ce qu'il était préférable que j'imagine en pensant à lui.

JCN : À son retour, l'avez-vous trouvé marqué par sa mission ?

Florence de Pierrepont : Oui. Il avait les traits assez tirés. Il aura bien fallu environ trois jours pour que je lui retrouve le visage reposé et serein des photos que j'avais reçues de lui. Lors de notre premier repas en amoureux après ces quatre mois d'attente, je souhaitais forcément savoir ce qu'il s'était passé là-bas et qu'il n'avait pu me raconter au téléphone. À part me dire qu'ils n'avaient rien fait d'intéressant, je n'en ai pas su davantage. Je n'avais pas envie de le mettre mal à l'aise en lui posant des questions embarrassantes auxquelles je savais qu'il ne pourrait ou ne souhaiterait pas répondre. Donc nous n'avons parlé que de nous et j'ai compris que tout ce qui se passerait là-bas resterait là-bas. Cela me convenait.

JCN : Maintenant que vous viviez ensemble, essayiez-vous d'en savoir plus sur son métier ?

Florence de Pierrepont : Il arrivait qu'il rentre avec du travail à faire, des entraînements à préparer, je suppose… Un soir, le voyant fatigué en train de bosser, j'ai voulu venir auprès de lui pour le « soutenir ». Il m'a envoyée « promener » de la plus mignonne des manières ! [*Rires.*] Il ne fallait pas que je regarde ce qu'il faisait. Cela m'a fait rire. Il faisait très attention et je crois qu'au fond, on n'a pas vraiment envie de savoir ce qu'ils font exactement… même si on en a quand même une petite idée.

Léa Bertoncello : Alain ne parlait pas de son boulot ou alors s'il en ressentait le besoin. Il faisait la part des choses.

JCN : Vous n'avez pas non plus ressenti de gêne chez lui à parler de son métier ?

Léa Bertoncello : Pas du tout. Cela n'a jamais été un problème de dire les choses. Et puis, je suis dans le milieu, donc c'était plus facile. Si on traversait des épisodes durs, on partageait. Et c'est hyper important, il faut en parler. Il arrivait aussi qu'Alain commente les films d'action qu'on aimait bien regarder tous les deux. Mais il ne disait pas qu'il s'y retrouvait… C'est comme moi quand je regarde *Grey's Anatomy*…

Florence de Pierrepont : Après, je pense que c'est ce dont ils ont besoin, rentrer à la maison, avoir une vie normale.

JCN : Que racontait Cédric en famille, en présence d'amis ou d'inconnus ?

Florence de Pierrepont : S'il arrivait à des amis de lui demander où il partait, il répondait le plus souvent qu'il n'avait pas le droit de le dire. Ça jetait un froid ! Moi, j'étais plus gênée, je restais dans le vague, sauf avec les amis très proches. Si les gens insistaient, Cédric répondait qu'il partait en Afrique…

JCN : C'est décidément la destination passe-partout pour les agents les plus discrets de la République ! Les clandestins de la DGSE ont souvent la même réponse.

Florence de Pierrepont : Il nous est arrivé de faire du covoiturage – j'avais eu du mal à l'y initier ! Donc, de manière assez banale, des inconnus lui demandaient sa profession. À chaque fois, je le regardais du coin de l'œil… Sa réponse la plus fréquente : « Je suis plongeur. » Puis, si la personne insistait, « plongeur dans la marine ».

JCN : C'est une autre similitude avec les clandestins de la DGSE : ne pas se rendre intéressant est la meilleure manière de ne pas intéresser…

Florence de Pierrepont : Mais c'est fou… ! Je sais que l'objectif est qu'ils restent dans l'ombre. Mais si on en savait un peu plus sur eux, on les verrait tous comme les surhommes qu'ils sont ! C'est d'autant plus honorable. Quand j'ai perdu Cédric, j'ai vraiment eu l'impression de pas avoir… en fait, de ne pas lui avoir dit assez souvent que j'étais fière de ce qu'il faisait. Quand j'ai vu sa photo passer à la télé après sa mort, je me suis mise à la place des gens et je me suis dit qu'ils ne voyaient que le soldat, celui qui avait donné sa vie pour libérer des otages. On a voulu dire avec Léa qu'en plus c'étaient deux hommes vraiment exceptionnels…

JCN : Il devait savoir la grande estime que vous aviez de lui.

Florence de Pierrepont : Je l'espère. Il savait au moins que je l'aimais pour ce qu'il était plutôt que pour son travail ; l'ensemble faisait de lui l'homme magnifique qu'il était. Mais comme il ne voulait pas parler de son travail, je ne lui posais pas trop de questions. Quand on regardait des films d'action américains, je lui disais : « C'est pas un peu ça, mon chéri, ce que tu fais ? » Il me disait : « Mais c'est un film ! » Je pense qu'il ne voulait vraiment pas m'inquiéter en fait… J'ai parlé de super-héros lors d'une interview, mais c'est exactement ça… Il était tellement discret, humble, qu'en fait, c'en était frustrant. Un jour, il a eu une médaille de plus. Je lui ai demandé ce qu'elle représentait. Il m'a répondu : « Oh, juste une médaille. » Il avait l'air tellement détaché de tout ça ! En fait, il en avait plein. En rangeant ses papiers après son décès, je suis tombée sur plusieurs citations de faits d'armes dont je n'avais bien sûr jamais entendu parler. J'ai découvert le guerrier qu'il était par ces citations et par tous les témoignages de ses amis commandos. Ces soldats ont vraiment beaucoup de mérite pour faire tout ce qu'ils font en devant rester dans l'ombre, sans reconnaissance, du fait de notre ignorance…

JCN : Depuis plus de quinze ans que je les côtoie, j'ai toujours du mal à cerner leurs mécanismes…

Florence de Pierrepont : Moi, je n'arrive pas à trouver la réponse. C'est en eux en fait… Ce qui le motivait, c'était de partir en opération, avec les copains, servir. C'était vraiment sa vocation.

Léa Bertoncello : Bien sûr, Alain servait son pays, sinon il n'aurait pas été militaire. Mais c'était surtout le côté technique qui lui plaisait. Il me racontait les moyens matériels exceptionnels qu'ils avaient à leur disposition, les entraînements. Il se sentait utile, il y avait du dépassement de soi…

Florence de Pierrepont : Le dernier tatouage de Cédric représentait le drapeau de la France sous une peau déchirée… Cela lui tenait vraiment à cœur, il avait le drapeau français dans la peau !

JCN : Était-il d'un milieu militaire ?

Florence de Pierrepont : Son père et deux de ses frères l'étaient. Comme il était à Lorient, il a baigné dans le milieu des commandos. Il me disait qu'il avait toujours voulu les intégrer. Il ne voyait la vie que par ça. Et puis, jeune, il avait traversé une période un peu difficile, il s'était cherché, c'est ça, me disait-il, qui l'avait sauvé. Réussir le cours des nageurs en 2012, du premier coup en plus, l'avait hissé vers le haut. C'était vraiment sa vie. Autant certains arrêtent après s'être prouvé des choses, lui, je savais qu'il irait au bout de sa carrière. Je me disais qu'une fois papa, il changerait juste un peu… Il allait avoir 33 ans, donc il n'était pas très loin de la fin de la période la plus active.

Léa Bertoncello : Alain est entré comme commando de base. Ce n'était pas une vocation pour lui. Ses parents sont profs, de chimie et de SVT, à Annecy. Depuis tout petit, lui était plutôt passionné par le sport intense ; au lycée il était en option sport.

JCN : C'est plus le côté aventure et sportif que le contexte militaire qui l'a attiré.

Léa Bertoncello : Oui, c'est ça. Il aimait bien aussi la collectivité, le fait d'être entouré, le travail en groupe. Quand je le voyais avec ses copains du lycée, il était déjà dans cet esprit-là. Les commandos, c'est venu petit à petit. Ensuite, il a désiré aller plus loin car il aimait se dépasser. Il voulait toujours faire plus. Il était comme ça dans la vie de tous les jours, toujours à fond, serviable. Donc, c'était dans son caractère d'aller dans ces unités-là.

Florence de Pierrepont : Tous ses amis me parlent de Cédric comme d'un guerrier, un leader, un caractère de Breton avec un très, très gros cœur, qui faisait toujours tout pour maintenir l'entente au beau fixe.

JCN : Vos époux sont-ils souvent partis avant leur dernière mission ?

Léa Bertoncello : Pendant l'année qu'on a vécue ensemble, Alain est toujours resté à Saint-Mandrier. Sa première mission, hélas, ce fut le Sahel.

Florence de Pierrepont : Cédric a connu beaucoup de théâtres d'opérations. Après nos quatre premiers mois un peu particuliers, il est allé à Djibouti en mars 2018. Ça ne devait durer que deux mois, sauf qu'il y a eu deux blessés graves, ailleurs, dans un autre groupe. Quelques jours après, il m'annonçait qu'il partait de Djibouti pour aller les remplacer. Nous souhaitions avoir un enfant assez rapidement. Ce prolongement de mission m'a fait prendre conscience que nous n'avions peut-être pas suffisamment profité de notre vie à deux et j'ai donc repoussé le projet. Souvent je me dis que s'il n'y avait pas eu ça, il aurait eu la chance d'être papa…

JCN : Vous connaissiez les compagnes des autres membres du groupe ?

Léa Bertoncello : J'en ai connu quelques-unes lors de mariages ou de soirées. Mais par exemple Florence, je ne la connaissais pas. La semaine, avec Alain, nous ne travaillions pas sur la même base, donc on pouvait se retrouver tous les week-ends et pour toutes nos permissions. Comme il est fréquent que les militaires en couple soient mutés et ne travaillent pas au même endroit, des horaires aménagés sont possibles pour ces couples séparés la semaine. C'est ce qu'on appelle dans l'armée le « célibat-géo ». Les week-ends, c'étaient nos moments à tous les deux et il était rare de faire des soirées avec les collègues d'Alain ou avec les miens. On consacrait le temps qu'on avait pour nous, pour notre couple.

Florence de Pierrepont : Je n'ai pas eu le temps de sympathiser avec toutes les compagnes. Mais Alain, je l'ai vu une fois parce qu'avant leur dernier départ pour le Sahel, le groupe a organisé une soirée avec les femmes. Alain est arrivé parmi les derniers, sans Léa qui n'avait pas pu venir. Je revois ce visage, avec ce sourire… Il avait plus une « gueule » de surfer que de commando. Et il avait l'air tellement gentil ! Cédric, de par son âge et toutes les missions qu'il avait faites, était plus marqué. Je suis heureuse d'avoir au moins ce souvenir d'Alain et son sourire me restera gravé.

JCN : Un cliché sur les forces spéciales est de les imaginer à la maison fana de motos, d'armes à feu... Qu'en était-il pour vos compagnons ?

Florence de Pierrepont : Dans la vie privée, Cédric était un nounours [*rires*] et un excellent cuisinier, toujours partant pour tout et agréable avec tout le monde. Il avait l'esprit vif et ne manquait pas de bonnes idées ! On adorait skier, mais on avait une vie tranquille. Restos, parcs d'attractions, de petits voyages, famille, amis... En octobre 2018, on avait acheté un bas de maison ensemble. Il se voyait déjà participer activement à la rénovation de notre futur nid douillet. Il était très manuel et minutieux. Je lui faisais entièrement confiance pour tout ce qu'il comptait y entreprendre. Nous étions très fusionnels et nous savions que nous serions très heureux dans cette maison, sans oublier la chambre pour bébé et le garage pour la future Harley Davidson...

Léa Bertoncello : Alain avait sa moto, mais pas d'arme à feu ! [*Rires.*] Par contre, niveau outils, il avait ce qu'il faut. Bricoler, c'était son truc. Je peux vous dire qu'il n'y avait jamais d'objet à réparer chez moi, il s'en était déjà occupé !

JCN : Comment s'est déroulé le dernier départ, fin mars 2019 ?

Léa Bertoncello : C'était prévu depuis longtemps. Alain me l'a annoncé. Rien de choquant, j'étais contente pour lui.

Florence de Pierrepont : J'ai très mal vécu ce départ-là. Il allait terriblement me manquer durant ces quatre mois et il me devenait de plus en plus difficile d'être sans lui. Cela faisait six mois que nous essayions d'avoir un enfant et de plus je me sentais assez abattue du fait de ne pas être tombée enceinte avant son départ.

JCN : Comment le perceviez-vous, lui, alors ?

Léa Bertoncello : Carrément content, hyper motivé, il avait envie d'y aller. Surtout qu'au Mali, ils peuvent faire le cœur de leur métier. En plus, c'est la première fois qu'il y allait.

Florence de Pierrepont : Comme j'ai pu le constater sur des vidéos que j'ai visionnées depuis, Cédric a été heureux là-bas, fier de faire son métier avec les siens. Ces hommes-là ont vraiment deux familles, deux vies parallèles…

JCN : Vos époux paraissaient-ils inquiets de ce qu'ils pourraient vivre au Sahel ?

Léa Bertoncello : Non. En tout cas, Alain ne me le montrait pas. Il était très rassurant avec moi. Il était prévu qu'il rentre début août, on devait déménager à cette période car on avait prévu de prendre un appartement à Toulon… En fait, il y avait deux faces chez lui. D'un côté, il voulait partir, car c'est pour ça qu'ils s'entraînent toute l'année. Mais de l'autre, il y avait la famille qui restait en France et ça lui faisait mal au cœur de me laisser.

JCN : Ça lui pesait ?

Léa Bertoncello : Il me l'a dit plusieurs fois. C'était compliqué ; on était un jeune couple, on savait qu'en quatre mois, on allait louper beaucoup de choses. On voulait créer notre petite famille, on se voyait faire des enfants, aller de l'avant. Donc ce n'était pas évident de partir par rapport à ça. Mais je l'ai encouragé à le faire car il avait la chance d'avoir sa passion pour métier, ce n'est pas donné à tout le monde. Je lui disais que je voulais qu'il s'éclate, je lui faisais comprendre qu'il pouvait y aller.

Florence de Pierrepont : Cédric était content de partir comme toujours, mais il me disait que depuis qu'on était ensemble, c'était moins facile pour lui. Cette fois-là, je ne pouvais pas le regarder sans pleurer ! Je savais qu'il ne fallait pas le faire, qu'il n'avait pas besoin de ça, qu'au contraire il faut qu'on les soutienne, qu'ils voient que tout va bien… Il me regardait : « Mais ma puce, tu sais que je ne te quitte pas, que je vais revenir… » Je n'avais jamais réagi comme ça…

JCN : Vous avez pu échanger une fois qu'ils étaient sur place ?

Léa Bertoncello : Comme leurs missions sont très particulières, ils ne sortent pas tous les jours, donc on peut s'appeler très facilement. En plus, maintenant on a la chance d'avoir du réseau lorsqu'on est déployés. Donc on faisait une visio en webcam, une fois par jour si Alain le pouvait, plus les textos, WhatsApp… Cela permet aux couples de tenir car sinon, pas de nouvelles pendant une semaine ce serait dur… J'imagine ce que nos anciens ont connu quand ils ne pouvaient que s'envoyer des lettres ! C'est une énorme évolution…

JCN : Cette facilité peut aussi devenir pour certains un poids. Un militaire très loin de chez lui peut se voir houspiller par son conjoint pour des problèmes de vie quotidienne…

Léa Bertoncello : Oui, si la femme est dans le civil, il peut y avoir un décalage. Mais moi, je suis militaire. Je sais qu'en mission, on est dans une bulle, dans une autre vie, très différente de la France. Après, même entre militaires, pouvoir s'appeler régulièrement maintient le couple, mais ça peut aussi faire mal. Quand je lui disais que j'avais fait un cinéma, une sortie entre copines, Alain me répondait qu'il avait l'impression de louper plein de choses.

JCN : Quel était son état d'esprit pendant ces deux mois ?

Léa Bertoncello : Content. Après, il trouvait le temps un peu long car ils n'ont pas des missions tous les jours. Ils attendent, ils s'entraînent, ils font du sport.

Florence de Pierrepont : Cédric, je le voyais beau, serein. Je lui demandais : « Ça va mon chéri, qu'est-ce que vous faites ? » Lui : « Rien, on s'ennuie… » Menteur ! gros menteur ! [*Rires.*] J'étais dans un tel état qu'il ne voulait sans doute pas m'inquiéter encore plus…

Léa Bertoncello : Alain adorait cette vie en opération.

JCN : Vous ne l'avez pas trouvé fatigué ?

Léa Bertoncello : Ah si, parce que là-bas il fait très chaud ! On dit qu'il faut trois semaines d'adaptation minimum pour que le corps s'adapte à un nouveau climat. Donc oui, il se plaignait beaucoup de la chaleur. Mais les horaires sont adaptés, ils travaillent très tôt le matin, ne font pas de sport l'après-midi…

JCN : À chaque fois qu'il partait en mission, il vous prévenait ?

Léa Bertoncello : Je vais vous dire non. [*Rires.*] Mais… il pouvait prévenir habilement qu'on n'allait pas s'appeler pendant quelques jours… On est très sensibilisés à tout ça maintenant. Surtout eux, avec leurs portables, leurs montres, tout ce qui est GPS, en réseau. Ils ont le matériel approprié, c'est très surveillé et donc, pas de risque là-dessus. Alain faisait très attention à tout ça. Sur son portable, il n'y avait rien qui fût en rapport avec son boulot. Mais il n'était pas très réseaux sociaux non plus… Il avait supprimé sa page Facebook, il n'avait pas Instagram. Ils ont des conférences de sensibilisation sur ces sujets-là aussi. On leur explique ce qu'il y a à faire, comment contrôler.

JCN : Comment cela s'est-il passé pour sa dernière mission ?

Léa Bertoncello : Le jeudi soir, Alain m'a fait comprendre qu'il partait. De toute façon, je l'avais senti à sa voix, il était excité. On s'est dit des derniers mots d'amour… Il m'a envoyé un message pour me dire que j'étais la femme de sa vie… Heureusement que j'ai ce message car ce furent ses derniers mots…

Florence de Pierrepont : Le jeudi après-midi, je faisais des courses pour préparer un colis à Cédric et le lui envoyer. Vers 18 heures, je l'ai appelé pour savoir s'il voulait que j'ajoute quelque chose. Heureusement que je ne lui ai pas demandé par SMS parce que cela m'a permis de l'avoir pour la dernière fois… Il se préparait. Il m'avait prévenue un peu plus tôt qu'il allait peut-être y avoir quelque chose, mais ce n'était pas encore sûr. Il m'a dit : « Je ne peux pas rester longtemps, on est en train de partir », sur un ton qui ne laissait absolument pas présager la nature de sa mission, un ton de mission de routine…. J'ai juste eu le temps de vérifier avec lui une bricole, on s'est dit un dernier « je t'aime ». Et puis voilà, il est parti…

JCN : Ce fut vraiment votre dernière conversation...

Florence de Pierrepont : Oui. Il m'a paru serein, content de partir « travailler ». Et en même temps, cela m'a permis de l'entendre une dernière fois. Ensuite, je lui ai envoyé un message pour lui dire qu'il allait se régaler avec le colis et j'ai vu qu'il en avait pris connaissance puisque c'était sur WhatsApp. Il est parti en sachant que j'avais été aux petits soins pour lui. Heureusement. Parce que, parfois, je pense à ces couples qui se brisent alors qu'ils venaient de s'engueuler, cela doit être terrible… J'ai eu besoin de relire nos conversations, de m'assurer que je lui avais suffisamment dit que je l'aimais. C'était vraiment important… On se raccroche à pas grand-chose…

Léa Bertoncello : Quand j'ai vu le dernier message d'Alain, j'ai commencé à m'inquiéter…

JCN : Pour quelle raison ?

Léa Bertoncello : Il m'avait déjà souvent dit que j'étais la femme de sa vie, mais là, juste avant de partir… Ça fait toujours réfléchir. Par contre, il ne m'a pas dit du tout pourquoi il partait. C'était confidentiel. Je me suis doutée par rapport aux infos[2], ils sont entraînés pour ça et ils étaient pile dans la région… Mais je n'ai pas du tout imaginé qu'il se passerait ça…

JCN : Comment avez-vous appris la sinistre nouvelle ?

Florence de Pierrepont : Le matin du vendredi, à 7 heures, je me suis réveillée et j'ai vu que je n'avais pas de nouvelles de Cédric. Je ne me suis pas inquiétée plus que ça puisqu'il arrivait que je reste parfois sans nouvelles pendant un petit moment. Je lui ai envoyé un message à mon réveil comme je le faisais chaque jour : « Pas de nouvelles, mon chéri, j'espère que tout va bien. » Il restera à jamais sans réponse… Je me suis préparée et je suis allée travailler.

2. La prise d'otages au Burkina avait été annoncée par les médias quelques jours auparavant.

Léa Bertoncello : Entre 9 heures et 9 h 30, le père d'Alain m'a appelée. J'étais sur mon lieu de travail. Et voilà… Normalement, il y a une démarche : un général ou un colonel vient vous le dire de vive voix. Mais comme il y avait cette médiatisation très rapide à craindre, ils ont voulu gagner du temps. De toute manière, je préfère l'avoir su par son père plutôt que par quelqu'un que je ne connaissais pas…

Florence de Pierrepont : J'étais assistante dans un cabinet d'orthodontie. Vers 10 h 30, je prenais l'appel d'une patiente à l'accueil, j'ai vu un homme entrer. Je pensais que c'était un patient, il regardait l'ensemble de la salle. Je lui ai dit bonjour, je ne sais plus s'il m'a répondu. Et puis, tout de suite après, j'ai vu mon père entrer, mais avec un visage… Je lui ai dit : « Qu'est-ce qui se passe, Papa ? » Il ne me parlait pas et m'entraînait juste avec lui vers la sortie. « Mais qu'est-ce qui se passe, dis-moi ? » À cette époque, je vivais chez eux parce que notre maison était en travaux. Je ne pensais pas à Cédric à ce moment. Pourquoi ? Tout simplement parce qu'il m'était impensable qu'il lui arrive quelque chose. Pas nous, pas lui… Trop bien préparé, il ne pouvait rien lui arriver. Puis, entraînée par mon père, je suis arrivée près des baies vitrées de la salle d'attente et j'ai vu que de l'autre côté m'attendaient le pacha, ainsi que l'adjudant du commando Hubert, en tenue de cérémonie blanche. Je ne me rappelle même plus ce qu'ils m'ont dit, juste que Cédric était mort…

JCN : Ils avaient prévenu d'abord vos parents ?

Florence de Pierrepont : En fait, ils étaient venus chez mes parents en premier. Mon père leur a dit que j'étais au travail, alors ils se sont dépêchés d'y venir pour que je ne l'apprenne pas par les médias… Je n'ai que des flashs de ces instants. J'étais sous le choc et je ne voulais pas y croire.

Léa Bertoncello : Un cauchemar… Tout s'écroule, les portes de l'enfer s'ouvrent. En plus, tout le monde me connaissait à l'infirmerie. Donc tout le monde hurle, personne n'y croit… Moi non plus, je n'y croyais pas. Je pensais à un accident et me disais qu'il n'était pas mort.

JCN : Le père d'Alain vous a dit que c'était un accident ?

Léa Bertoncello : Oui. Il m'a dit : « Alain a eu un accident. » Moi : « Qu'est-ce qu'il a ? Il est hospitalisé ? » Je ne comprenais pas en fait. Il m'a dit : « Non, non, il est mort… » Comme ça… À entendre, c'est compliqué.

Florence de Pierrepont : J'étais brisée, comme morte, anéantie dans cette salle d'attente toute blanche. Là, ils m'apprennent qu'il n'était pas seul, qu'Alain est mort en même temps que lui.

JCN : Avez-vous bénéficié d'une assistance ?

Florence de Pierrepont : Je suis arrivée chez mes parents. Il y avait mon frère, mes parents. Deux femmes m'attendaient aussi, dont une psychologue. Mais autant vous dire que je ne me souviens pas du tout de ce qu'elle a pu me dire. Je répétais en boucle que je ne pouvais y croire… Je me sentais juste morte à ce moment-là… Et cette sensation viscérale si douloureuse…

Léa Bertoncello : Je n'y ai pas cru pendant des heures, des jours. Même quand j'ai vu le corps d'Alain. Même aujourd'hui, je n'y crois toujours pas. C'est compliqué d'accepter ça. C'est trop brutal. Quand vous voyez apparaître le visage de votre mari à la télé et qu'on vous annonce qu'il est mort…

JCN : Quand a commencé la médiatisation ?

Florence de Pierrepont : Une demi-heure après que l'on m'a prévenue, ça passait aux informations. On n'a allumé la télé que le lendemain, mais c'est terrible de voir comme ça la photo de son homme… Terrible… Quand ça arrive aux autres, on se dit : « Oh mon dieu les pauvres », mais on ne pense pas que ça puisse nous arriver à nous… Là, c'était comme si j'étais spectatrice d'un film, d'un très mauvais film.

JCN : Le fait de sentir le pays derrière vous vous a-t-il aidée ?

Florence de Pierrepont : À ce moment-là, rien d'autre ne comptait que le fait que j'avais perdu mon homme. Pour moi, ma vie était finie, elle n'avait plus de sens. Cédric a emporté avec lui tous nos beaux projets et une partie de moi. La seule chose qui me faisait me sentir vivante, c'était de pouvoir parler de lui. Bien sûr que le fait de sentir le pays derrière nous était très émouvant. Tout cela nous fait basculer dans une autre dimension.

Léa Bertoncello : La médiatisation a été difficile à vivre. On se croyait dans un film, ce n'était pas possible, c'était un cauchemar… Le côté positif, c'est que nos hommes ne sont pas oubliés. Ce n'est pas comme certaines missions de la DGSE par exemple dont on n'a jamais entendu parler et c'est normal. Pour Alain et Cédric, cela a été dit et cela restera. Mais le côté négatif, c'est qu'on a eu l'impression de ne pas pouvoir faire notre deuil. On était dans un tourbillon…

JCN : Comment avez-vous vécu la cérémonie d'hommage national ?

Léa Bertoncello : Je ne peux pas vous dire bien puisque nous étions dans une telle souffrance… C'était écrasant, hyper oppressant, car il y a énormément de monde, les médias… On a eu la chance d'être très aidées. On s'est laissé guider car on était incapables de faire quoi que ce soit. Je me souviendrai toute ma vie du moment où, sur le pont Alexandre-III, tout le monde a applaudi quand on est passés en bus avec les cercueils. Ça nous a réchauffé le cœur de voir que la France reconnaissait ce qu'ils avaient fait. Aux Invalides, le président de la République a eu de très bonnes paroles. C'était très juste, même si c'était dur puisqu'il a rappelé cette évidence qu'il ne pourrait pas nous les ramener. Il a assumé son rôle, les yeux dans les yeux. Toutes les personnalités autour de nous étaient touchées.

JCN : Quand en avez-vous appris plus sur les circonstances du décès ?

Florence de Pierrepont : La veille de la cérémonie, on nous a conduites avec la famille proche dans une pièce où il y avait l'amiral Prazuck, chef d'état-major de la marine, et le GCOS, et on nous a tout raconté. C'était très important car on s'imagine plein de scénarios en fait. Il fallait qu'on sache pourquoi et dans quelles conditions ils étaient partis.

JCN : Les membres du groupe vous ont aussi parlé, je suppose…

Léa Bertoncello : J'ai des amis parmi eux, donc j'en ai vu et j'en vois encore.

Florence de Pierrepont : Je suis très amie avec certains d'entre eux, on a beaucoup parlé. Ils n'avaient pas eu le droit de tirer en premier. Cédric faisait 1,86 mètre, ce n'était pas le genre de gabarit qui passait inaperçu à l'entrée d'un lieu restreint… J'ai écouté, sans rien dire… Je n'y ai pas cru en fait. On sait que la police ne tire pas sans raison. Mais je pensais que là-bas, vu les risques qu'ils courent, c'était différent.

JCN : Toute ouverture du feu est encadrée par des règles d'engagement très strictes...

Florence de Pierrepont : Cela fait partie des questions que je me pose souvent et auxquelles je n'aurai pas de réponse, de sa part en tout cas : si on avait dit à Cédric « Si tu y vas, tu vas sauver des vies, mais tu y resteras, ta femme ne te verra plus, tu n'auras jamais d'enfants », y serait-il allé ? D'un côté, j'ai envie de dire non, mais en fait, je crois que oui... C'est dur pour nous parce qu'on a l'impression de passer après. Mais en échangeant avec leurs frères d'armes, on a réalisé que non ; c'est en eux, ils vivent pour ça, et nous, on est là pour les soutenir et juste espérer que cela n'arrive pas... Un des camarades de Cédric, qui venait d'être papa, m'a dit : « Flo, je peux t'assurer que si je devais y aller, maintenant, j'irais. » Ils sont entraînés pour ça.

JCN : Vous êtes-vous interrogé a posteriori *sur la finalité de leur dernière mission ?*

Florence de Pierrepont : Quand je l'ai eu pour la dernière fois, Cédric n'a pas râlé ou critiqué ce qu'on lui demandait de faire. Il était heureux d'y aller parce qu'ils n'attendent que ça. Tous ses amis m'ont dit que, dans l'hélicoptère, il disait : « Pour l'avoir déjà fait, il n'y a rien de plus beau que de sauver une vie », « j'espère qu'ils y sont ». Il était prêt. À fond.

Léa Bertoncello : Y aller ou pas, ce n'était pas de leur ressort. C'était leur métier et leur passion, comme les pompiers, comme dans le médical. Si quelqu'un fait du hors-piste, on va quand même aller le sauver… Il y a de l'erreur humaine partout et j'essaie de ne pas avoir ce ressenti-là, sinon je ne m'en sortirais pas. Je me dis que ce qu'Alain voulait, c'était sauver des personnes, faire une libération d'otage. Il l'a fait.

JCN : À situation exceptionnelle, guerriers exceptionnels…

Florence de Pierrepont : S'il n'y avait pas de circonstances de ce genre, il n'y aurait pas besoin de super héros comme Cédric ou Alain ! « C'est le job », c'est exactement ce que Cédric me disait. Il donnait l'impression de ne jamais avoir peur de rien. Des fois, je lui demandais : « Mais quand même, quand tu ne sais pas ce qu'il y a derrière la porte, tu n'as pas d'appréhension ? » Ça nous paraît tellement surréaliste à nous ! Moi, j'ai peur devant une araignée et eux, ils vont affronter des gens qui sont prêts à leur tirer dessus… Comment peuvent-ils avoir autant de courage ?

JCN : La sélection permet de repérer des profils que la formation permet ensuite de caparaçonner pour être capables de garder son calme en toutes circonstances…

Florence de Pierrepont : Cédric était de ceux qui voulaient toujours être devant, même à en agacer les autres quand c'était à eux d'y être… Il était prévu qu'il passe bientôt chef de son groupe. Il n'en avait pas envie parce que cela l'engageait à arrêter un peu plus tôt que prévu. Il avait pour projet de devenir pilote d'hélicoptère dans le civil… J'ai appris, juste après la cérémonie aux Invalides, qu'il prévoyait que l'on parte en voyage au mois d'août afin qu'il me fasse sa demande en mariage. Un magnifique projet de plus qui s'est envolé avec lui.

JCN : Le temps doit faire son œuvre...

Florence de Pierrepont : Je sens bien que j'évolue, je pleure un peu moins qu'il y a quelques mois. J'accepte désormais l'idée de vivre dans la maison qu'on s'était achetée. Je sais qu'il n'est plus là, mais j'agis comme s'il était toujours en mission en fait… J'ai récupéré son linge sale, je l'ai lavé, je l'ai rangé dans l'armoire, comme d'habitude… Cédric était déjà parti physiquement depuis plus d'un mois, donc ce n'est pas comme si, du jour au lendemain, on m'avait appelée pour m'annoncer un accident sur la route. Toutes les deux, avec Léa, notre seule espérance, c'est de dire qu'ils vivent d'une autre façon avec nous.

Léa Bertoncello : C'est important pour nous de leur rendre hommage dès qu'on le peut. C'est notre rôle aujourd'hui de les faire vivre d'une certaine manière… On le fera. Toute notre vie.

Florence de Pierrepont : Je me dis que désormais, c'est lui qui va me guider dans mes choix. Il m'aide de son côté. Depuis le début, avec Léa, on a l'impression de souffrir pour nous, mais aussi pour eux parce qu'ils ont été si brutalement arrachés à la vie… Cédric ne fera jamais sa demande en mariage alors que c'est quelque chose de si beau, qu'on a tous envie de connaître ; il ne sera jamais père… Il faut que j'arrive à m'obliger à penser qu'il connaissait les risques.

Léa Bertoncello : Pour moi, la mort d'Alain est un accident. Ce n'est pas un sacrifice, il a juste essayé d'accomplir sa mission du mieux qu'il le pouvait et normalement, cela n'aurait pas dû se passer comme ça.

JCN : Ils pensent tous ne pas mourir. D'un autre côté, comme vous le dites, vos maris ne sont pas morts dans un accident de voiture, mais dans l'accomplissement de leur mission...

Florence de Pierrepont : Je sais très bien qu'à choisir, je préfère que Cédric soit mort comme ça plutôt qu'en roulant sur un engin explosif. C'était pour une noble cause, il est vu comme un héros dans la France entière, les gens continuent de parler de lui, je me raccroche à ça. Il est mort en faisant ce qu'il aimait faire, le bien.

JCN : Et puis, la mission a été accomplie, les otages sont revenus...

Florence de Pierrepont : C'est vrai qu'on a du mal à le penser… Elle est chère, la réussite… Mais c'est vrai aussi que les hommages, mon Dieu qu'ils ont été beaux ! Les Invalides, c'était magnifique ! Larmor-Plage, chez lui, c'était encore autre chose ! Des centaines de personnes qui pleuraient dans l'église et qui sont toutes venues m'embrasser, les anciens… Mais je sais que Cédric, lui, rien que de se voir en photo, ça le rendrait fou ! Il me dirait d'arrêter de mettre des photos de lui partout, il détesterait ! Pour moi, j'avais trouvé l'homme parfait. Nous nous correspondions tellement. Il était l'homme de ma vie… [*Pleurs.*] D'accord, on a eu de la chance de pouvoir se connaître. Mais ça a été tellement court ! Cédric laisse un vide immense… Même si je sais que la marine me soutiendra toujours. Ma mission à moi maintenant est de continuer à le faire vivre.

Léa Bertoncello : Pendant des mois, on a reçu des messages, du courrier envoyé par des anonymes, des tableaux… On a été très sollicitées, il y a eu beaucoup de cérémonies… Ça nous a occupé l'esprit. Mais quand on se retrouvait seules, le soir, chez nous, c'était très compliqué… Et encore aujourd'hui. J'ai repris le travail il y a quelques mois, j'ai la chance d'y avoir des amis, ça me fait penser à autre chose. Mais le week-end, c'est compliqué. Cela fait un an et demi maintenant. J'ai l'impression que c'était hier…

JCN : Il n'y aura pas d'oubli. Il n'y aura pas d'abandon. Ce qui est arrivé à Cédric et Alain est un fait historique maintenant. On en parlera longtemps…

Florence de Pierrepont : C'est fou de se dire que son homme fait partie de l'Histoire… Surréaliste… Mon Cédric… Mais je me rends compte de ça. Je reçois des messages de jeunes qui me disent l'idolâtrer. Des enfants m'ont envoyé des dessins : « Cédric, un jour, je serai comme toi, tu es mon héros. » Des gosses de 10 ans ! Alors que moi, je me dis qu'au contraire, cela pourrait leur faire peur…

JCN : Et dans dix ans, certains diront s'être engagés dans les commandos marine parce qu'ils auront entendu parler de Cédric de Pierrepont et Alain Bertoncello…

Florence de Pierrepont : Ce qui est beau aussi, c'est la relation exceptionnelle qu'on a nouée avec Léa alors qu'on ne se connaissait pas du tout avant.

Léa Bertoncello : On est très proches toutes les deux. On se ressemble sur beaucoup de choses, on est comme des sœurs. On ressent les mêmes choses, on est dans la même dimension depuis ce drame. On a eu la même histoire.

Florence de Pierrepont : Léa est à Bordeaux et moi à Toulon. Il nous était impensable de passer les fêtes de Noël [2019] sans eux, alors nous sommes parties toutes les deux. Avec Léa, nous savions que nous serions forcément liées à jamais par ce drame, mais au-delà de ça, nous avons fait naître une réelle amitié. Toujours là l'une pour l'autre, nous tâchons de rester les personnes que nous sommes à l'image de ces deux magnifiques personnes qu'étaient Alain et Cédric. Seul celui qui a vécu ça peut comprendre.

20

Reconnaissance

Jusqu'aux années 2000, quand un soldat français mourait en opération, son cercueil revenait dans l'ignorance de la nation. Aujourd'hui, le plus souvent, les Invalides l'attendent pour une cérémonie convoquant sa famille, ses frères d'armes, les autorités du pays et, en cas de couverture médiatique, l'opinion publique. D'aucuns, de moins en moins nombreux, jugent ces obsèques disproportionnées. La question à vrai dire est aussi vieille que les armées : comment reconnaître l'engagement d'un soldat ? Elle prend d'autant plus de pertinence dans les forces spéciales : comment éviter que les « guerriers sans nom » soient des « guerriers sans gloire » ?

*

JCN : Diriez-vous que les forces spéciales sont en manque de considération ?

Lieutenant-colonel Benjamin : J'ai une recette pour ne pas me faire phagocyter par ce genre d'idées. J'essaie toujours de me dire, en tentant de mettre de côté ma personnalité : « Quelle est ma fiche de poste initiale ? » Je sais très bien que je ne me suis pas engagé pour la notoriété en commençant dans les forces spéciales. C'est un choix. Quand vous avez conscience que vous ne pouvez être associé à tout, avoir des lauriers sur toute la durée, vous faites votre travail dans votre coin, le mieux possible, en gardant un regard lucide sur le rôle de chacun.

Major Mousse : Les forces spéciales font fantasmer, dans un sens ou dans l'autre. Pour certains, elles sont méritantes, pour d'autres, elles incarnent tout ce qu'ils n'ont pas pu faire dans leur carrière. Avec ceux-là, quand vous dites que vous venez des forces spéciales, il y a de la défiance. C'est des réflexions sur ci, sur ça…

JCN : La très faible visibilité des opérations du COS ne contribue-t-elle pas à cette impression de manque de reconnaissance ? Pourquoi, par exemple, n'a-t-il pas été annoncé d'entrée en juin 2020 que c'étaient elles qui avaient éliminé le chef historique d'AQMI, Abdelmalek Droukdel ?

Général Éric Vidaud (GCOS) : Toutes nos actions au Sahel sont endossées par Barkhane. Si on avait introduit un changement, cela aurait sûrement interloqué.

JCN : De là à faire attribuer à d'autres la responsabilité d'une opération majeure…

Général Éric Vidaud (GCOS) : Les communiqués comportent une subtilité : on ne mentionne pas Barkhane, mais l'« opération Barkhane », dont Sabre est partie intégrante.

JCN : Cela n'a pas causé d'aigreur au sein de la troupe qui a mené l'opération ?

Général Éric Vidaud (GCOS) : Je leur ai envoyé une caisse de champagne pour marquer ce beau succès opérationnel qui a mis un terme au parcours de ce terroriste et à sa série de crimes. Ils étaient ravis. Et la ministre les a félicités.

Major Sam : On s'en moque que les journalistes ne parlent pas de nous, ou qu'ils se trompent. L'essentiel est que les autorités sachent la réalité.

Adjudant Bonie : Je n'ai jamais ressenti de frustration par rapport aux communiqués. Ça nous arrange même plutôt : vivons heureux, vivons cachés. C'est pour ça qu'on a des pseudos. On est contents qu'on ne parle pas beaucoup de nous…

Capitaine de vaisseau Philippe : Tout le monde aime entendre qu'il est aimé. Mais quand je rentre chez moi, je n'ai pas besoin que les médias viennent me dire que je suis un mec super. J'ai envie d'être tranquille, de regarder mon fils jouer le week-end…

Colonel Laurent : Moins l'on parle de nous, mieux nous nous portons, c'est ma conviction. Si nous avons choisi ce métier, c'est en toute connaissance de cause.

Adjudant Bonie : La reconnaissance à l'extérieur de l'armée n'est pas, pour moi, primordiale. À l'intérieur, c'est autre chose. Mais les gens savent qui fait quoi. Et le regard des camarades de promo qui disent : « Bravo pour Droukdel », ça, c'est important.

Général Grégoire de Saint-Quentin : Quand j'ai été GCOS, j'ai assumé les opérations spéciales que nous menions. Je suis même allé sur une radio dans des circonstances particulières[1]. Je pense qu'il est important que l'on sache que nous avons des forces spéciales efficaces. Cela participe du processus de reconnaissance.

1. Le 6 avril 2015, sur Europe 1, après la libération par les forces spéciales françaises au Sahel d'un otage néerlandais, Sjaak Rijke.

Adjudant Bonie : La communication est primordiale et indispensable. C'est un effecteur tactique, stratégique, voire politique. Sur un déploiement, rien que la com, si elle est bien faite, peut avoir un effet sur l'adversaire. Désormais, tous les jeunes vivent avec un iPhone dans les mains, la com fait partie de leur logiciel. Ils savent qu'elle permet de transformer l'essai. Et le COS l'a pris en compte : autrefois, c'était le chef du cabinet du GCOS qui, entre deux tâches, communiquait comme il pouvait. Maintenant, c'est un lieutenant-colonel[2] qui s'en occupe, à temps plein.

Général Grégoire de Saint-Quentin : Ceci dit, il faut se méfier que certains chefs n'en profitent pas pour flatter leur ego car cela crée de la frustration ailleurs. Reconnaître les mérites, l'armée sait très bien faire. Depuis des centaines d'années, voire des millénaires, elle développe des rites de passage et de reconnaissance. Pourquoi les soldats portent-ils des médailles et pas les civils ? Parce qu'on veut reconnaître les servitudes du métier et matérialiser les actes de courage qu'on ne peut pas récompenser par de l'argent. Le tout est ensuite que ces médailles soient correctement attribuées.

JCN : Quelle est la plus haute médaille, en dehors de la Légion d'honneur, que peut espérer un opérateur engagé au Levant, en Libye ou au Sahel ?

Général Grégoire de Saint-Quentin : La médaille militaire, pour les sous-officiers et les militaires du rang, et la valeur militaire pour les officiers. C'est une croix réservée au combat sous le feu, sur laquelle on ajoute une palme ou une étoile dont la couleur change en fonction du niveau de la citation.

2. Sébastien Caron.

JCN : Les forces spéciales sont-elles bien loties ?

Général Grégoire de Saint-Quentin : Quand j'étais GCOS, mes demandes ont toujours été suivies d'effet. Certains diront que les forces spéciales sont mieux loties que d'autres. À actions de feu comparables, je ne crois pas que cela soit le cas.

Général Maurice Le Page : Après avoir perdu mon fils Loïc, je me suis battu auprès des plus hautes instances, et pas simplement pour lui, afin que les morts au combat reçoivent la Légion d'honneur, quel que soit leur grade. Loïc en effet a été décoré de la valeur militaire avec palme, et la médaille militaire lui a été décernée, mais pas la Légion d'honneur car il ne fallait pas à l'époque, paraît-il, « dévaloriser » la médaille militaire… Cependant, il a reçu la plus belle des décorations militaires américaines. Un général des forces spéciales est venu des États-Unis pour la remettre en personne à la veuve de Loïc lors d'une cérémonie émouvante organisée à l'ambassade américaine à Paris. Cette reconnaissance était importante pour notre famille.

Colonel Laurent : Regardons les choses objectivement : sommes-nous en mal de reconnaissance ? La ministre a rendu visite à toutes les unités forces spéciales et le président de la République n'est jamais avare en compliments à notre égard. Nos opérateurs sont récompensés à la hauteur de leurs engagements, et donc mieux que leurs camarades des autres unités. Et puis il y a le regard porté sur les forces spéciales par nos armées d'appartenance, par le monde militaire en général, qui sait entre les lignes ce que nous faisons et qui, il me semble, est reconnaissant.

Major Mousse : Les opérateurs des forces spéciales ont généralement des « placards » de décorations bien fournis et quand ils se mettent en tenue, certains ont du mal à y croire. La plupart sont impressionnés, ça se voit dans leurs yeux ; les autres, les jaloux, on les ignore…

Adjudant Bonie : On expliquerait ce qu'on fait de manière sereine, en respectant le secret des opérations, il y aurait moins de défiance vis-à-vis de nous. Il est important aussi que les officiers du COS diffusent dans les états-majors, ce qui viendra naturellement avec la montée en volume des forces spéciales.

JCN : Par contrecoup du défaut de reconnaissance, imaginez-vous les forces spéciales françaises pouvoir se livrer à un péché d'orgueil semblable à celui des Seals *de l'opération Geronimo qui ont écrit plusieurs livres après avoir éliminé Ben Laden ?*

Lieutenant-colonel Benjamin : Cette dérive peut exister dans toute unité utilisée comme figure de proue à outrance. C'est pour ça qu'il faut un équilibre entre le *« Be a grey man »* qu'on nous répète en formation et l'incarnation d'une image de force dont la nation a besoin.

JCN : Est-ce qu'à l'intérieur des unités de forces spéciales, l'élimination d'un personnage comme Droukdel donne à celui qui en est responsable une notoriété particulière ?

Major Sam : On sait, mais pas de vantardise, pas de gloriole.

Lieutenant-colonel Benjamin : Théoriquement, on met tout cela sous le tapis, mais on est trop peu nombreux pour ignorer qui a fait quoi…

JCN : Un groupe est-il valorisé par la notoriété de la cible qu'il a neutralisée ou la difficulté d'une opération qu'il a réalisée ?

Lieutenant-colonel Benjamin : Les deux laissent une trace. Une opération à visée stratégique qui reste dans les annales, même si elle n'a pas été compliquée, ça marque. Toutefois, il y a aussi beaucoup d'opérations sans aucune visibilité, mais qui ont été beaucoup plus dures, et celles-là restent aussi dans l'imaginaire collectif.

Général Éric Vidaud (GCOS) : Pour Droukdel, en l'occurrence, sa mort est le résultat de la combinaison d'actions menées par plusieurs opérateurs, cela règle d'entrée toute tentation de péché d'orgueil[3]…

3. Notons que depuis la fin de ces entretiens, une autre grande figure djihadiste a été tuée, le 12 novembre 2020 : Bah Ag Moussa, considéré comme le chef de l'organisation dirigée par Iyad Ag Ghali.

21

Innovation

À leur naissance, les forces spéciales ont reçu un sort : le jour où elles ne se remettraient plus en question, elles disparaîtraient. En effet, bien au-delà de la puissance de leur armement ou de l'excellence de leur formation, l'effet de surprise est leur atout maître : l'ennemi peut se trouver totalement désarçonné, et donc à la merci, rien que par le choc de l'apparition brutale d'un stick de commandos dans son repaire. Or, pour surprendre, il importe de se renouveler. Avec les moyens numériques d'aujourd'hui, le camp d'en face est de plus en plus renseigné sur les techniques utilisées par les forces spéciales dans la surveillance, l'approche et l'assaut. Ainsi, au Levant, le déséquilibre entre les armées occidentales et les groupes terroristes a-t-il commencé à être corrigé grâce à l'emploi de drones ou de jumelles à vision nocturne en vente dans le commerce. Encore et toujours, les forces spéciales se doivent de garder ce temps d'avance, dans les procédures comme la technologie.

*

Lieutenant-colonel Gildas : Par nature, le commando des forces spéciales réfléchit en permanence à améliorer son matériel. Cela va de la vis sur tel fusil, de la munition transformée, de la manière de faire tenir une perfusion sur le sac à dos à la suspension d'une voiture et à l'intégration de transmissions, ainsi que d'une caméra thermique sur un avion. On transforme tout. Les créateurs du COS ont eu une idée de génie en 1992 en créant la CIECOPS[1], en fait le bureau innovation du COS. Ainsi, dès 1992, le nouveau fusil de tireur d'élite est ébauché, des améliorations sont lancées pour les bateaux, véhicules, avions, etc. On ne s'interdit jamais d'adapter l'outil, même si, parfois, c'est au détriment du règlement…

JCN : C'est une largesse accordée au COS ?

Lieutenant-colonel Gildas : Le COS peut demander et obtenir des dérogations… Mais c'est surtout notre culture de l'adaptation et du progrès permanent. La première fois où je suis allé en Afghanistan, j'avais lu les retex russes disant que, dans les années 1980, les chiens leur avaient été très utiles. On a donc entraîné ceux de Bayonne avant le départ pour la recherche d'armes, les explosifs, la fouille de souterrains. « Ils dépendent de la région militaire, nous a-t-on dit, vous n'avez pas le droit de les prendre ! »

JCN : Et alors... ?

Lieutenant-colonel Gildas : Et alors, on les a emportés…

JCN : Vous avez donc pris sur vous de les faire venir...

Lieutenant-colonel Gildas : Oui. Mais pas clandestinement non plus : les chefs étaient au courant et les

1. Commission interarmées d'études pratiques concernant les opérations spéciales.

animaux étaient déclarés dans l'avion. Au retour, on m'a un peu tapé sur les doigts. Mais ensuite, le principe a été validé. Et maintenant, les chiens participent à toutes les opérations au Sahel… Parfois, il vaut mieux faire et demander ensuite…

JCN : En cas d'incident, qui porte la responsabilité ?

Lieutenant-colonel Gildas : On essaie toujours de prévoir les cas anormaux. Donc, on teste petit à petit, et on évite d'arriver à ces extrémités. Il peut y avoir des incidents, mais très peu en fait. Chacun assume sa part de responsabilité, à tous les niveaux. Un exemple très simple : le centre de tir adapté à Pau. Il a été créé en 2002-2003, en s'inspirant de ce dont disposent les SAS britanniques, un lieu très modulaire où on peut reconstituer un petit pavillon de banlieue, un hall de gare, avec ascenseur et escaliers, etc. On y tire à balles réelles et on y utilise de véritables explosifs… Mais ne peuvent s'y entraîner que des opérateurs évalués au préalable et tout est extrêmement calculé : on ne choisit que des munitions qui se fragmentent sur les plaques de blindage, on prend le bon blindage, etc. Depuis son lancement, il n'y a eu aucun mort et un seul blessé grave, un opérateur qui avait perdu ses protections auditives dans l'action. Or les forces spéciales avaient commencé sous dérogation, sans avoir reçu toutes les autorisations conformes aux normes en vigueur dans les armées…

JCN : Comment le COS harmonise-t-il cette innovation tous azimuts ?

Lieutenant-colonel Gildas : Historiquement il y a deux grosses divisions au sein de l'état-major du COS : opérations et capacitaire. Le 1er bureau du capacitaire s'occupe de prospective, doctrine et retex. En résumé : la prospective, c'est le monde de demain, le retex, les leçons du passé, la doctrine, « comment agir aujourd'hui ? ». Le 2e bureau de la division traite des équipements, des gros programmes (aéronefs, véhicules, embarcations, armement, optronique…) jusqu'aux petites innovations. Le 3e bureau, c'est la préparation opérationnelle et les contrats opérationnels, c'est-à-dire les engagements du COS vis-à-vis du chef d'état-major des armées en matière de fourniture de capacités pendant tant de temps, face à tel type de menaces et sur tel délai d'alerte.

JCN : Une position charnière donc entre l'état-major des armées et le COS qui doit nécessiter beaucoup de persévérance…

Lieutenant-colonel Gildas : Au COS, il y a à la fois les combats sur les théâtres d'opérations et les combats face à certaines pesanteurs de l'administration française… En sachant que le COS n'a quasiment aucune autonomie financière, en particulier pour l'achat, ce qui est assez pénalisant.

JCN : Est-il exact que le COS bénéficie de fonds secrets ?

Général Éric Vidaud (GCOS) : Nous disposons d'un petit budget, mais il sert davantage à équiper nos partenaires en capacités non létales.

Capitaine de vaisseau Bertrand : Il y a pas mal de technologie, ne serait-ce que dans le monde civil, qui est facilement accessible. Il s'agit simplement de l'adapter à nos besoins. Les drones, ce qu'ils sont capables de faire, c'est fantastique ! D'ailleurs, Daech ne s'y est pas trompé, ils les ont utilisés en y ajoutant des grenades. C'est du bricolage d'aéromodélisme, mais le résultat n'est pas négligeable.

Général Éric Vidaud (GCOS) : Si nous sommes satisfaits des matériels testés, on les intègre dans le système classique d'achat de matériels par les armées.

Lieutenant-colonel Gildas : Pour tous les gros équipements, le COS dépend de l'interarmées, des armées et de la DGA[2]. Sa difficulté est qu'il n'est quasiment pas reconnu comme une entité capable d'exprimer des besoins capacitaires. Même si chaque année notre voix porte un peu plus, on doit se reposer sur les trois armées qui fournissent des commandos. Les forces spéciales d'autres grandes puissances ont plus de latitude, ce qui est certainement un atout pour préparer l'avenir.

JCN : Si le COS met en évidence le besoin pour ses troupes d'un équipement lourd, comme l'hélicoptère de transport, il faut donc qu'il persuade une des armées de porter le projet ?

Général Éric Vidaud (GCOS) : Moi, GCOS, je n'ai pas de budget d'équipement. C'est aux composantes de chaque armée d'équiper leurs forces spéciales. Le COS est là pour harmoniser l'ensemble et faire en sorte que tout le monde dispose bien du même système d'armes pour une plus grande efficacité opérationnelle.

Lieutenant-colonel Gildas : Un nouveau matériel lourd nécessitera un certain budget, donc les armées ne seront pas forcément preneuses. Le rapport entre les forces conventionnelles et spéciales demeure sensible. Certains estiment qu'elles sont trop mises en avant... Notre travail quotidien est d'expliquer aux armées que ce qui nous profite leur profitera aussi, à court ou moyen terme.

2. Direction générale de l'Armement.

Colonel Diego : Par exemple, le fusil HK416, dont on dote aujourd'hui l'armée de terre, nous l'avions au 1er RPIMa depuis 2006-2007. Le COS a la capacité d'acheter sur étagère, comme on dit. Il y a une acceptabilité au niveau de l'institution parce que ce sont ce que j'appellerais des micro-parcs. Parfois, cela se compte en centaine d'unités.

Lieutenant-colonel Gildas : Et puis, les lenteurs de la machine ne sont pas compatibles avec la réactivité qui est une de nos caractéristiques premières. Par exemple, il y a quelques années, au vu du retex au Sahel, on a exprimé le besoin de moderniser le parc de nos véhicules. En passant par le processus habituel, *via* la DGA, non seulement la solution serait intervenue trop tard, mais il y avait le fort risque d'une réponse qui n'aurait pas entièrement correspondu à nos attentes. Donc, nous avons décidé de réaliser une urgence opérations avec un budget modeste, en se fixant une échéance d'un an. Tout le monde nous a prédit l'échec. Mais plutôt que d'inventer un véhicule à partir de zéro avec un industriel français, nous sommes allés voir les forces spéciales britanniques et nous avons trouvé sur étagère presque ce que nous voulions. Nous avons ensuite trouvé une PME française très débrouillarde, bien à l'écoute des opérationnels, qui a importé la licence et lancé la production en France. Depuis, on a engagé ce véhicule au Sahel, qui permet de remplacer la génération antérieure à bout de souffle, et il donne toute satisfaction, avec un saut en termes de performances ! Et tout cela en un an, pour un coût abordable.

JCN : Comment réagit la DGA dans pareil cas ?

Lieutenant-colonel Gildas : Notre première préoccupation, c'est d'aller vite et bien, car l'ennemi, lui, n'attend pas. De la même manière, depuis quelques années, les forces spéciales ont engagé sur différents théâtres des drones qui ne sont pas certifiés exactement comme il le faudrait en France. Alors, forcément, ceux dont c'est le métier que de mettre au point de nouveaux matériels ou de les certifier peuvent être chagrinés. Mais en contrepartie, nous sommes en mesure de leur livrer de l'expérience opérationnelle, technique et d'emploi.

JCN : Avez-vous souvenir d'innovations qui ont été rejetées après un cursus « normal » de certification ?

Lieutenant-colonel Gildas : Quand on éclaire des pistes, il faut accepter le principe que certaines peuvent conduire dans une impasse. Des exemples ? Des calibres de fusils inadaptés, des lunettes de tir trop fragiles, des voitures pas fiables, des procédures de largage trop dangereuses ou imprécises, le montage d'une antenne sur un avion qui brouille le tableau de bord…

JCN : Le COS a donc la latitude de s'adresser directement au secteur civil ?

Lieutenant-colonel Gildas : C'est aussi ce qui fait la force du COS. Sa division capacitaire ne peut centraliser toutes les demandes venant des unités. Le développement de l'innovation est donc en grande partie décentralisé et la devise « Faites-le. Si ça marche, tant mieux » évite de brider les initiatives tout en responsabilisant. Si par exemple le 13e RDP veut une jumelle de vision nocturne pour voir plus loin, et qu'il a repéré une PME dans la région de Bordeaux, quelle plus-value apportera le COS installé à Balard ?

Colonel Diego : Au 1er RPIMa, nous avions besoin d'embarcations fluviales rapides. On s'est rapprochés d'une PME bretonne. En six mois, le premier prototype est sorti et un an après, on a eu un engin qui répondait au cahier des charges. Cela s'est traduit par la production de quelques exemplaires pour notre régiment.

Lieutenant-colonel Gildas : Il faut accepter de déléguer, c'est un des atouts des forces spéciales, en opération comme en innovation. Et chacun prend sa part. L'opérateur dit : « Moi, je modifie ma lunette et ensuite je ferai valider. » Le chef de groupe : « Moi, je m'occupe d'améliorer les véhicules. » Le chef du BOI : « Moi, ce sont les procédures et la recherche de financements. » Le chef de corps : « Moi, c'est la politique du régiment. » Et si l'unité ne connaît pas d'industriel, ou si elle rencontre un problème de finances ou un blocage réglementaire, alors le COS peut l'aider.

JCN : Faire entrer le civil dans la boucle des forces spéciales ne pose pas de problème en matière de sécurité ?

Lieutenant-colonel Gildas : C'est la limite. D'autant plus que la guerre économique est de plus en plus féroce. Nous entretenons des relations de confiance avec des entreprises, mais nous avons également les moyens de vérifier certaines choses… Souvent aussi nous utilisons le réseau des anciens du COS qui se sont investis dans des PME innovantes, particulièrement dans les domaines des drones et des parachutes, du côté de Bordeaux, de Lorient, d'Orléans. Il y a encore les grands salons comme le SOFINS[3], réunissant un panel d'entreprises. Enfin, tous les mois, dans le cadre du Cercle de l'Arbalète, des groupes industriels, des PME, des start-up, des chercheurs partagent leurs expériences sur un sujet déterminé à l'avance comme la vision nocturne

3. Special Operations Forces Innovation Network Seminar.

ou le stockage d'énergie. Si un accord est trouvé avec une entreprise, le contrat stipulera diverses exigences afin de pouvoir traiter avec le niveau de confidentialité nécessaire.

JCN : L'image qui vient rapidement à l'esprit, c'est celle de Franky Zapata sur son Flyboard Air, à l'occasion du défilé du 14 juillet 2019...

Général Éric Vidaud (GCOS) : C'est potentiellement ce qu'on appelle une innovation de rupture, des matériels qui pourraient profondément changer certains aspects de nos opérations, et que le COS essaie de détecter très en amont dans son rôle d'éclaireur d'innovations au profit de tous.

Lieutenant-colonel Gildas : Cette histoire est emblématique. Toulon étant proche de sa ville de Marseille, c'est le commando Hubert qui repère le premier Franky Zapata, assez tôt, dans les années 2012-2013, dès qu'il a l'idée d'installer des petites tuyères sur une planche. Un premier test est réalisé. Les forces spéciales américaines le repèrent à leur tour ; c'est normal, nous réfléchissons tous sur les mêmes sujets. Eux vont plus loin : ils placent un opérateur militaire sur la planche volante, un réserviste, pour voir si l'on peut former rapidement quelqu'un au pilotage de l'engin. Les forces spéciales françaises le font voler pour la première fois en France, d'abord dans le Sud-Ouest, à l'initiative du CFST[4], puis, armé, au-dessus de la Seine lors du Forum Innovation Défense, le 24 novembre 2018 – et cela n'a pas été simple en termes d'autorisations… –, ce qui contribue à le populariser. Il est ensuite invité par l'Agence d'innovation de défense (AID) qui travaille sur ce dossier

4. Commandement des forces spéciales terre.

avec le COS et le CFST, le 14 juillet 2019 où, là, le retentissement est mondial.

JCN : Quels avantages apporterait un soldat volant ?

Lieutenant-colonel Gildas : Imaginons qu'il faille assaillir un bateau en mer : si c'est très loin des côtes, les hélicoptères n'auront peut-être pas l'allonge nécessaire ou ils seront trop bruyants. Avec ce matériel, vous mettez vos dix commandos sur un bateau rapide et ils pourront intervenir de tous les côtés à la fois. S'il faut plutôt agir sur un bâtiment genre building, un tireur pourra venir se positionner en quelques secondes face à la fenêtre du 32e étage où se trouvent les terroristes ou les preneurs d'otages. On pourra également intervenir beaucoup plus vite dans les endroits encaissés. D'autant qu'avec les tuyères électriques qui viendront sans doute ensuite, ce sera plus discret et il y aura plus d'autonomie. Le potentiel existe, mais il y a encore du chemin à parcourir pour un premier emploi opérationnel.

JCN : Comment peut-on avoir la garantie que l'entreprise de Zapata restera française ?

Lieutenant-colonel Gildas : On le conseille, on l'aide. C'est une affaire de confiance. Et pour l'instant ça marche. Mais il est certain que le COS n'est pas encore assez armé pour la guerre économique. Une technologie de supériorité opérationnelle intéresse forcément le monde entier. Aujourd'hui, le moyen le plus simple pour y accéder, ce n'est pas nécessairement l'espionnage à l'ancienne, c'est juste de prendre les capitaux de la petite société concernée afin de la contrôler progressivement. Autre exemple : le cas Photonis, une entreprise française d'optronique qui travaille pour le médical, le nucléaire, et fabrique les tubes d'intensification de lumière que les forces spéciales utilisent pour les jumelles de vision nocturne. Grâce à elle, depuis peu, nous sommes au niveau de ce qu'il y a de meilleur aux États-Unis. Sauf qu'une entreprise américaine veut désormais la racheter, à un prix supérieur au marché français et sans qu'un repreneur français ne se soit dévoilé… Une affaire de 510 millions d'euros… Sous l'impulsion du COS en particulier, le dossier est étudié à haut niveau. Pour l'instant, les Français bloquent ou en tout cas mettent des conditions très restrictives à l'achat tout en promouvant la pérennité de l'entreprise, qui a une dimension stratégique[5].

JCN : En termes de gros programmes, quelles ont été les préoccupations récentes du COS ?

Lieutenant-colonel Gildas : L'hélicoptère NH90-FS. Les forces spéciales avaient un besoin spécifique qui n'avait pas été mis en avant par les armées. Or, si le COS restait sur des hélicos de deuxième ou troisième génération – Puma, Cougar ou même Caracal, dont la conception date des années 1960-1990 –, il était déclassé en aéromobilité avant 2030. Pour l'éviter, il fallait acquérir sans tarder un hélicoptère de quatrième génération, si possible proche des versions conventionnelles afin de faciliter l'interopérabilité, la maintenance et la réduction des coûts, mais qui intégrerait des aménagements pour les opérations spéciales. L'appui de la DGA fut déterminant pour sauver le projet NH90-FS,

5. L'entretien a été réalisé en mai 2020. Début août, l'Élysée a ouvert la porte à un rachat sous conditions par l'Américain Teledyne… Conditions jugées irréalisables par la société, qui a jeté l'éponge fin septembre avant… de revenir avec une offre à 450 millions de dollars en octobre. À suivre.

qui tirera vers le haut le programme NH90, au bénéfice des armées françaises et de l'export.

Général Éric Vidaud (GCOS) : Il sera doté de capacités pour mieux voir, mieux localiser, une capacité infra-rouge grand champ…

Colonel Cerbère : Des systèmes de caméras permettront de superposer plusieurs types d'images qui rendront un vol possible même au ras du sol et avec une visibilité optique quasi nulle, de nuit comme de jour, ce qui n'est pas le cas aujourd'hui. La capacité d'emport sera aussi supérieure, et sa robustesse meilleure. Cela nous autorisera à aller plus loin.

Lieutenant-colonel Gildas : Il faut toujours garder à l'esprit que ce que nous faisons, d'autres en profiteront ensuite dans les armées. La caméra « jour-nuit » qu'on a mise à l'avant du NH90-FS, l'armée de terre pourra l'installer elle aussi plus tard sur les NH90 de l'ALAT[6], la marine sur ses NFH[7]. Ce qu'on prévoit sur le côté pour l'aérocordage de nos commandos, cela pourra être reproduit pour les GCP et les GCM[8], etc. Ce n'est donc ni du temps ni de l'argent perdus pour les forces conventionnelles. Les forces spéciales diffusent beaucoup plus dans les armées que ce que l'on imagine.

JCN : Quid de l'hélicoptère de transport lourd (HTL) dont l'armée française n'est pas dotée : est-ce un vrai manque pour les forces spéciales ?

Lieutenant-colonel Gildas : J'en suis convaincu. À mon premier retour d'Afghanistan au début des années 2000, j'ai exposé à mon chef nos trois lacunes :

6. Aviation légère de l'armée de terre.
7. NATO Frigate Helicopter : NH90 version marine.
8. Groupement des commandos de montagne.

le drone MALE armé (Predator à l'époque), les communications satellitaires cryptées haut débit (TACSAT) et l'hélicoptère lourd (CH-47). Le premier a été récemment acquis par les armées françaises. Pour les secondes, on arrive à en acheter, même si ça fait grogner puisque c'est américain. Il reste le HTL…

Colonel Michel : Le HTL serait un *game changer*. Par fortes chaleurs, l'hélicoptère dont nous sommes actuellement dotés ne peut emporter que quatre hommes. Difficile de réaliser une opération fulgurante dans ces conditions… Et il n'a que deux heures d'autonomie. Donc, si votre cible est à trois heures, il faut d'abord larguer du carburant avec des chuteurs ops, afin que les hélicos puissent se ravitailler en route. On le fait bien sûr, mais cela complique toujours les choses…

Lieutenant-colonel Gildas : Les Pays-Bas ont 20 CH-47, la Grande-Bretagne 88, le Japon 90, les Allemands plus d'une quarantaine de CH-53, les Américains des milliers de tous les modèles… De nombreux pays sont équipés d'une petite flotte d'une douzaine à une vingtaine d'appareils. Quatre pourraient équiper les forces spéciales françaises, le reste les unités conventionnelles. Mais tout le monde n'est pas convaincu de son utilité. Il faut sans doute avoir employé le HTL en opération pour comprendre son extraordinaire potentiel. En Afghanistan, on y faisait entrer une quarantaine commandos équipés, qu'on déposait directement sur le toit d'une maison occupée par une cible, au lieu de les faire descendre par paquet de quatre ou cinq d'une demi-douzaine d'hélicoptères plus petits… La quasi-totalité des raids et assauts majeurs des forces spéciales américaines en Afghanistan et au Levant engage des CH-47 depuis vingt ans, avec des groupes de 30 à 50 commandos ou des engins rapides quad et buggy ! En plus, le HTL, qui a un formidable rayon d'action, passait les cols à 2 500 mètres d'altitude et 40 degrés à l'ombre, alors que le Caracal[9], non. Sans parler de l'apport en logistique et transport tactique, comme le prouvent en ce moment même les trois CH-47 britanniques qui sont plébiscités par les troupes au sol de l'opération Barkhane au Sahel. Le résultat est que, dans ce domaine, nous étions très tributaires des Américains hier en Afghanistan, et qu'aujourd'hui au Sahel, nous le sommes aussi un peu des Britanniques et des Danois… Derrière, en filigrane, c'est une question d'autonomie stratégique et d'interopérabilité avec les forces spéciales alliées qui en sont toutes équipées…

Général Grégoire de Saint-Quentin : Je ne saurais dire où se situe le blocage. Y a-t-il des raisons industrielles, parce que la France ne produit pas d'hélicoptère lourd ? Probablement un peu de ça. Aussi le fait que, si on en achète, il faudra retirer d'autres matériels inscrits dans la loi de programmation. Nous avons déjà planifié la modernisation des NH-90, cela nous permettra de rester dans le peloton de tête des forces spéciales européennes. Mais ce qui est sûr, c'est qu'il faudra y venir. Les trois HTL que nous prêtent les Britanniques en ce moment au Sahel abattent un travail considérable, presque salutaire.

Général Éric Vidaud (GCOS) : Pour le genre de combats que nous menons, le NH-90 FS sera parfait. Mais à condition que les appareils soient en meilleur ordre de marche que ce que nous avons actuellement…

9. Hélicoptère de transport équipant l'armée française.

JCN : Le 4e RHFS a-t-il le droit de repousser les limites de potentiel d'un hélicoptère ?

Colonel Cerbère : Non, une machine est une machine… Les limitations du constructeur, que l'utilisateur soit spécial ou pas, restent les mêmes. On a juste quelques équipements que nous avons développés en supplément, comme la mitrailleuse Gatling ou un pointeur laser. Mais notre plus-value, ce sont nos modes d'action tactiques appuyés par cette technique de pointe.

Général Éric Vidaud (GCOS) : De manière générale, nous n'avons pas assez d'hélicoptères et pas assez en ordre de marche. C'est fort regrettable, car, très clairement, cela limite nos interventions dans des zones aussi vastes que le Sahel.

Colonel Cerbère : On vit une période complexe. Très souvent, c'est l'hélicoptère le premier facteur limitant du nombre d'opérations réalisables. Et on peut le mesurer, parce qu'il y a des moments où on réussit à en affecter deux de plus au Sahel et on voit la courbe remonter. Pour compenser un peu nos manques, nous avons un système d'emprunt réciproque avec Barkhane. Souvent ils nous prêtent l'EVASAN qui nous évite de dédier un de nos appareils pour cette fonction, mais aujourd'hui on gère vraiment ça au millimètre. Il ne faut pas croire une seconde que les forces spéciales ont des équipements pléthoriques, même si, comme je peux en attester à mon poste de chef Opérations du COS, nous les exploitons avec le maximum de rendement possible.

Général Éric Vidaud (GCOS) : Dans l'immédiat, si on me laissait le choix, plus qu'un hélicoptère lourd, je préférerais que mon parc d'hélicoptères puisse voler correctement…

Colonel Cerbère : À partir de 2028, ce sera le tour de nos vieilles et vaillantes Gazelle d'être remplacées par des HIL[10]. Si on en avait les moyens, l'idéal serait de se doter de ces appareils ultra-modernes en nombre juste suffisant, tout en conservant quelques machines très rustiques. Vous pouvez en effet pousser deux Gazelle en urgence dans un Hercule, les sortir au bout du monde et deux heures après, elles seront prêtes pour opérer. On pourra alors imaginer ce que l'on fait usuellement en vol : une machine technologiquement très avancée devant, pour créer une bulle de protection, et des machines rustiques derrière, pour faire du volume et de la masse.

JCN : Outre les hélicoptères, quel manque pointeriez-vous en priorité ?

Général Éric Vidaud (GCOS) : Des centrales inertielles qui nous permettraient d'éviter que nos GPS soient brouillés. Aussi des poids lourds capables d'aller plus vite dans le désert que les VLRA[11] d'aujourd'hui, tout en étant protégés.

Colonel Michel : Également des drones « SIGIN capable », c'est-à-dire capables de recueillir du renseignement électromagnétique, et endurants, c'est-à-dire pouvant rester vingt-quatre heures en l'air, à des altitudes moyennes, en toute discrétion. L'inverse de ce que nous avions en Afghanistan où ils étaient tellement repérables qu'on s'en servait pour détourner l'attention de l'ennemi pendant qu'on opérait ailleurs…

Lieutenant-colonel Gildas : L'idéal serait d'alléger certaines lourdeurs administratives et de gagner en autonomie d'acquisition. Un exemple plus ancien : quand je suis arrivé à Bayonne, on m'a mis en garde

10. Hélicoptère interarmées léger.
11. Véhicule léger de reconnaissance et d'appui.

contre l'utilisation des fusils M16 qui n'avait pas été validée par la DGA : en cas d'accident, notre responsabilité serait engagée ! C'était juste l'arme de la guerre du Vietnam, vendue à des millions d'exemplaires et adoptée dans 90 pays ! *Idem* pour l'AK-47, qui, datant de 1947, a été produite à plus de 100 millions d'exemplaires et qui, chez nous, a été qualifiée pour… son 70e anniversaire !

JCN : En fait, les forces spéciales apparaissent comme un des révélateurs de certaines lourdeurs de l'État français. Par leur quête perpétuelle d'innovation, elles le challengent en quelque sorte.

Général Éric Vidaud (GCOS) : Exactement.

Lieutenant-colonel Gildas : Le COS est aussi le révélateur des querelles intestines dont nous avons hérité des Gaulois. Ce qui plaît aux uns déplaît aux autres pour des raisons le plus souvent subjectives. Si on arrivait à focaliser sur nos ennemis tous les feux dont nous usons pour se critiquer les uns les autres, ils seraient pulvérisés ! [*Rires.*] Il faudrait retrouver le sens du bien commun et mieux savoir tirer les leçons du passé, sans passion. Les menaces qui se profilent à l'horizon risquent de nous y contraindre.

JCN : Peut-être que si les autorités avaient plus conscience de ce que font les forces spéciales, les décisions tomberaient plus vite…

Général Grégoire de Saint-Quentin : Honnêtement, de ce que je peux en juger à mon poste de sous-chef Opérations de l'état-major des armées, les réticences vis-à-vis des forces spéciales aujourd'hui n'ont plus rien à voir avec ce que j'ai pu connaître moi-même à mes débuts dans les années 1990. À cette époque-là, oui, il y avait un blocage. Nous avons attendu certains équipements pendant des années. Le travail accompli depuis par le COS a fait tomber la plupart des barrières…

22
Évolution

L'argent est peut-être le nerf de la guerre, mais une question d'achat de matériels, à condition de bonne volonté d'un côté et d'un effort de pédagogie de l'autre, n'est jamais totalement insoluble. Mieux armées, mieux équipées, les forces spéciales peuvent avoir la légitime ambition de le rester. Qu'en est-il d'évolutions souvent tout aussi souhaitables, mais dans les domaines plus coriaces de l'organisation administrative et de l'humain ?

*

JCN : Au-delà des équipements, quelle serait selon vous une amélioration à apporter au fonctionnement du COS à court ou moyen terme ?

Capitaine de vaisseau Augustin : Une mesure s'impose : l'amélioration de la coordination interministérielle. Quand j'étais en poste aux États-Unis, j'avais fait remarquer au COS et à la DRM que si on voulait savoir ce que pensait le renseignement français sur un sujet particulier, il fallait aller à Washington ! J'y recevais en effet de la part des Américains des informations des divers services de renseignement français, que mes camarades en France n'avaient pas !

JCN : Question de jalousie ? De chasse gardée ?

Capitaine de vaisseau Augustin : Et de viscosité administrative. La Direction du renseignement militaire produit des analyses remarquables à destination des autorités, mais les forces sur le terrain, elles, attendent surtout qu'on leur donne le numéro de téléphone de l'ennemi qui va les attaquer… En France, nous avons des lacunes sur le renseignement tactique. Les Américains par exemple disposent de systèmes de reconnaissance faciale automatique sur des flux vidéo qui leur permettent, quand ils croisent en patrouille un individu déjà recensé dans des bases de données, de recevoir sur leurs téléphones portables sa fiche avec la photo qui vient d'être prise… Nous, quand on demande ce genre de matériels en France, on nous répond que ce n'est pas à ce niveau-là qu'un service de renseignement militaire doit se placer. Le problème, c'est que si ce dernier ne se place pas à ce niveau-là, personne ne le fera à sa place… Ce n'est pas un problème d'ego. Aux États-Unis aussi, il y a des problèmes d'ego, sauf qu'ils disposent d'organisations qui permettent de les lisser de manière quasi automatique. Et les Britanniques aussi. Le MI6 et leurs forces spéciales s'entendent à merveille, les chefs ont tous fait Eton, ce sont des systèmes très regroupés.

Lieutenant-colonel Gildas : Pour la partie nationale de la collaboration dans le renseignement, les partenaires majeurs du COS sont la DGSE et la DRM qui a créé en 2015 une cellule spécifique chargée des échanges de renseignement et de l'appui au ciblage du COS dans ses missions de contre-terrorisme (CT). Au cours de ces vingt dernières années, les échanges avec ces deux services ont connu des progrès importants. L'intégration du COS avec la DRM est historiquement la plus forte et en évolution constante, même si l'on peut souhaiter qu'elle progresse encore dans le domaine du CT et des actions en zone grise afin de répondre aux enjeux du traitement de ces menaces.

Général Frédéric Beth : En ce qui concerne la DGSE, il fut un temps où les armées ne travaillaient jamais avec elle et c'était normal. La création du COS et de la DRM a permis un rapprochement. Le décloisonnement, c'est cela ; s'il n'est pas toujours opportun, il est souvent utile. Un tel rapprochement avec la DGSE fit partie de mes volontés à mon arrivée au COS. Nous avons lancé des choses qui ont permis d'améliorer nos relations avec la DGSE.

JCN : De son côté, la DGSE était-elle preneuse de liens renforcés avec le COS ?

Général Frédéric Beth : Oui et non. Cela dépend toujours des gens en poste. Je voyais régulièrement le général Ract-Madoux, alors numéro 2 de la DGSE… Et puis, ces dernières années, alors que j'occupais à mon tour ce poste boulevard Mortier, nous avons été amenés à travailler de manière beaucoup plus rapprochée avec le COS sur les problématiques du Sahel, où le renseignement de la DGSE était indispensable.

Lieutenant-colonel Gildas : Force est de constater que le contre-terrorisme des années 2001-2020 a été très fédérateur pour nos relations avec la DGSE qui ont abouti aujourd'hui au Sahel et au Levant à un modèle mature et très efficace. Les progrès des sept dernières années sont même spectaculaires.

Général Éric Vidaud (GCOS) : Aujourd'hui, je peux témoigner de la très grande qualité de nos relations avec la DGSE. Nier que les forces spéciales obtiennent d'excellents résultats au Sahel parce qu'elles bénéficient du renseignement de la DGSE serait absurde. Quand nous faisons une opération sur la base d'un renseignement de la DGSE, nous faisons aussi briller la DGSE. Je ne suis pas dans un esprit de compétition. Nous aussi, nous les alimentons en renseignement d'ailleurs. Tout ce que nous récupérons sur le terrain (téléphones, ordinateurs, archives) va à la DGSE et à la DRM. C'est du win-win. Si 90 % de nos opérations sont faites à partir de renseignement de la DGSE, peut-être qu'à la base, 50 % de ce renseignement venait de chez nous. Les agences se coordonnent pour concevoir et conduire des opérations communes dans le domaine de la lutte antiterroriste. Demain, ces mécanismes pourront être encore plus intégrés. Pour ma part, je participe à une bilatérale tous les six mois avec chacun de mes homologues de ces deux services. On y aborde tous les sujets pendant quatre heures, cela nous permet de progresser dans nos échanges.

Lieutenant-colonel Gildas : Dans cette collaboration d'excellent niveau, la DGSE apporte une force de frappe dans le renseignement qui est majeure, le COS étant plus pertinent dans les domaines de l'action spéciale, de l'influence, de l'accompagnement de partenaires du type forces spéciales, mais aussi dans son lien naturel avec les forces conventionnelles. N'en déplaise aux perfectionnistes, et à certains esprits chagrins, la complémentarité COS-DGSE est flagrante et très largement reconnue au COS comme à la DGSE. Par nature, nos succès communs sont peu connus à l'extérieur, mais aussi parfois même à l'intérieur de ces deux maisons, chacune cultivant le secret, le cloisonnement ou au moins une grande discrétion, ce qui est absolument nécessaire pour pouvoir conduire des opérations sensibles de ce type. Tous les retours d'expérience le montrent et les commandos du COS vraiment engagés sur le terrain dans des opérations conjointes, et variées depuis vingt ans, le reconnaissent unanimement.

Général Frédéric Beth : Par rapport à une certaine période, le COS connaît beaucoup mieux la DGSE et réciproquement. Cela ne doit pas empêcher que chacun reste dans son domaine… Parfois, le cloisonnement reste nécessaire.

Général Grégoire de Saint-Quentin : Actuellement, il y a un net rapprochement avec la DGSE. Une meilleure articulation, beaucoup plus fine, est juste encore à trouver pour faire face aux nouvelles menaces. Et cela ne pourra se faire que si chacun a compris exactement ce pour quoi il a été créé. Le COS n'est pas le Service Action et le Service Action n'est pas le COS.

JCN : Quelle autre amélioration structurelle serait-elle à apporter ?

Capitaine de vaisseau Augustin : Elle concernerait les liens des forces spéciales avec les autorités. On me pose souvent la question : quelles sont les meilleures forces spéciales au monde ? Cela ne veut rien dire. Toutefois, comme je veux répondre par politesse, je dis souvent que si le critère est le nombre de tractions ou les scores au tir, je pense que les Américains, les Français et les Anglais sont très, très proches les uns des autres. Mais pour moi, les meilleurs, ce sont indéniablement les Anglais parce qu'ils bénéficient d'une confiance totale et d'une compréhension mutuelle entre le pouvoir politique, le niveau stratégique et les opérateurs que nous n'avons pas en France.

JCN : Quelle en est la raison ?

Capitaine de vaisseau Augustin : Probablement l'Histoire. Ainsi que me l'expliquait un Américain de manière amusante, les Français et les Russes sont des joueurs d'échecs : ils n'avancent pas un pion sans appui, ils le sacrifient s'ils pensent y gagner plus, ce sont des rationnels. Les Américains, et probablement les Anglais, eux, sont des joueurs de poker. Ils pensent que parier un petit peu pour obtenir beaucoup est tout à fait valable, en particulier à la guerre. Dans cette optique-là, on est beaucoup plus dans l'opération commando. Les Anglais ont bien compris que les forces spéciales, c'est l'outil idoine pour récupérer un chef terroriste sans tuer de civils. Non seulement leurs hommes politiques n'ont pas besoin d'en être convaincus, mais ils pensent naturellement à elles sans avoir besoin que le chef des forces spéciales vienne les tirer par la manche. C'est dans leur ADN. Et par conséquent, l'entente est parfaite entre les forces spéciales, le MI5 et le SIS[1], alors que, chez nous, le GCOS ne bénéficie pas du même accès au niveau de décision politique. Par ailleurs, pour des raisons de gestion des risques et de cloisonnement des institutions, il est difficile pour les différents organismes en France, contrairement à ce qui se pratique aux États-Unis et en Grande-Bretagne, de présenter aux décideurs une option inter-agences.

JCN : Une partie des SAS peut d'ailleurs opérer à la fois pour le compte des armées et du MI6.

Capitaine de vaisseau Augustin : Les SAS sont multiformes. Ils ont un peu le même rôle que notre GIGN, c'est-à-dire que depuis l'Irlande, ils ont l'habitude d'intervenir sur leur territoire national. Ils font aussi

1. Secret Intelligence Service ou MI6.

des opérations plus clandestines que les nôtres, mais sans être tout à fait notre Service Action. En revanche, beaucoup d'opérations faites par la DGSE seraient faites au Royaume-Uni par les SAS, par exemple le soutien à des guérillas qui seraient parfaitement revendicables en cas de problème.

JCN : Toujours la question de frontières interservices.

Capitaine de vaisseau Augustin : Par exemple, aux États-Unis, le JSOC, le cœur des forces spéciales, s'entend très bien avec les SOG[2] de la CIA. Ils se connaissent et s'appuient mutuellement. Dans des endroits très éloignés, très compliqués d'accès, où un seul service n'a pas la capacité à se développer suffisamment, il demande de l'aide à l'autre. Celui qui commande est celui qui a eu l'idée. Il n'y a pas de concurrence, de comptabilité, c'est assez fluide.

JCN : La France n'en est pas à ce stade...

Capitaine de vaisseau Augustin : Non. Et c'est pour ça que je pense qu'ils sont meilleurs que nous ! Au sens où ils sont mieux employés que nous. Cela génère chez leurs officiers et sous-officiers une maturité opérationnelle, une capacité à penser au niveau stratégique qui est meilleure que la nôtre. C'est ainsi qu'au UKSF[3], le COS britannique, ils estiment qu'il ne faut pas plus de 50 % d'officiers venant des forces spéciales parce qu'ils considèrent que ceux-ci ont plus de mal à penser au niveau stratégique, qu'ils sont trop focalisés sur comment fracturer une porte, sauter de l'avion en toutes conditions, etc.

2. Special Operations Group.
3. United Kingdom Special Forces.

JCN : Pourrait-on imaginer alors qu'à l'avenir les forces spéciales prennent plus à leur compte les actions d'influence ?

Général Grégoire de Saint-Quentin : Si on décalque le système américain, oui, c'est ce qu'il faudrait faire. Mais je ne le pense pas. Ce n'est pas ce qu'on leur demande. Ce qu'elles font à l'occasion, c'est accompagner une opération spéciale qui leur est propre avec des actions localisées, mais cela reste une vision tactique des choses. La vision stratégique des actions d'influence ne leur incombe pas.

JCN : De même, les forces spéciales devraient-elles s'occuper des questions économiques pour aider la France à tirer des dividendes des conflits qu'elle mène ? Le cas le plus flagrant fut en 2011 la Libye où les Français tinrent un rôle premier dans les opérations, mais où ce furent les Turcs qui enlevèrent les marchés.

Amiral Jacques Lanxade : À un moment donné, on a imaginé et commencé à le faire, mais ce n'était pas une très bonne idée. Pourquoi nos entreprises ne suivent pas les armées ? Parce qu'il n'y a pas de lien entre la Défense et le civil. C'est entre l'état-major des armées et le patronat que les choses devraient s'organiser afin que l'information circule bien. Les forces spéciales n'ont pas intérêt à mélanger les genres ; elles doivent rester dans un rôle strictement militaire. En revanche, quand une opération comme Barkhane est lancée, qu'il y ait auprès du commandant des opérations un ou deux officiers qui fassent la liaison avec le patronat, cela me semble souhaitable. Il faudrait même probablement qu'une personne suive ces questions au cabinet du Premier ministre, car les politiques ne peuvent y rester extérieurs.

JCN : Les forces spéciales d'aujourd'hui et de demain semblent destinées à traiter des questions de plus en plus diverses, dans des contextes de plus en plus compliqués. Pensez-vous que la société moderne sera capable de leur fournir l'effectif nécessaire ?

Major Mousse : Les forces spéciales du futur, ce seront les mêmes qu'aujourd'hui, avec des équipements du futur. Mais ce qui fait la valeur d'un soldat, ce n'est pas la qualité de son fusil ou de son casque. En face, disposant de plus en plus d'argent, l'ennemi aura bientôt les mêmes que les nôtres. Ce qui fait la différence, c'est l'état d'esprit de nos opérateurs. Et ceux d'aujourd'hui ont le même que celui qui fut le nôtre.

JCN : Vous n'avez pas constaté de changements dans le profil des recrues ?

Major Sam : Les jeunes générations sont forcément à l'image de la société moderne.

Général Grégoire de Saint-Quentin : Aujourd'hui, nos soldats sont peut-être plus vulnérables, si on les compare à ceux de 1914 lorsque la France était une nation agricole, avec des gens travaillant la terre, sans habitudes de confort. Leur caractéristique, c'est d'abord d'être le produit d'une société occidentale très confortable qui ne leur a pas tellement appris à se priver.

Major Mousse : L'état d'esprit au 1er RPIMa a changé par rapport aux années 1980 où cela ressemblait plus à ce qui pouvait se passer dans les régiments parachutistes traditionnels. On appartenait à une compagnie, on la défendait dans des matchs, des compétitions, avec des couleurs de maillot, etc. Aujourd'hui, les hommes sont tournés vers le sport individuel, vers le boulot, ils ont perdu ce côté vie régimentaire. On le constate aussi en mission. Dès qu'ils sont dans leur box de 3 m^2, les opérateurs sont sur leur ordi, Skype, etc.

Major Sam : Les jeunes générations ne peuvent vivre sans Internet, leur portable. Résultat : physiquement elles sont d'un excellent niveau, mais le collectif est plus dur à créer. Après, dès qu'on part en opération, il n'y a pas de différence par rapport à avant. L'esprit demeure.

Général Grégoire de Saint-Quentin : Tout n'est pas négatif non plus avec la révolution numérique.

Médecin en chef Zac : Il faut que l'on apprenne à composer avec, à utiliser les codes de ces nouveaux vecteurs. Les hyper-connectés sont en général très agiles intellectuellement, ils vont vite, il faut capitaliser là-dessus. Le revers, c'est que ces jeunes qui ont plein d'« amis » sur Facebook et autres réseaux sociaux regardent Netflix tout seuls le soir. Ne pourrait-on exploiter cette solitude pour travailler leur vie intérieure ?

Général Grégoire de Saint-Quentin : On fait la guerre avec son époque. Nos opérateurs en sont des produits. L'accès permanent aux informations les rend plus fragiles, mais beaucoup plus sophistiqués, ils ont à leur portée des moyens de puissance que leurs prédécesseurs n'avaient pas. La transformation numérique offre un avantage supplémentaire à ceux qui sont organisés en réseau. C'est aussi ce qui fait le succès des forces spéciales : la distribution de la technologie jusqu'aux petites entités. Avec, en revanche, le risque de l'avalanche de données qui submerge les opérateurs. C'est toute une réflexion à mener sur la manière de commander : peut-être des tâches assez simples seront-elles automatisées à l'avenir grâce à l'intelligence artificielle, l'homme reprenant la main lorsque la situation se complexifiera.

JCN : La dureté des opérations et leur répétition, très en décalage avec le confort de la société moderne, ne posent-elles un problème de fidélisation de l'effectif des forces spéciales ?

Général Thibault : J'ai été commandant d'un escadron de chars : en quatre à six mois, un jeune sait tirer ou conduire son engin et il est rentable au bout de quatre ans. Dans les forces spéciales il faut compter une bonne année et demie avant que l'opérateur commence à peu près à produire. Puis les deux ou trois années suivantes, il fait ses armes. Pour être bien dans son milieu, il faut compter entre cinq et dix ans de service… Et il commence à rayonner et à pouvoir transmettre au bout de douze à quinze ans. Donc, pour nous, l'enjeu de la fidélisation est crucial. Et oui, la société actuelle est un défi sur ce sujet-là.

Major Sam : Cette expérience est un atout considérable, le véritable trésor des forces spéciales. Par rapport à nous, les jeunes auront un vécu opérationnel encore supérieur puisque les projections se multiplient, dans des conditions chaque fois différentes.

Lieutenant-colonel Benjamin : Je vois les lieutenants et les capitaines qui sont arrivés après moi, ils ont continué sur un rythme d'opérations élevé, en allant plus loin parce qu'en fait c'est une consolidation progressive : notre génération a exploité au Mali tout ce que nous avaient livré nos prédécesseurs, et la génération d'après exploite les avancées que nous avons concrétisées. Il y a une dynamique : à partir du moment où on a acquis une certaine maîtrise, on arrive à simplifier des environnements complexes et donc on peut aller encore plus loin dans la complexité. Je suis vraiment content quand je vois où en sont les jeunes car j'ai l'impression qu'on n'a pas travaillé pour rien !

Colonel Laurent : Mon dernier frère sert lui aussi dans les forces spéciales. Si son rythme opérationnel est à peu près identique à celui que nous avions, deux évolutions sont perceptibles. La première est la densité des formations imposées aux équipiers entre deux missions. Nous avons affaire à de vrais singes savants, multiqualifiés. La seconde est la répétition des opérations à forte intensité, en particulier au Sahel et au Levant.

Capitaine de vaisseau Augustin : L'opérateur s'est infiniment professionnalisé. Quand je vois ce qu'on nous a appris à nous, ce que j'ai ordonné quand j'étais commandant et ce que je vois planifier et faire aujourd'hui, cela n'a rien à voir. Et ça, ce ne sont pas les hommes qui sont meilleurs, enfin j'espère ! [*Rires.*] C'est l'organisation, la professionnalisation du matériel, le retour d'expérience, la capacité à valoriser ce retex et à construire dessus.

Lieutenant-colonel Gaspard : C'est un des points qui, franchement, m'impressionne le plus. Par les risques qu'elles ont courus, la dureté de l'environnement dans lequel elles ont évolué, les forces spéciales sont amenées à beaucoup réfléchir sur le monde d'aujourd'hui. Ce sont des gens matures car ils ont du recul sur ce qu'ils ont fait, sans mépris pour les autres. Par exemple, moi, réserviste, je suis arrivé certes avec des titres civils intéressants, mais sur le plan militaire je ne pesais pas lourd même s'il est vrai que dans le monde de l'entreprise, nous sommes habitués à anticiper, planifier, gérer des crises, faire preuve d'agilité ! Du moment qu'on ne cherche pas à jouer au commando du week-end, on est bien accueillis. Et si je maintiens cette activité de réserviste depuis dix ans, qui est tout de même exigeante, c'est parce que humainement on y est bien.

Général Éric Vidaud (GCOS) : Nous avons le double de réservistes au COS par rapport à un état-major classique. Sans eux nous ne serions pas aussi efficaces.

Général Grégoire de Saint-Quentin : Sur ce sujet, les forces spéciales et le COS ont été précurseurs. À la fin de la guerre froide, nous sommes sortis de la vieille réserve à papa où les volontaires allaient le week-end faire des feux de camp en forêt. Nous sommes allés chercher des compétences civiles et cela a eu beaucoup de succès.

Lieutenant-colonel Gaspard : Pour ma part, dès mon service national terminé, j'ai pris un engagement de réserviste dans les forces conventionnelles. Lorsque Frédéric Beth que je connaissais a pris le commandement du COS et m'a proposé de le suivre, j'ai dit oui tout de suite, attiré par le prestige du « label », sans vraiment connaître !

Général Grégoire de Saint-Quentin : Nous faisons très attention au recrutement dans ce domaine aussi. Pour certains, ça fait « chic » d'être réserviste au COS. On peut tomber aussi sur des mythomanes, qui sont un danger pour nous car ils peuvent chercher à se vanter à l'extérieur d'exploits imaginaires. Dans 95 % des cas, on arrive à les former, mais il y a toujours 5 % d'irréductibles et ceux-là, il faut s'en séparer.

Lieutenant-colonel Gaspard : Vraiment actifs, nous sommes une trentaine. Dans le registre directement militaire, on peut venir étoffer les états-majors, en exercice ou en opération, notamment pour faire de l'influence. Un certain nombre de réservistes ont ainsi été engagés en Yougoslavie, en Afghanistan, au Sahel, beaucoup moins au Levant.

Général Éric Vidaud (GCOS) : Ce ne sont pas des combattants. Beaucoup d'ailleurs iront intégrer la nouvelle division de l'anticipation stratégique.

Lieutenant-colonel Gaspard : En ce qui me concerne, j'ai contribué à la réflexion sur les forces spéciales du futur proche, OS 2035, et j'ai été l'auteur d'un certain nombre de contributions.

JCN : Nous avons vu comment les forces spéciales intégraient de jeunes recrues et des réservistes, mais s'exportent-elles à l'extérieur, au sein des armées ?

Général Grégoire de Saint-Quentin : Il y a une diffusion de l'esprit forces spéciales. De manière générale, je suis très confiant dans la qualité de nos jeunes officiers supérieurs, sur leur capacité à répondre demain à une situation détériorée par leur capacité d'innovation, par leur ouverture d'esprit, par une aisance à travailler avec les alliés très nettement supérieure à celle de notre génération. Ce sont des gens incroyablement moteur dans les fonctions qu'ils occupent soit au COS, soit dans les états-majors et les organismes qu'ils ont rejoints. C'est vrai que, souvent, ils sont affectés à des domaines opérationnels, mais ils y apportent leur vision, que le reste des armées d'ailleurs s'approprie très vite.

JCN : Vous-même, comme général d'armée, vous avez atteint le plus haut grade dans la hiérarchie militaire et comme sous-chef Opérations, la seconde marche de l'état-major des armées.

Général Grégoire de Saint-Quentin : Oui, c'est un privilège que je dois en partie aux forces spéciales, aux hommes que j'ai côtoyés et aux situations que j'ai vécues avec eux. Et, un jour, il y aura un chef d'état-major des armées issu des forces spéciales.

23

Demain

Vu leur succès actuel, il semble inutile de s'interroger sur la pérennité des forces spéciales. Pourtant, deux dangers les guettent. Le premier est la rançon de leur gloire : aussi peu coûteuses qu'efficaces, la tentation pourrait exister d'en faire la solution à tous les conflits. Si agréable fût-elle à leur fierté, la mise en application de cette hypothèse, par exemple au Sahel, signerait leur arrêt de mort à elles aussi, car, ne pouvant certainement pas tout faire seules, seules elles se retrouveraient aussi pour assumer la responsabilité des inévitables échecs. Le second danger est le plus probable : l'ère de la guerre froide est terminée depuis longtemps, celle de la fin supposée de l'Histoire plus récemment. Les puissances présentes et à venir ont décidé de battre à nouveau le fer, mais pas à la manière de leurs ancêtres. Aux assauts frontaux dans les champs de la Somme et autres guérillas de contre-insurrection, elles préfèrent les coups de billard à trois bandes et deux tables, où elles peuvent agir à couvert ou en sous-main, à coups d'artillerie ou d'empoisonnement, depuis un satellite ou la planque d'un sniper. Comment les forces spéciales, qui, rappelons-le, à leur création étaient des soldats certes d'élite, mais des soldats, en uniforme, avec le drapeau tricolore bien identifiable, parviendront-elles à s'insérer dans ce royaume du brouillard ?

*

JCN : Quel point feriez-vous sur les missions actuelles du COS ?

Général Éric Vidaud (GCOS) : Au Sahel, notre présence de longue date nous permet d'avoir une mémoire et d'être efficace très rapidement dans chaque renouvellement de mandat. Désormais, une semaine après leur arrivée, les hommes sont en mesure de mener des actions alors qu'il faut normalement un temps d'adaptation, d'acclimatation, de prise en compte du terrain. Au Levant, l'avenir d'Hydra est plus compliqué. Nous allons de surprise en surprise avec le récent retrait des Américains et la neutralisation du chef d'Al-Qods[1] dont nous n'avions pas été prévenus… Notre but est de renforcer nos partenaires locaux pour qu'ils soient en mesure de parer toute éventuelle résurgence de l'État islamique, défait en tant que proto-État, mais dont il demeure des cellules dormantes. Nous maintenons donc notre présence, pour assurer aussi le suivi des djihadistes français et faciliter les relations futures entre la France et l'Irak, les combats communs nous ayant permis de nourrir des relations de confiance avec les hautes autorités du pays.

1. Le 3 janvier 2020, une frappe de drone américain tue le général iranien Qassem Soleimani, commandant de la Force Al-Qods, unité d'élite des gardiens de la révolution islamique participant au combat contre Daech.

JCN : Le danger des résultats actuels du COS n'est-il pas qu'il soit perçu comme la solution à toutes les crises ?

Général Grégoire de Saint-Quentin : Ce serait un renversement total ! Avant, on pouvait plutôt entendre : « Il n'y a pas que les forces spéciales. »

Capitaine de vaisseau Augustin : En 2007, le chef d'état-major des armées, le général Georgelin, s'était opposé au retour des forces spéciales en Afghanistan en expliquant que l'on ne pouvait pas les utiliser à chaque fois que c'était dangereux et sensible, que l'armée de terre était faite pour ça. Nous l'avions mal vécu parce qu'on se disait que s'il y avait bien un endroit où on était tout à fait légitimes, c'était dans ce conflit de basse intensité où étaient engagés nos camarades britanniques et américains. Mais le choix du CEMA était compréhensible du point de vue de l'utilisation de toutes ses ressources.

Général Grégoire de Saint-Quentin : Il peut y avoir encore quelques réflexes de ce genre, y compris chez des officiers généraux, mais l'ambiance n'a jamais été aussi bonne qu'aujourd'hui. Il y a eu une normalisation grâce aux résultats probants obtenus par les forces spéciales qui ont éteint beaucoup de critiques.

Capitaine de vaisseau Augustin : Au niveau stratégique, des chefs militaires ont compris ce qu'on pouvait apporter, ils nous font plus confiance. Et comme on fait plus d'opérations, on gagne en maturité opérationnelle, en expérience, en compréhension de ce qu'est notre métier. Par exemple, je pense qu'aujourd'hui on n'enverrait plus les forces spéciales faire des évacuations de ressortissants alors que c'était notre mission phare du milieu des années 1990. On considère qu'un régiment d'infanterie de marine ferait tout aussi bien, voire mieux.

Major Mousse : De nos jours, la majorité des actions offensives au Sahel sont menées par les forces spéciales. Nous sommes à la mode parce que nous ne coûtons pas cher, nous allons vite, nous ne restons pas longtemps sur le terrain… Mais nous n'avons pas eu de gros échecs non plus. S'il nous arrivait ce qu'a vécu le Service Action en Somalie en 2013, tous les gens qui nous détestent nous tomberaient dessus.

Colonel Lucas : Il y a une tentation à idéaliser les forces spéciales parce que leur rapport coût/efficacité sur le plan politique est sans équivalent, qu'elles sont discrètes, réversibles jusqu'à la dernière minute, hyper réactives. Il faut donc communiquer, éclairer les décideurs politiques pour qu'ils comprennent la richesse de cette capacité, mais aussi ses limites.

JCN : Diriez-vous que les forces spéciales, en dépit de leurs nombreux succès actuels, pourraient disparaître ?

Général Grégoire de Saint-Quentin : C'est le risque pour des gens qui s'appellent « forces spéciales ». L'arrogance est dangereuse car elle conduit à l'aveuglement, donc à l'échec, et potentiellement à la disparition. Des exemples, y compris récents, existent dans tous les pays. Par conséquent, il faut toujours revenir aux fondateurs : le créateur des SAS, Stirling, et les SAS français à sa suite disaient que, dans notre métier, toute vantardise est obscène, et donc que les vertus cardinales des forces spéciales sont l'humour et l'humilité. Nous faisons un métier difficile, dur, exigeant. On met les gens dans des situations extrêmes. Ils doivent être très conscients de leurs limites et dans la plupart des cas, ils le sont. Et il faut les préserver de la surenchère de la com qui, à force, leur renvoie une image déformée de la réalité.

JCN : Être force spéciale ne veut donc pas dire que l'on peut évoluer dans n'importe quel milieu avec la même aisance...

Général Grégoire de Saint-Quentin : Le COS a été créé pour fédérer, non fusionner, des compétences afin de pouvoir apporter au chef d'état-major des armées des réponses dans les trois milieux (terre, air et mer). Donc, il nous faut de vrais spécialistes de ces milieux, des gens qui y évoluent avec aisance et soient capables d'y développer de nouveaux savoir-faire. Il nous faut des gens qui ont une vraie intelligence de l'action aéro-terrestre, laquelle ne s'obtient pas au bout d'un stage de deux mois : il faut les recruter, les former et les encadrer en conséquence. De même dans le domaine maritime : on a besoin de gens qui maîtrisent parfaitement les opérations en mer et à partir de la mer, milieu réputé difficile. Après, il peut y avoir des phases et des lieux de recouvrement, notamment sur des missions « installées » comme Sabre – c'est utile de pouvoir faire tourner les unités des trois armées si ça ne nuit pas à l'efficacité d'ensemble.

JCN : Cela voudrait-il dire que les composantes terre, air et mer du COS ne sont pas interchangeables comme les dernières opérations pourraient le laisser croire ?

Général Grégoire de Saint-Quentin : À partir de 1992, on s'est dit que comme la majeure partie des opérations spéciales se déroulaient à terre, il fallait y acculturer tout le monde. Cela se comprenait au début. Et puis il y a eu la « guerre contre le terrorisme » qui a nécessité le développement d'un certain nombre de savoir-faire, de procédures, qui ont fini par être normalisés, et qui, par mimétisme, sont reproductibles par des gens qui ont une culture commando commune. Ce n'est pas choquant, mais cela ne veut certainement pas dire que ces unités sont interchangeables. Ce serait contre l'esprit du COS. Cette façon de penser est à bannir alors que nous abordons le troisième âge des forces spéciales, celui du retour des États puissance, de la compétition stratégique, du retour à des opérations beaucoup plus symétriques et dangereuses où il n'y a pas de place pour l'à-peu-près des touche-à-tout. Cette bascule intellectuelle a eu lieu chez les forces spéciales américaines, qui, dans la perspective d'un affrontement avec la Chine, re-spécialisent leurs unités sur leurs milieux d'origine.

JCN : Si, dans le futur, les conflits sont marqués par un retour à des affrontements terrestres massifs, les forces spéciales ne vont-elles pas perdre de leur autonomie et repasser à nouveau sous un commandement conventionnel ?

Général Grégoire de Saint-Quentin : Ce n'est pas le sens de l'Histoire. Et je crois au progrès. Tout dépend toujours de la connaissance des chefs militaires de ce qu'on peut demander ou pas à des forces spéciales. Elles doivent garder une vraie autonomie opérationnelle pour pouvoir produire leurs effets, sans quoi elles sont enfermées dans un rôle infra-tactique et on finit par se demander ce qu'elles ont de spécial… C'est un raisonnement simpliste, mais malheureusement implacable pour qui veut conclure à leur inutilité.

JCN : Quelle est la tendance actuelle ?

Général Grégoire de Saint-Quentin : Je pense que c'est compris, mais cela doit toujours être travaillé… Et ce sera aussi au GCOS de ne jamais quitter son rôle d'évangéliste au sein des armées.

Général Frédéric Beth : Il y a évidemment des textes qui figent les responsabilités des uns et des autres, mais la personnalité du GCOS et du CEMA joue beaucoup. Chaque opération, chaque action mérite des ajustements dans ses principes. C'est une des difficultés du poste de GCOS qui ne doit pas s'enfermer dans sa prérogative de commandant des opérations spéciales ; il doit savoir s'intégrer dans l'environnement général des opérations des armées. Quant à l'emploi des forces spéciales, il y a des éléments subjectifs et des éléments objectifs : elles sont seules à pouvoir mener certaines actions !

Général Éric Vidaud (GCOS) : En quinze ans, la mentalité a énormément évolué. À l'époque où j'ai fait l'École de guerre, en 2001, personne ne savait vraiment comment utiliser le COS. On l'imaginait un peu comme un instrument de magie pour résoudre des menaces imprévues. Aujourd'hui, le COS est systématiquement associé à la planification et à la conduite des opérations. Le GCOS que je suis participe à toutes les réunions opérations qui ont lieu le lundi soir dans le bureau du directeur de cabinet de la ministre des Armées. Il participe aussi à la préparation du CEMA aux Conseils de défense restreints. Quand le roi de Jordanie vient en France, qui demande-t-il à rencontrer ? Le GCOS et le GIGN…

Lieutenant-colonel Benjamin : Nous avons une plus-value structurelle : le lien en boucle courte avec les atouts stratégiques. C'est-à-dire qu'on peut se raccorder directement avec des outils comme le renseignement – connexion avec la DGSE, la DRM –, le cyber et l'espace, ce qui nous donne un effet levier important sur le terrain. C'est physiquement impossible et ce serait contraire aux principes de commandement que de relier tous les acteurs à ce niveau stratégique. Cette caractéristique pourrait d'ailleurs être une autre définition plus structurelle des forces spéciales.

Général Thibault : Pour le spécial ou l'atypique, le COS fera toujours infiniment mieux que tout le monde. Pendant la guerre d'Algérie, toutes les armées sont venues à terre : les marins, l'armée de l'air et les unités de cavalerie ont fait de l'infanterie avec les commandos de chasse. On voit bien aussi que toute l'armée américaine s'est adaptée à l'Irak de 2003 à 2009. Quand vous regardez l'histoire récente du COS, à chaque crise, ses savoir-faire s'imposent et sont repris par les forces plus classiques. On m'a affirmé avec force sur certains théâtres que telle équipe de GCP était meilleure que telle équipe du 13 : pourquoi pas ? Mais de manière systémique, si vous voulez produire un effet donné, dans la durée, et capitaliser dessus, les forces spéciales rendront une copie inégalable.

JCN : Cependant, elles ne sont pas la solution à tout...

Général Thibault : Dans les opérations d'aujourd'hui, toutes les dimensions sont concernées : terre, mer, air, cyber. Chacune de ces composantes doit proposer à son niveau des options aux décideurs et aux chefs militaires. Aucune n'a « la » réponse à une crise. C'est la conjonction des effets qui servira.

Colonel Lucas : De toute façon, il y a une limite physique, une quantité de missions que l'ensemble des unités du COS peuvent faire. Si elles engagent un quart de leurs moyens, un deuxième quart est en régénération, un troisième en formation-entraînement et un quatrième en préparation opérationnelle. Ça, c'est l'idéal, un cycle à quatre temps. En ce moment, on n'y est pas, on est plutôt à trois temps. Par le passé, on a été quelques fois à deux temps, c'est-à-dire qu'on était tellement engagés qu'à peine rentrés il fallait se préparer à repartir. Nos limites sont là. On peut durer dans un cycle à quatre temps. À trois temps, on dit aux chefs : « Nous sommes en surchauffe, il ne faut pas que ça dure très longtemps. » À deux temps, il faut dire : « Chef, nous ne pouvons le faire qu'une fois. »

Lieutenant-colonel Gaspard : Une armée où il n'y aurait que de la dissuasion nucléaire et des forces spéciales est peut-être un rêve pour certains, mais c'est un rêve illusoire.

Colonel Cerbère : On se défend nous-mêmes de cette fausse bonne idée. Par des biais de communication dont nous ne sommes pas toujours responsables, nous pouvons donner l'impression que nous sommes une solution à tout, or ce n'est pas du tout le cas. Nous dépendons énormément des armées d'origine.

Lieutenant-colonel Gaspard : Une opération spéciale mobilise certainement autant de moyens conventionnels que spéciaux. Sa planification repose beaucoup sur la disponibilité de ces moyens de projection, de logistique, de sécurisation d'une bulle, mais aussi de renseignement ou de cyber…

Général Frédéric Beth : Par exemple, le COS a beaucoup donné au Mali, mais sans les apports de la DSGE, cela lui aurait sans doute été beaucoup plus difficile. Sans l'appui et le soutien de Serval, puis de Barkhane, ses actions auraient été très limitées… Tout cela est complémentaire.

Général Grégoire de Saint-Quentin : D'ailleurs, le modèle d'action de Sabre n'est pas le modèle *ad vitam æternam* du fonctionnement des forces spéciales. Demain, dans un autre type de conflit, une guerre hybride, face à un adversaire étatique plus conventionnel, et plus symétrique, les forces spéciales seront une carte à jouer, mais probablement moins prédominante que c'est le cas aujourd'hui. Et il nous faudra alors pouvoir proposer une palette d'actions élargie avec, sur chacun des milieux – terre, air, mer –, des têtes de chaîne, des experts. C'est au COS de l'organiser et à chacune des composantes d'armées de prendre conscience de leurs véritables rôles.

JCN : En quoi les conflits dans lesquels le COS est actuellement engagé se distinguent-ils des précédents ?

Capitaine de vaisseau Samuel : Au Levant, l'ennemi est beaucoup plus structuré : politiquement, puisqu'ils ont construit un proto-État, mais aussi militairement avec des tactiques de combat très élaborées. Il compte beaucoup d'anciens des armées de la région, il a un vrai savoir-faire. Il est redoutable collectivement, mais moins rustique que l'Afghan. Et avec une très forte idéologie qui le pousse au jusqu'au-boutisme.

Lieutenant-colonel Gildas : Grâce à notre expérience du Levant, on a pu dire aux armées : attention, vous phosphorez sur le combat lacunaire, mais nous, nous sommes tombés sur des tranchées et des bunkers ! C'était un combat de ligne, et de positions aménagées, comme en 1914-1918, avec des batailles urbaines de type Stalingrad, mais à l'heure de l'Internet, du brouillage GPS, des drones armés et des frappes de précision !

Capitaine de vaisseau Samuel : On y a réappris le combat un peu plus à distance. L'ennemi avait les moyens de nous frapper de loin, donc nous devions le frapper de plus loin encore pour ne pas être atteints les premiers. On a ainsi plus utilisé les frappes aériennes, très ciblées, car cela se déroulait au milieu des populations.

Lieutenant-colonel Gildas : Comme en face ils avaient des drones, ils nous voyaient parfois avant qu'on les ait vus. Donc, la supériorité aérienne, que nous avions sur tous les théâtres d'opérations depuis cinquante ans, ne serait-ce qu'en ROIM[2], n'est plus garantie. Depuis la fin de la Seconde Guerre mondiale, l'armée française part généralement au combat en se disant : « Je vois avant l'autre », maintenant ce n'est plus systématiquement vrai, bien sûr face à des puissances, mais aussi face à des guérillas et groupes terroristes dont le niveau technologique croît.

Capitaine de vaisseau Samuel : Nous avons redéveloppé notre capacité à opérer en boucle très étroite avec les appuis aériens, les tireurs d'élite, le renseignement. Il nous a fallu nous adapter également car nous ne menions pas le combat en autonomie, mais avec des partenaires qui endossaient le combat contre Daech ; cela nous a obligés à changer nos tactiques par rapport au Sahel.

JCN : Le Levant va-t-il autant faire évoluer le COS que l'Afghanistan ou le Sahel ?

Lieutenant-colonel Gildas : Potentiellement oui, même si l'engagement en opération pourrait y durer moins longtemps. Le Levant a mis en évidence la nécessité de disposer de plus de métiers et de plus de technicité en raison de l'irruption massive du monde du numérique et de la haute technologie. Des unités du COS par exemple développent en partie leurs propres drones. Cela les oblige à en maîtriser la motorisation, l'électronique, la programmation, les capteurs... Le Levant se caractérise aussi par l'importance des opérations en zone urbaine, avec l'emploi de feux massifs et puissants, tout en recherchant encore plus de précision et de réactivité, à la fois pour suivre les cibles et pour éviter les dommages collatéraux.

2. Renseignement d'origine image (grâce aux avions, drones, satellites...).

Général Éric Vidaud (GCOS) : Il nous faut mieux lutter contre le brouillage, les interférences GPS, notre signature numérique…

Lieutenant-colonel Gildas : Le Levant a aussi été marqué par l'intégration plus forte de l'interministériel – par exemple la présence de diplomates auprès des task forces –, par le rapprochement avec les forces spéciales et les services de renseignement alliés mais aussi par le développement de modes d'action plus sophistiqués avec nos partenaires locaux.

JCN : Qu'apporte la présence de diplomates dans une task force ?

Général Éric Vidaud (GCOS) : Elle permet surtout de sélectionner des projets pour stabiliser le pays, de les appuyer ensuite au niveau politique. Par exemple, nous avons imaginé et mis en place une académie du déminage au Levant. De même, le COS a été à l'initiative de la création en Côte d'Ivoire d'une académie internationale de lutte contre le terrorisme, visant à doter les pays de l'Ouest africain de capacités interministérielles de lutte, associant la justice, la défense et l'intérieur.

Colonel Laurent : Au Levant, mais également en Afrique, nous essayons de plus en plus d'agir en faisant progresser les forces spéciales locales. Aujourd'hui, nous devons être capables de « faire seul », de « faire avec » et de « faire faire ».

Général Éric Vidaud (GCOS) : Cette capacité de « faire faire » ou de « faire avec », plutôt que de « faire seul », est aussi une obligation car on n'est plus capables de faire tout, tout seuls, partout. Il faut donc bien démultiplier nos capacités. C'est ce qui s'est passé avec les Américains lors de la reconquête au Levant : au sol, il n'y a eu que de petites unités capables de démultiplier les capacités de nos proxys grâce aux appuis que nous leur fournissions, type drones, chasse, artillerie, etc.

Colonel Laurent : À l'avenir, quand nous « ferons avec », ce sera essentiellement pour fournir des moyens rares dont nos partenaires ne disposent pas. Mais, nous devrons quoi qu'il en soit rester en mesure de conduire seuls les missions les plus pointues.

Capitaine de vaisseau Bertrand : Il y aura toujours des moments où il faudra faire nous-mêmes. Pour une libération d'otage par exemple, il me semble que du temps s'écoulera encore avant que ce soit des drones qui y aillent…

JCN : L'adaptation est de toute façon inscrite dans l'ADN du COS depuis sa naissance…

Colonel Laurent : Nos opérations obéissent à des cycles. Nous sommes sortis de la guerre froide pour entrer dans les opérations de maintien de la paix pendant les années 1990. Depuis le début des années 2000, nous avons enchaîné les opérations de contre-guérilla et de contre-terrorisme.

Lieutenant-colonel Benjamin : Cela dépend aussi de la définition que l'on donne du contre-terrorisme. Si on dit qu'au Sahel, on fait du contre-terrorisme, en réalité c'est une définition très large dans laquelle on fait entrer plein de choses.

Colonel Laurent : Demain verra sans doute se banaliser les formes de guerre hybride dont nous observons aujourd'hui les premiers développements : actions conduites sous le seuil d'attribution[3], politique du

3. C'est-à-dire le seuil permettant d'attribuer la responsabilité d'opérations à un pays ou une entité.

fait accompli, mépris du droit international, mélange d'actions étatiques et privées, etc.

Général Grégoire de Saint-Quentin : La guerre « classique » ne reviendra plus. La technologie et l'évolution du monde font de la « guerre totale », type Seconde Guerre mondiale, une éventualité qui s'estompe. Ce qui n'exclut en aucune façon des affrontements de haute intensité.

Colonel Laurent : Mais ne nous méprenons pas : ces conflits de haute intensité ne dureront pas cinq ans et l'on ne rasera pas de pays. Ce seront des épisodes brefs, dans le temps comme dans l'espace, durant lesquels les camps échangeront des coups violents.

Général Grégoire de Saint-Quentin : Pourquoi mener cinq ans de batailles âpres au prix d'épouvantables destructions quand on peut imposer sa volonté à moindre coût ?

Colonel Laurent : Il existe aujourd'hui une forme de désinhibition face au droit international qui doit nous inquiéter : le président d'Interpol disparaît en Chine, un journaliste saoudien est assassiné dans un consulat, des ressortissants russes sont empoisonnés… En réalité, les États impliqués se livrent à une guerre psychologique qui ressemble à une partie de poker menteur. Ils flirtent avec le seuil d'attribution et parient sur la compréhension qu'en ont leurs adversaires.

JCN : Typiquement, l'attaque de drones sur les installations pétrolières d'Aramco en Arabie saoudite, le 14 septembre 2019, personne n'a démontré par a+b que les Iraniens en étaient les responsables.

Colonel Laurent : Les conflits de demain seront des conflits dans les zones grises avec cette question centrale du seuil d'attribution, face à des États, mais aussi des organisations non étatiques comme la société Wagner qui opère pour le compte de la Russie en Afrique notamment. Nos leviers ne seront plus uniquement diplomatiques et militaires. Ils devront aussi être économiques et informationnels.

Général Grégoire de Saint-Quentin : Progressivement, une nouvelle étape dans les rapports de force ou de puissance se met en place sur la planète. Les motivations en sont l'avidité, un sentiment de revanche de certains pays, la projection d'une idéologie ou la volonté de semer la division. Cette nouvelle compétition entre les États s'exerce de façon plus ou moins aiguë en fonction des leviers aux mains de la puissance. On peut ainsi considérer que la guerre économique est maintenant permanente et qu'il n'y a pas tellement d'alliés dans ce domaine. Des participations sont prises dans les sociétés à haut pouvoir technologique pour la sécurité et la défense nationale. Des raids offensifs sont menés avec des fonds qui obéissent à des logiques privées, mais dont on ne connaît pas en fait le circuit de décision. Dans le domaine cyber aussi, on a de grandes difficultés non pas à attribuer les attaques, mais à fournir des preuves. Après, il y a le levier militaire et on voit que la stratégie du fait accompli fonctionne à merveille – la Chine en mer de Chine méridionale, la Russie en Crimée – si on ne déploie pas rapidement des éléments de puissance sur terre, sur mer, dans les airs, et maintenant dans l'espace, pour marquer des lignes rouges et dire : « Si vous voulez passer, je suis là. » Donc, il faut être capable de dissuader, en permanence, avec un niveau de dissuasion adapté à une agression qui peut être très feutrée, très souterraine et surtout très imprévisible.

Général Éric Vidaud (GCOS) : Une nouvelle ère s'ouvre devant nous, celle du combat dans ces zones grises qui est ni plus ni moins l'affrontement des États puissances par proxys interposés. Ce combat se fait toujours sous le seuil d'une réaction forte d'une puissance d'équilibre, disons occidentale, parce que les puissances d'équilibre aujourd'hui ne réagissent que quand elles ont la légitimité soit de l'ONU, soit de l'Union européenne. Or cette légitimité, il est illusoire par exemple d'espérer l'obtenir en Libye. On y côtoie des Turcs, des Russes, des Qataris, des Émiratis, des Égyptiens, etc. Et petit à petit, nous, Occidentaux, on se trouve évincés. Ce sera bientôt le cas aussi au Levant. Ces conflits vont se multiplier parce qu'ils sont peu coûteux et qu'ils permettent d'arriver à ses fins sans quasiment avoir à combattre. Si nous, Français comme Américains, nous ne savons pas nous adapter à ce genre de milieu compliqué, chichiteux, subtil, contournant toutes nos capacités classiques, du conventionnel à la dissuasion, on sera chassés de partout. Pour réussir, il faudra une volonté politique ferme et une forte coordination de tous les effets.

JCN : Vers quel genre de conflits s'acheminent donc les forces spéciales ?

Général Grégoire de Saint-Quentin : Viendront se superposer à la guerre contre le terrorisme, dont on peut supposer qu'elle va perdurer, d'autres types d'engagements où la zone, disons, de praticabilité va être beaucoup plus réduite parce qu'en face on aura des gens qui, comme au Levant ou en Libye, sont très organisés, soutenus par des États, avec des moyens qui peuvent perturber gravement le fonctionnement d'organisations militaires trop installées.

Colonel Laurent : Comme l'ensemble des armées, les forces spéciales vont évoluer vers le combat hybride, qui nécessitera d'intégrer toujours plus les différentes fonctions : opérations conventionnelles – par exemple tir d'un missile de croisière –, opérations spéciales proprement dites, actions cyber et d'influence. Pour les forces spéciales, il s'agira également de faire agir des proxys.

Capitaine de vaisseau Augustin : Le terme d'hybridité a été inventé pour conceptualiser l'action de pays qui détiennent des capacités régaliennes, diplomatiques, militaires, économiques assez conséquentes et en même temps une capacité illégale *via* le soutien à des groupes armés démarqués. Le COS ne sera pas utilisé contre la capacité militaire de ces pays ; on dispose en effet d'armes de précision, de missiles tels qu'il n'y a pas besoin de mettre en danger la vie de nos hommes. En revanche, le COS pourra aider à réveiller des réseaux d'opposants chez eux, à neutraliser un groupe terroriste qui agit en sous-main pour le compte de ce pays… Mais le principal problème avec l'hybridité, ce n'est pas de lutter contre, c'est de la détecter, d'être capable de dire qu'il y a une convergence d'objectif entre cette attaque cyber, ces fausses informations qui pullulent à ce moment-là sur Internet, ces mouvements d'opinion qui s'éveillent tout à coup chez nous, et en même temps tel mouvement de troupes à la frontière, tels attentats contre la communauté française ou notre ambassade dans tel pays. Et l'enjeu, une fois que cela aura été détecté, sera de l'attribuer à la puissance adverse qui en est à l'origine.

Général Éric Vidaud (GCOS) : L'hybridité se retrouve à tous les niveaux : hybridité des modes opératoires (guerre conventionnelle, électronique, cyber), hybridité des acteurs (parfois ni amis ni ennemis, juste des compétiteurs), hybridité de la composition des task forces. J'estime ainsi que les forces spéciales sont les mieux placées pour les combats hybrides parce que, grâce au contre-terrorisme, elles ont fait de l'intégration verticale et qu'aujourd'hui elles commencent à faire de l'intégration horizontale, c'est-à-dire qu'elles coordonnent des actions de sphères multiples, qui vont des unités conventionnelles à la DGSE, aux partenaires et aux proxys étrangers, au travail diplomatique, à la capacité cyber, etc. À Sabre aujourd'hui, nous avons à nos côtés des Américains, la DGSE, la DRM, du cyber, aussi l'Agence française du développement. Au Levant, nous avons intégré un diplomate. Ce combat hybride représente le quatrième stade de l'évolution du COS.

JCN : Pourriez-vous rappeler ce que furent les trois premiers selon vous ?

Général Éric Vidaud (GCOS) : Le premier stade, on l'a vécu au Rwanda, en ex-Yougoslavie, en Afghanistan, que ce soit pour traquer des criminels de guerre, empêcher une tuerie de masse (hôtel Radisson à Bamako[4]) ou stopper une offensive djihadiste au Mali. C'était celui d'un COS en réaction ou « pompier de service ». Le deuxième stade, ce fut l'anticipation, grâce notamment aux DAMO, les détachements d'assistance militaire opérationnelle, qu'on a développés à partir de 2009 : une forme de prépositionnement sur les futures zones de crise. Ce fut Sabre 1 à 3 et Sabre Whisky au Sahel. Troisième stade d'évolution du COS : le contre-terrorisme, c'est-à-dire le ciblage sur des organisations terroristes. L'hybridité est donc le quatrième : nous apportons à nos alliés des capacités rares qui leur permettront de l'emporter. C'est ce qui se passe actuellement en Libye et au Levant où nos adversaires ont franchi un cap en matière d'équipement : ils sont dotés de JVN, d'instruments de brouillage, de

4. Attaque terroriste du 20 novembre 2015.

drones. Nous devons donc à notre tour étoffer notre palette avec des moyens de renseignement, du cyber, de l'appui-feu, de l'Imsi-Catching[5], des capacités médicales de soin à distance, etc. Avec pour conséquences que nos opérateurs ne sont pas en première ligne, ils sont désilhouettés pour rester discrets, ils courent aussi plus de risques, avec une victoire tactique qui n'est plus du tout certaine au bout… Pendant tout le combat contre l'État islamique par exemple, nous étions en 2e échelon, en appui des Kurdes et des forces de sécurité irakiennes. Ce sont eux qui menaient le combat avec nos capacités techniques, nos avions, nos capacités de drone, après qu'on les a formés à ces différents matériels.

JCN : La presse a affirmé que lors de la bataille de Mossoul les forces spéciales avaient neutralisé des djihadistes.

Général Éric Vidaud (GCOS) : Lors de cette bataille, les forces spéciales françaises ont participé à la neutralisation de djihadistes en appui des partenaires irakiens. Selon les situations, ces neutralisations ont été menées avec ou sans l'aviation de la coalition… Et les forces spéciales françaises sont entrées dans Mossoul toujours en appui des partenaires irakiens.

JCN : L'hybridité aura-t-elle pour conséquence un abandon des missions « classiques » du COS ?

Général Éric Vidaud (GCOS) : Non. Nous ferons du combat hybride tout en faisant du contre-terrorisme dans le Sahel, tout en étant capable de contribuer à un

5. Technologie permettant de localiser, tracer et intercepter un appel téléphonique depuis un mobile.

conflit de haute intensité si jamais un jour les armées y étaient amenées, tout en ayant une capacité de réaction rapide si un incendie se déclenche quelque part.

Général Grégoire de Saint-Quentin : Les forces spéciales ne seront pas l'alpha et l'oméga de la réponse, mais un outil adapté parce qu'elles sont à faible empreinte, réactives, très agiles et ductiles, parce qu'elles peuvent se modeler sur les événements pour, de façon souterraine, envoyer des signaux forts à des gens qui auraient des ambitions potentiellement gênantes pour nos intérêts.

Général Frédéric Beth : Les forces spéciales demeureront. Quels que soient les conflits, même de grande intensité, le commandement en aura toujours besoin car on aura toujours besoin d'unités sachant faire ce que les autres ne peuvent faire. Il faut prendre garde cependant de ne pas les enfermer dans une bulle en pensant qu'elles ne peuvent agir qu'en autonomie. Ce fut mon maître mot dès mon entrée au COS.

Lieutenant-colonel Gaspard : Il y aura toujours deux manières de raisonner. Soit on dira que les forces spéciales, aux ordres du chef d'état-major des armées, ont charge d'ouvrir une porte, de saisir un objectif comme une rampe de missiles – on ne sera plus alors dans des opérations spéciales, mais dans des opérations commandos classiques. Soit on sera capable de se dire que, même dans ce type de combat, un nouveau Stirling pourra trouver des modes d'action indirects pour déstabiliser l'ennemi sur ses arrières, faire de l'influence… On aura des alliés à conforter, des neutres à faire basculer de notre côté, des partenaires de la force adverse à déstabiliser. Donc il faudra être imaginatif pour déterminer où se trouve la valeur ajoutée des forces spéciales. Pour moi, il n'y a pas de fatalité à ce que, même dans un conflit à haute intensité, la valeur ajoutée des forces spéciales se trouve dans des actions commando classiques.

Général Thibault : Les forces spéciales auront leur impact le plus fort en amont, en particulier pour éviter l'escalade en faisant passer un certain nombre de messages. Le COS se réinvente à chaque conflit. Lors de la traque des criminels de guerre, c'était une logique d'enquête de police. En Côte d'Ivoire, c'était de la liaison contact dans la profondeur et de la QRF. Dans le Sahel, c'est une task force dédiée au contre-terrorisme avec l'ensemble des capacités. Au Levant, c'était beaucoup d'influence et d'accompagnement. Donc, je n'ai aucun doute sur sa capacité à s'adapter à la décennie à venir.

Général Éric Vidaud (GCOS) : Si on ne pense pas l'avenir, on est mort. C'est à cette fin que j'ai créé il y a six mois, aux côtés des divisions historiques du COS, une nouvelle division de l'anticipation stratégique.

JCN : Cela veut-il dire que la doctrine d'emploi va évoluer ?

Colonel Diego : Les forces spéciales n'aiment pas trop la doctrine en général. Il faut écrire un peu, mais pas trop, afin d'éviter de se retrouver prisonnier de textes qui seraient ensuite des carcans. Tout cela doit rester extrêmement souple…

Colonel Lucas : Le COS a résisté pendant très longtemps à la pression des autorités militaires. Il avait un concept d'emploi (c'est-à-dire la réponse au « pourquoi ») et souhaitait conserver sa liberté d'action en n'écrivant pas de doctrine (la réponse au « comment »). Mais il a fini par le faire…

Capitaine de vaisseau Augustin : Les Américains aussi ont évolué dans leur doctrine. Dans les années 1990, la mission du JSOC était la contre-prolifération : ils surveillaient le transport de matériels nucléaires par des gens non recommandables. Après le 11 septembre 2001, ils ont basculé dans le contre-terrorisme en shuntant l'étape de la contre-insurrection. Au départ en effet, leurs forces spéciales étaient entrées en Afghanistan pour aider les Afghans à se libérer des taliban. Puis elles les ont aidés à lutter contre l'insurrection en faisant beaucoup de guidage avion. Petit à petit, elles ont repris à leur compte la lutte contre al-Qaida et fait alors du contre-terrorisme. C'est là qu'elles ont essayé de se définir, parce que « spécial » c'est insuffisant comme définition, et elles ont réfléchi à ce qu'elles feraient une fois que le terrorisme ne serait plus considéré comme une menace contre la stabilité du monde. Elles se sont alors dit qu'elles étaient efficaces, dans les conflits *population-centric*[6], pour lutter contre des réseaux humains souvent transnationaux, dissimulés dans la population. Dans ce genre de conflits, tout est question de perception plutôt que de conquête matérielle. Il faut réduire la capacité de l'adversaire à terroriser, tout en convainquant la population locale, l'opinion publique américaine et la communauté internationale que nous agissons effectivement pour le bien commun. Cela passe plus par la coopération, le renseignement et l'action ciblée que par le déploiement de troupes et la manœuvre de blindés.

JCN : Les réseaux en question pourraient-ils dans ce cas ne pas être que le terrorisme ?

Capitaine de vaisseau Augustin : Selon les Américains, les forces spéciales pourraient en effet à l'avenir être très

6. Conflits dont l'objet n'est ni la destruction de l'adversaire, ni la conquête de son territoire ou de ses ressources, mais le contrôle de la population.

efficaces contre la menace que fait peser le crime organisé international sur la stabilité de nombre de régions dans le monde. Il est structuré comme le terrorisme, avec des cellules cloisonnées, des réseaux financiers souterrains, très peu de propagande, avec des ressources économiques considérables, qui lui offrent une puissance très nettement supérieure à celle des groupes terroristes. Comme pour ces derniers, les Américains pensent à l'attaquer sur la logistique et les finances, en frappant de temps en temps ses têtes de réseaux pour créer des guerres internes, l'empêcher ainsi de se répandre vers l'extérieur, ce qui correspond au cœur de métier des forces spéciales. De la même manière, on pourrait donc fixer comme ligne doctrinale au COS d'avoir vocation à apporter au chef d'état-major des armées des solutions militaires pour contrer l'action des réseaux.

24

Spleen

Dans les années 1970, propices à l'éclosion d'une nouvelle vision du monde si enchanteresse, il était de bon ton de se moquer des anciens combattants qui, à la moindre réunion de famille, ressassaient leurs souvenirs de deux guerres mondiales. S'ils avaient fait l'effort de réaliser qu'avant d'être une guerre la période sur laquelle aimaient à revenir leurs aïeux était celle de leur jeunesse, peut-être ces contempteurs auraient-ils retenu leurs rires, eux-mêmes éprouvant sans doute du plaisir à revivre le temps révolu de leurs années de lycée ou de fac… Quel genre d'anciens combattants sont et seront les soldats issus des forces spéciales ? Vu leur faible nombre, et l'intensité des missions accomplies, ils appartiennent incontestablement à la catégorie des témoins incontournables à interroger pour savoir ce que se battre au XXIe siècle signifie. Mais, passées les règles de confidentialité, en ont-ils eux-mêmes envie ?

*

Major Mousse : Quand je reviendrai au 1er RPIMa de mon affectation outre-mer, j'aurai 56 ans et demi :

la guerre, les opérations, c'est terminé pour moi. C'est dur à accepter, mais c'est comme ça.

Colonel Michel : Il y a un moment où il faut se dire : « Désolé, ce n'est plus pour toi, tu vieillis. Il faut passer à autre chose... » Et ça, c'est difficile à gérer.

JCN : Qu'avez-vous ressenti à votre départ du 13e RDP ?

Colonel Michel : J'en étais déjà parti trois fois en raison de mon cursus d'officier, mais à chaque fois, je savais que j'avais de bonnes chances d'y revenir...

Capitaine de vaisseau Samuel : On ne revient jamais comme au début dans une unité de forces spéciales, mais on s'entretient, il y a la culture du sport, de l'exercice physique, on réfléchit sur le métier. Il y a aussi tout le vécu retiré des autres expériences professionnelles, pour ma part, celle structurante des affectations à la mer. On revient plus complet, affermi, on se connaît mieux.

Colonel Laurent : Il y a le spleen du départ que l'on sait, ou que l'on espère, temporaire. Celui-là est très motivant, surtout pour les officiers. Je l'ai connu après mon premier séjour de neuf ans au 13e RDP, puis lorsque j'ai quitté la tête du bureau opérations-instruction du régiment. Et puis, il y a le spleen du vrai départ, le dernier, que j'ai connu en quittant le commandement du 13. Celui-là est éprouvant car on a noué des amitiés d'une force incroyable pendant vingt ans. Il est éprouvant car jusqu'au bout on croit que tout va continuer comme avant. Et il est éprouvant car il met un terme à ce que nous aurons sans doute fait de mieux dans notre vie d'homme.

Colonel Michel : Quand je suis parti la quatrième fois, et que je savais que je ne retournerais plus jamais au 13 parce que je l'avais commandé, j'ai subi ce que l'on appelle la « ménopause du chef de corps ».

Colonel Laurent : C'est intrinsèque à la carrière militaire, mais lorsqu'on a été chef de corps, on ne maîtrise pas vraiment son avenir. Toutefois les choses sont ainsi faites que l'on n'a pas non plus le temps de s'appesantir sur son sort. Il y a peu de place pour la mélancolie…

Général Frédéric Beth : Le spleen existe car le milieu est plus attachant qu'ailleurs. Les unités sont plus petites, donc plus humaines, avec un esprit de corps et de camaraderie très poussé. De surcroît, elles font plus d'action, la vie de chacun y dépend beaucoup plus directement du comportement de l'autre. Quand tout cela s'arrête, la marche à franchir est donc plus grande qu'ailleurs…

Capitaine de vaisseau Augustin : J'ai connu au commando Hubert des moments de grande plénitude professionnelle quand j'étais avec mes hommes. On montait les opérations, on les réalisait, la machine fonctionnait bien, c'était une équipe de rugby où tout le monde avait le sentiment d'être utile. Quand on sort de là, on redevient un numéro dans un placard, à produire de la fiche sans savoir qui la lit ou pas, en travaillant sur des programmes militaires qui verront le jour dans quinze ans. Ce n'est pas la même réalisation professionnelle…

Colonel Michel : Vous entrez dans une nouvelle vie que vous ne connaissez pas. Pour ma part, j'ai mis deux ans à retrouver le goût d'être militaire. Aujourd'hui, je suis second d'un commandement de 3 500 personnes, donc je sais pourquoi je vais travailler le matin. Mais… j'espère retrouver encore les forces spéciales !

Colonel Lucas : Si vous savez que vous pouvez y retourner, il y a un espoir, c'est une forme de spleen temporaire… Moi, j'ai eu la chance de ne pas y entrer tout de suite et j'étais persuadé en quittant le 1er RPIMa la première fois que je n'y reviendrais pas. Mais j'y suis revenu et je suis allé au COS… Et maintenant, techniquement, c'est possible pour moi d'y revenir encore…

Colonel Cerbère : Quand on a goûté à ça, c'est sûr qu'on ne veut pas le quitter.

Colonel Michel : C'est l'histoire de Socrate : celui qui a vécu en dehors de la grotte n'a pas envie de retourner vivre à l'intérieur…

Colonel Cerbère : Il peut y avoir une frustration, c'est légitime, mais elle est nécessaire.

JCN : Vous qui ne devriez pas, normalement, revoler dans un hélicoptère en opération, vous ne ressentez pas une forme de spleen ?

Colonel Cerbère : Si… C'est pour ça que je me suis mis à l'ULM ! [*Sourire.*] Je ne sais pas si l'armée de terre mesure toujours ce qu'est un pilote d'hélicoptère. C'est bien sûr un soldat, mais pas comme les autres. Il vole et évolue dans une dimension différente de celle de ses camarades, et ça, ça me manque. Et puis, il y a les opérations, le côté tactique. D'ici, au COS, j'y participe encore pleinement. Mais ne plus y toucher me manquera énormément dans mon futur poste.

Capitaine de vaisseau Bertrand : Je ne cache pas que, quand j'entends mes camarades commandos parler de ce qu'ils font actuellement, j'ai envie d'y retourner… Il y a une certaine addiction à la prise de risques, à la fraternité d'armes, à l'action. Par la suite, certains ont besoin d'un dérivatif. Moi, je l'ai en partie trouvé dans le milieu de la plongée profonde.

Major Mousse : Un copain, qui est comme un frère, a fait ses adieux aux armes récemment à Bayonne. Il m'a avoué que ça avait été rude… Et lui, pourtant, il s'est rapidement reconverti. Moi, j'avoue que j'appréhende le moment où je vais être tout seul à la citadelle face au chef de corps. Chez nous, il y a tout un cérémonial quand un vieux sous-off s'en va ; le chef de corps marche derrière, devant le drapeau… J'ai une peur bleue de ce jour-là ! J'ai peur du moment où je vais devoir faire un discours parce que je ne sais pas si j'arriverais à dire tout ce que le 1er RPIMa m'a donné… J'ai tout eu, beaucoup plus que ce que j'espérais. À ma dernière mission, je me suis retrouvé sur le terrain seul à commander, il y a peu de sous-officiers dans l'armée française qui ont eu cette chance-là, vous savez !

Colonel Diego : On vit des choses hors du commun. En opération, on peut avoir l'impression d'avoir un petit bout de territoire entre nos mains… Cela ne veut pas dire qu'on en fait ce que l'on veut, mais il y a un sentiment de puissance… Il y a cette adrénaline en permanence, pas seulement lorsqu'on est engagé à l'étranger, au contact, mais aussi en France parce qu'on est dans une sorte de machine à laver, dans un système qui ne s'arrête jamais… Lorsqu'on quitte le monde des forces spéciales, on laisse une partie de nous-mêmes.

Capitaine de vaisseau Pedro : Quand on prend le commandement de Hubert, on sait qu'on le quittera deux ans après. L'avantage, c'est qu'on vit cette période à fond. Après, bien sûr qu'on a du spleen. Le jour du départ a été terrible, entre tristesse et émotion… Mais le pire aurait été de partir sans rien éprouver ; cela aurait signifié une lassitude indigne d'une telle unité. Je devais ensuite partir à l'École de guerre. J'avais réussi à négocier d'aller la faire en Espagne, alors que je ne parlais pas un mot d'espagnol, mais après ce que j'avais vécu à Hubert, je ne me sentais pas d'aller à Paris sur les bancs de l'école. Et puis, ma femme rêvait d'aller là-bas. Je lui devais bien ça, après tant d'années de sacrifices. Ça m'a fait un peu oublier…

Colonel Laurent : La passation de commandement est un moment difficile… Au 13e RDP, il est ensuite de tradition de tendre une « embuscade » à quelques centaines de mètres du régiment, en pleine campagne. Les officiers chantent *Eugénie* au colonel sur le départ et à sa famille, et nous buvons une dernière coupe de champagne. C'est le « clap de fin ». J'ai dû faire un ultime effort pour retenir mon émotion !

JCN : Comment imaginez-vous la suite de votre carrière ou de votre vie ?

Colonel Cerbère : Une fois, je suis allé voler à l'École de l'aviation légère de l'armée de terre, à Dax, où j'ai retrouvé un copain du 4e RHFS. Certes, lui, il peut encore revenir au régiment, mais il me disait : « Je suis heureux, je profite de la vie. Maintenant je fais de l'instruction, j'ai des horaires beaucoup plus fixes, j'ai tous mes jours de vacances… » Le tout, c'est de rester équilibré.

Adjudant-chef Mazout : Je suis à la retraite depuis mars 2019 après trente-neuf années passées au 13e RDP… Donc, oui, le départ fut dur. Mais je vais faire partie de la réserve opérationnelle pendant quatre ans. Ça me permet de conserver un lien avec le régiment et la jeunesse !

Major Mousse : Je profite d'une pause dans ma carrière – car je viens d'être opéré – pour bien réfléchir et j'y associe ma femme car je lui ai imposé une vie pénible depuis vingt-cinq ans. Je ne sais pas encore ce que je ferai après avoir quitté l'armée. Soit un boulot à Bayonne qui m'assurera un complément de retraite pour aider les enfants si besoin, soit autre chose de plus tonique comme la lutte anti-braconnier par exemple, nous avons tous besoin d'une noble cause à défendre…

Général Frédéric Beth : Je suis un double contre-exemple, car, à plusieurs reprises, lorsque j'ai quitté un poste j'ai trouvé plus d'adrénaline encore dans le suivant. Et surtout, j'estime que, quand on emprunte un nouveau chemin, il faut y aller résolument et ne pas trop regarder dans le rétroviseur.

Général Thibault : Je mesure tout ce que je dois au 13e RDP et au COS – j'y ai fait presque la moitié de ma carrière –, mais je sais aussi toute la richesse qu'il y a ailleurs. J'ai commandé par exemple un magnifique escadron au 501e RCC de Mourmelon, où l'on recevait les anciens de la 2e DB qui avaient libéré Paris, et honnêtement, ça n'avait rien à envier aux autres.

Capitaine de vaisseau Samuel : Je suis venu dans la marine parce qu'en dehors des commandos il y avait plein de choses enrichissantes qui m'y plaisaient. Je savais que c'était pour un temps limité, donc j'en ai bien profité. Ce que l'on a appris dans les commandos est une culture qui peut beaucoup aider par la suite un marin embarqué.

Adjudant Bonie : J'adorerais bien sûr revenir dans les forces spéciales, mais une fois qu'on a dépassé le stade de « Moi, j'ai fait ceci ou cela », on peut passer au stade de « Comment je peux servir le système ». Désormais, je peux dire à l'armée de l'air : « Voilà à quoi je peux servir, mettez-moi où vous voulez. » Par exemple, l'escadron de drones est souvent confronté aux opérations spéciales, je peux lui apporter une vision granulaire de leur fonctionnement, aussi sur ce qui se passe dans les états-majors. Ces parcours croisés, c'est l'avenir des armées.

Colonel Ludovic : Les anciens du 1er RPIMa, c'est une famille. On se côtoie beaucoup à Bayonne. Il y a certes ceux qui ont du mal à repartir, mais il y en a beaucoup qui font leur chemin, sans regret, parce qu'ils ont la satisfaction d'avoir fait quelque chose d'exceptionnel. Hier, par exemple, je croise un ancien chuteur opérationnel qui est maintenant policier municipal. Je lui demande : « Ça te plaît ? » Il me répond en souriant : « Tant que je ne vais pas trop vite, les autres suivent, donc ça va ! » Il est nourri de ce qu'il a accompli, il en est fier, et il est assez équilibré pour pas avoir envie d'en parler tout le temps. Chez nous, on n'a pas le syndrome de l'ancien combattant… Nos parcours sont un peu à l'image du général Maximus dans le film *Gladiator* : à la fin des campagnes romaines, l'empereur lui propose Rome, mais il refuse en disant : « Je suis un soldat, j'ai servi votre cause et je rejoins ma femme et mes enfants en Toscane. » Nous sommes des soldats, nous sommes là pour servir et notre heure venue, nous passons à autre chose. Mais avec la fierté de ce que nous avons accompli.

Startup Army

En 2017, lors de la campagne présidentielle, Emmanuel Macron donna pour ambition à la France de s'affirmer comme une « startup nation ». L'esprit startup ? « C'est le courage, déclara le futur élu, d'aller vers des plaines inexplorées, c'est l'audace, l'agilité presque animale qui incite à se relever, à faire pivoter un modèle d'affaires, à réinventer son projet initial. C'est la soif d'apprendre, de découvrir et de faire différemment[1]. »

Tenons-nous en à cette définition et confrontons-la aux forces spéciales. Leurs « plaines inexplorées » ont été, hier et de nos jours, les engagements au Sahel, au Levant et en Libye, que leur concept initial ne semblait pas prévoir, et ce seront demain le recours massif au cyber et aux robots. L'« agilité », par essence, elles l'ont dans les jambes comme dans la tête. Enfin, le « faire différemment » cher au président de la République ressemble à s'y méprendre à la devise du COS, « Faire autrement ». En y ajoutant cette touche d'anglais qui fera toujours bondir les centaines de millions d'étrangers qui s'échinent à défendre le français dans le monde,

1. Emmanuel Macron : « La France doit devenir en cinq ans la nation des start-up », article de *L'Usine digitale*, 10 mai 2017.

une conclusion s'impose : les forces spéciales sont la « Startup Army[2] ».

Cela étant dit, est-ce une bonne nouvelle pour elles ? Sur le champ d'honneur de l'économie, les cadavres de startups si jeunes et prometteuses se ramassent à la pelle. Même celles qui paraissent briller après un démarrage calamiteux peuvent disparaître par défaut d'adaptation, trop grand appétit ou concurrence aiguisée. Les trente ans qu'aura bientôt le COS devront immanquablement être pour lui l'âge précoce de la sagesse. Depuis la traque des criminels de guerre ex-yougoslaves, les forces spéciales ont réussi un peu partout où elles ont été engagées, dans les cols afghans comme dans les plaines levantines, sur les côtes libyennes comme sur la latérite du Mali. Elles pourront toujours faire plus, ou « faire faire » plus, pour reprendre l'expression de l'actuel GCOS, mais elles devront également veiller sans cesse à ne pas être victimes du syndrome de la startup qui, à force d'innover, se déconnecte de son milieu. Les forces spéciales peuvent en effet être considérées comme un remarquable révélateur de certaines évolutions de la société et de l'État français.

Vis-à-vis de la société tout d'abord, disons-le, les hommes du COS, en dehors de leur équipement ultramoderne, paraissent les reliques d'un autre temps. Ils travaillent dans la plus grande rusticité et des conditions extrêmes, le tout pour une reconnaissance en grades et médailles qu'à l'ère de l'argent-roi et de la notoriété facile, plus grand monde n'est à même de comprendre. Et dans leur gêne à ne pas vouloir reconnaître leur appartenance à une élite, on ne peut hélas que pointer la

2. *Army* au sens large et pas seulement au sens « armée de terre » dont ce serait la traduction littérale.

contamination de l'égalitarisme qui cause tellement de torts à la France. Oui, pour avoir surmonté une sélection très dure, pour enchaîner les opérations aussi complexes que risquées, pour mettre en péril leur vie et leur famille, les forces spéciales sont une élite. Et la fierté légitime qui doit en découler n'est pas de la prétention, mais la récompense d'années d'efforts.

Après la société, la startup forces spéciales, par contraste, révèle les blocages au sein des institutions françaises, à commencer par l'armée. Comment une si vénérable maison, pétrie de traditions, ne pouvait-elle être ébranlée par l'apparition d'unités nouvelles non pas par leur âge – le 13e régiment de dragons est né sous la Révolution –, mais par leur mode de commandement et d'action ? Les torts ont souvent été partagés. Parfois, les forces spéciales ont ainsi pu sembler céder aux caprices du dernier-né qui, nanti de sa liberté supérieure, s'autorise plus de largesses avec la discipline et les usages que ses aînés. Leur soif d'originalité et de vitesse a pu leur faire négliger l'indispensable étape de la pédagogie, d'où des irritations ne pouvant conduire qu'à l'inertie.

Mais si la montée en puissance des forces spéciales produisit des étincelles avec les armées, le mariage forcé des trois composantes au sein du COS fut en comparaison un feu d'artifice dont les lumières s'estompent à peine. Obliger des terriens, des marins et des aviateurs à travailler ensemble procède d'une volonté d'œcuménisme très louable. Le « Balardgone », siège du ministère des Armées boulevard Valin, en est la dernière des concrétisations et il est indéniable que ses interminables dédales symbolisent la disparition de nombreuses cloisons entre les trois armées. Mais continuer à vouloir abattre les dernières serait contre-productif. Le sportif qui aspire à devenir le meilleur ne se disperse pas dans d'autres disciplines. Il se donne entièrement à son domaine où même celui qui se prendra d'envie de venir le concurrencer, au nom de très grandes capacités physiques et d'un entraînement poussé, se cassera les dents. Il incombe aux forces spéciales, si efficaces pour imaginer de nouveaux concepts, de mettre sur pied l'organisation qui produira avec le plus de probabilité le meilleur résultat au meilleur moment et sans que l'une ou l'autre de leurs composantes se sente lésée.

Le parallèle avec le sport, très fréquemment utilisé au sein de ces unités vouées à l'action, permet aussi d'écarter l'idée de la création d'une 4e armée, indépendante des trois premières. Amener un Français jusqu'à la plus haute marche du podium nécessite en effet beaucoup d'investissements de sa part, de la part de la fédération de son sport et de l'État. La France pourrait vouloir augmenter ses chances de succès en multipliant les candidats, mais le coût financier en serait énorme, sans compter qu'il n'est pas certain que la société compte en son sein suffisamment d'espoirs potentiels. À moins d'une prodigalité budgétaire qui ne semble pas tout à fait d'actualité, les forces spéciales ne pourront donc jamais être que peu nombreuses et devront garder un lien avec les armées d'origine qui leur sont ce que les racines sont aux arbres. C'est valable dans les casernes de France, c'est valable aussi en opération. Les connaisseurs le savent : le bilan des pertes ennemies au Sahel, concernant les HVI, est à mettre à plus de 90 % au crédit des forces spéciales. Pour autant, les attribuer à l'« opération Barkhane » ne relève ni du mensonge ni de la fausse modestie. L'action de la force Barkhane contrarie grandement les projets des djihadistes, qui se retrouvent acculés dans des zones où dès lors le COS peut les frapper plus efficacement.

En réalité, ce n'est pas dans leur mode de sélection ni dans l'intensité de leur entraînement que les forces spéciales viennent le plus mettre les armées à l'épreuve, mais dans l'esprit. La matérialisation la plus évidente en est les cheveux un peu longs, la barbe ou les tatouages. Elle est assez insignifiante et tend à disparaître. Beaucoup plus intéressante, et profonde, est cette recherche permanente de l'excellence et de l'innovation à laquelle, somme toute, les forces spéciales sont condamnées, sur le plan matériel au vu de l'accélération des nouvelles technologies, mais aussi sur le plan doctrinal. Si les conflits en zones grises se développent, et que la France souhaite s'y investir, le COS en effet ne pourra rester sur un schéma d'intervention datant de l'Afghanistan ou du Sahel. Il lui faudra pouvoir agir, peser, influencer, sans forcément en être tenu responsable. Des opérateurs en civil, ne tirant pas un coup de feu, agissant tels des mentors auprès d'un camp reconnu comme légitime par la France : ils seront alors très loin du stick bardé d'armes allant surprendre un chef djihadiste dans sa tente.

Par-delà le monde militaire, le mode de fonctionnement des forces spéciales défie les habitudes et les lourdeurs des institutions françaises. C'est flagrant dans le domaine des équipements où la modification d'une arme, d'un véhicule doit passer par la moulinette d'un écheveau de validations, autorisations, certifications servant à protéger autant les futurs utilisateurs que les détenteurs des tampons correspondants, qui, assez légitimement, ne veulent pas se voir taxer de négligence.

Face à des institutions beaucoup plus anciennes et installées, les forces spéciales sont vouées à ne jamais cesser de démontrer leur légitimité pour au moins deux raisons. La première est sociologique : leurs officiers ont encore peu essaimé à l'extérieur du COS. Au poste décisif de sous-chef Opérations de l'état-major des armées, le général Grégoire de Saint-Quentin fut le premier « 5 étoiles » à avoir effectué tous ses temps de commandement dans les forces spéciales et il reste une exception[3]. Tant que la relève n'arrivera pas – ce qui ne saurait tarder, car plusieurs anciens chefs de corps de régiments forces spéciales ont été promus généraux –, le GCOS ne devra pas mégoter sur la pédagogie…

La seconde raison est historique : en France, les forces spéciales n'ont jamais été qu'éphémères. Elles furent créées pendant la Seconde Guerre mondiale, puis démantelées, recrées pour les guerres de décolonisation, et à nouveau dissoutes. Il n'y a donc pas de tradition ancrée comme en Grande-Bretagne.

Cette double fragilité du COS, dans ses cadres comme dans son histoire, put ainsi conduire à ce que son expérience lors du premier mandat en Afghanistan, pourtant riche en enseignements, ne percola que très lentement dans le reste des armées. Ce fut pire en Libye où le rôle joué en 2011 par le détachement des forces spéciales, derrière un remarquable officier des commandos marine, passa aux oubliettes de l'opération Harmattan. Et le paroxysme promet d'être atteint en Syrie-Irak : à force de cloisonnement et de black-out, il est à craindre qu'il ne reste rien de l'histoire de la task force Hydra.

Les forces spéciales peuvent-elles craindre de disparaître ou de fondre comme leurs prédécesseurs une fois que le contre-terrorisme, dans lequel elles excellent, aura perdu de son acuité ? Il faudrait tout d'abord que

3. Le général Benoît Puga, qui commanda lui aussi les opérations spéciales et fut chef d'état-major particulier du président de la République, a commencé sa carrière dans la Légion étrangère.

la menace terroriste soit en net et constant recul. Même en imaginant un Sahel stabilisé par la montée en puissance de la task force Takuba, l'hydre terroriste peut resurgir en n'importe quel autre endroit du globe, sous sa forme islamiste actuelle ou une autre. Mais quand bien même, la perspective d'un changement de donne géopolitique ne doit que stimuler les forces spéciales. Qu'elles aient à démontrer régulièrement leur utilité est sain et vertueux puisque cela les oblige à ne jamais se reposer sur leurs lauriers et à réfléchir en permanence aux prochains enjeux.

Une question est beaucoup plus intéressante : le travail permanent d'anticipation des forces spéciales trouve-t-il un écho en hauts lieux ? Plus que d'un conflit larvé avec la DGSE autour de la clandestinité, plus que d'hélicoptères lourds, les forces spéciales ont en effet un besoin vital d'orientations. C'est vraiment sur ce morceau-là de la pellicule étatique française qu'elles agissent comme un puissant révélateur. Car qu'elles soient employées en unités de choc, en task forces composites, en back-office de forces alliées, elles récitent un seul mantra : tout faire pour disposer toujours de ce coup d'avance qui leur permet, malgré leur petit nombre, de peser sur le cours des événements. Or l'anticipation est difficilement compatible avec cette tendance politique lourde consistant à ne pas déjà se laisser dépasser par les problèmes rencontrés par les Français au quotidien. Au sein des armées existe le groupe d'anticipation stratégique (GAS) qui, sous l'autorité du chef d'état-major des armées, réunit tous les six mois les organismes chargés de la prospective et classe les régions du monde par priorité. Toutefois, non seulement ses vues sont à court terme – un ou deux ans, un délai trop court pour développer une coopération avec des forces locales amies ou acquérir les équipements nécessaires à l'intervention dans une région –, mais elles ne concernent que le volet militaire. Or il faut aussi compter sur les contingences de la diplomatie, du développement, de l'économie. Le Conseil de défense autour du président de la République réunit les ministres concernés, mais ce n'est pas à un si haut niveau que les questions peuvent être débattues dans la finesse nécessaire. En 2017, la consolidation de la coordination nationale du renseignement a fait naître beaucoup d'espoirs. Toutefois, outre le fait qu'elle ne concerne que les six principaux services de renseignement[4], elle est globalement focalisée, comme l'indique son nom complet, et comme l'ont voulu les autorités politiques après les attentats de 2015, sur la lutte contre le terrorisme.

Il apparaît ainsi une difficulté au sein de l'appareil exécutif français à générer une stratégie nationale mêlant les intérêts de la Défense, des Affaires étrangères, mais aussi de l'Intérieur et de l'Économie. Une stratégie pour la ou les décennies suivantes, qui serait hermétique autant que possible aux changements de majorité politique, comme cela se pratique aux États-Unis ou en Grande-Bretagne. À leur niveau, les forces spéciales ont donné le la en associant à leur task force au Levant des représentants du Quai d'Orsay. À Sabre, elles ont intégré la DGSE, la DRM, l'Agence du développement et la CIA. En Afghanistan, elles échangeaient avec les ONG et les auteurs ayant l'étrange idée de s'intéresser à ce carrefour d'empires jamais convoité par la France. Avec un horizon beaucoup plus éclairci, elles pourraient se prépositionner ici, acquérir le matériel qui leur permettra d'intervenir là. Est en jeu leur efficacité pour

4. DGSE, DGSI, DRM, DNRED, DRSD et Tracfin.

éteindre une crise avec les meilleurs outils, voire pour l'empêcher d'éclore en ayant préalablement pesé sur les acteurs locaux, en tout cas pour servir les intérêts de la France.

Glossaire des sigles

ALAT : Aviation légère de l'armée de terre
CEMA : Chef d'état-major des armées
CIET : Centre d'instruction des équipages de transport
COS : Commandement des opérations spéciales
CPA : Commandos parachutistes de l'air
CTLO : Contre-terrorisme libération d'otage
DGA : Direction générale de l'Armement
DGSE : Direction générale de la Sécurité extérieure
DRHAT : Direction des ressources humaines de l'armée de terre
DRM : Direction du renseignement militaire
FS : Forces spéciales
GCM : Groupement de commandos de montagne
GCOS : Général commandant les opérations spéciales
GCP : Groupement des commandos parachutistes
GIGN : Groupe d'intervention de la Gendarmerie nationale
HVI : High Value Individual
IED : Improvised Explosive Device
JSOC : Joint Special Operations Command
QRF : Quick Reaction Force
RDP : Régiment de dragons parachutistes
Retex : Retour d'expérience
RHC : Régiment d'hélicoptères de combat
RHFS : Régiment d'hélicoptères des forces spéciales
RPIMa : Régiment de parachutistes d'infanterie de marine
SPT : Syndrome post-traumatique

Remerciements

Avec *Les Guerriers sans nom*, j'achève une série de quatre livres d'entretiens, correspondant à quatre familles de témoins dont il m'a semblé indispensable de restituer telle quelle la parole exceptionnelle : les clandestins de la DGSE, les Compagnons de la Libération, les ambassadeurs étrangers à Paris, enfin les forces spéciales.

Écrire qu'accéder à chacune de ces familles fut difficile serait mentir, en tout cas ces enquêtes ont toutes été rendues possibles par des liens de confiance mutuelle qui sont une de mes plus grandes fiertés. J'adresse ma plus vive reconnaissance à chacun des intervenants de ce livre en leur donnant rendez-vous, pourquoi pas, dans dix ou vingt ans quand, leur uniforme rangé au placard, éconduits par leurs proches qui n'en pourront plus d'entendre leurs vieilles histoires, ils chercheront à qui parler !

Primus inter pares, je remercie mille fois le général Éric Vidaud, actuel GCOS, pour m'avoir laissé évoluer dans ses couloirs en toute liberté.

Dans son sillage, je veux aussi saluer chaleureusement le lieutenant-colonel et ami Sébastien Caron, conseiller communication du COS, qui a organisé avec maestria quelques-uns de ces entretiens et permis à ce livre d'évoluer dans le meilleur des climats.

Merci aussi à Christophe M., auteur du magnifique cliché de couverture (et de beaucoup d'autres !).

Merci enfin à toute l'équipe de Tallandier avec qui j'ai plaisir à transformer chaque ouvrage en une authentique expédition livresque… Un salut tout particulier à Cécile Rey aux conseils précieux.

2021, c'est deux fois 10.
Celui qui est parti n'est jamais loin,
celle qui est arrivée est pour toujours près.

Index

Table

DU MÊME AUTEUR

1061 Compagnons
Histoire des compagnons de la Libération
Perrin, 2000

La Campagne d'Italie
Les victoires oubliées de la France
Perrin, 2002

Les Vaincus seront les vainqueurs
La France en Allemagne
Perrin, 2004

Leclerc
Perrin, 2005

Otage@bagdad
roman
Privé, 2007

Nom de code : la Murène
roman
Seuil, 2008

Foch
Perrin, 2008, 2018

Le Général Saint-Hillier
De Bir Hakeim au putsch d'Alger
Perrin, 2009

La Guerre de l'ombre des Français en Afghanistan
Fayard, 2011

La Vérité sur notre guerre en Libye
Fayard, 2012

Le Crocodile et le Scorpion
La France et la Côte d'Ivoire
Éditions du Rocher, 2013

La Guerre de la France au Mali
Tallandier, 2014

Leclerc
Le croisé de la France libre
Perrin, 2015

Maréchal Juin
Tallandier, 2015

Le Maître des secrets
Alexandre de Marenches : légende des services secrets français
Tallandier, 2018

Ils étaient 1038
Entretiens inédits avec les compagnons de la Libération
Tallandier, 2019

Français, le monde vous regarde
Tallandier, 2020

Dans l'honneur et par la victoire :
une année avec les compagnons de la Libération
Calmann-Lévy, 2021

Mathilde Carré alias la Chatte :
de la Résistance à la collaboration (et retour)
Seuil, 2022

RÉALISATION : NORD COMPO À VILLENEUVE-D'ASCQ
IMPRESSION : CPI FRANCE
DÉPÔT LÉGAL : FÉVRIER 2022. N° 149579-2 (2069361)
IMPRIMÉ EN FRANCE